要素流动视角下
高速铁路驱动城市联动
发展动力机制研究

冯其云 著

哈尔滨工业大学出版社

内容简介

本书基于要素流动视角,以高速铁路驱动下的中国城市为研究对象,期望通过揭示高速铁路驱动劳动力等要素流动促进城市发展的特征,构建高速铁路驱动城市联动发展动力机制的普适性方法框架体系。本书利用高速铁路运行数据、城市经济社会发展数据、空间地理数据等,采用跨学科研究方法,测度和识别各动力因素对城市协同发展的宏观和微观作用机制。对中国城市联动发展的对策措施和模式选择展开更有针对性的研究,可以为不同类型城市实现"一本规划,一张蓝图"的协同发展目标提供有力参考。相对于传统交通运输方式来说,高速铁路更加满足现代化经济发展过程中劳动力等生产要素跨区域流动的需求,基于要素流动的视角分析高速铁路开通影响城市联动发展的内在机制,有利于更加全面地考察高速铁路影响城市经济增长及其联动发展的具体路径。

本书可供高等院校城乡规划、地理、经济、交通、土地管理等专业的师生及相关专业的科研人员阅读,也可供发展和改革委员会及规划、建设、自然资源、交通等管理部门相关人员,以及金融机构、企业、高铁站点地区建设指挥部或高铁站点地区管理委员会等经营管理人员参考。

图书在版编目(CIP)数据

要素流动视角下高速铁路驱动城市联动发展动力机制研究/冯其云著. —哈尔滨:哈尔滨工业大学出版社,2021.9

ISBN 978-7-5603-9681-1

Ⅰ.①要… Ⅱ.①冯… Ⅲ.①高速铁路—影响—城市建设—中国 Ⅳ.①F299.21

中国版本图书馆 CIP 数据核字(2021)第 191589 号

责任编辑	丁桂焱
封面设计	刘长友
出版发行	哈尔滨工业大学出版社
社　　址	哈尔滨市南岗区复华四道街 10 号　邮编 150006
传　　真	0451-86414749
网　　址	http://hitpress.hit.edu.cn
印　　刷	哈尔滨圣铂印刷有限公司
开　　本	787mm×960mm　1/16　印张 11.75　字数 244 千字
版　　次	2021 年 9 月第 1 版　2021 年 9 月第 1 次印刷
书　　号	ISBN 978-7-5603-9681-1
定　　价	48.00 元

(如因印装质量问题影响阅读,我社负责调换)

本书由中共山东省委党校(山东行政学院)2021年创新工程科研支撑项目"高速铁路驱动山东半岛城市群协同发展动力机制研究"(编号:2021CX042)资助。

本书由教育部人文社会科学研究青年基金项目"高速铁路驱动城市联动发展动力机制研究"(编号:17YJC790032)资助。

前　言

　　学者们在研究高速铁路（简称高铁）的经济效应时，往往集中于其对城市经济增长的影响，并未对由此造成的城市差距进行深刻考察，也未从要素流动的视角展开充分讨论，高铁通过要素流动影响城市经济的作用机制的研究相对匮乏。本书在以下两方面对现有研究进行了有益补充：一是从理论创新角度，将高铁嵌入城市经济发展理论框架，分析高铁对城市联动发展的动力机制，注重微观动力机制的理解；二是基于要素流动的视角分析高铁开通对城市联动发展的影响，从微观要素的流动挖掘高铁影响城市经济的动力机制。

　　本书将高铁要素嵌入城市经济发展研究体系，识别二者之间的内在联系，并基于要素流动的视角展开分析，揭示高铁驱动城市联动发展动力机制，能更有针对性地研究中国城市经济发展的对策措施和模式选择，为不同类型城市实现发展目标提供有益参考。本书拟利用大量的高铁运行数据和城市经济发展数据，采用跨学科研究方法，基于地理特征构造工具变量，以构建计量模型的实证方法进行深入研究。

　　本书以高速铁路驱动下的中国城市为研究对象，试图从要素流动视角解释高铁对城市联动发展的影响及宏微观作用机制。本书首先阐明了中国高速铁路建设对城市经济发展影响的研究背景，剖析了本书研究的理论和现实意义，并对研究内容、方法及创新性进行了阐释（第一章）。在此基础上，进一步梳理并评述了相关研究动态（第二章）。在分析高铁建设对城市发展影响特征的基础上（第三章），重点就高铁对劳动力要素流动的影响展开具体剖析（第四章），通过劳动力要素的流动，高铁对城市的知识密集型产业发展产生了重要影响（第五章），由此得出高铁通过劳动力要素的流动，进而带动其他生产要素的流动作用于城市发展，对城市经济差距产生影响（第六章），促进了中心城市和腹地城市的联动发展（第七章）的结论，因此需深入探究高铁促进城市联动发展的动力学机制（第八章）。最后，从要素流动视角提出了高铁驱动城市联动发展的结论和相关政策建议（第九章）。

　　本书的主要研究内容与研究结论如下：

　　第一，对高铁与城市经济发展的相关文献进行归纳整理。从高铁与城市经济增长、高铁对要素流动的影响、高铁对知识密集型经济增长的影响、高铁与中国经济长期发展战略、高铁与区域经济格局变化、高铁与城市经济发展的研究方法六个方面进行分析和梳理。在厘清以往研究脉络的基础上，发掘本书的研究空间。

　　第二，高铁对中国城市经济发展的影响特征。研究发现高铁的开通对城市经济增长、产业结构、人口聚集、财政收入、设施建设、开放性都有立竿见影的推动作用,其中对财政收入和设施建设的带动作用更加突出,但城市公共服务的提升存在一定的滞后性。同时高铁建设时期的大规模投入对城市经济发展的带动不够明显。

第三,高铁对高技能劳动力流动、农村劳动力流动及农民工工资产生影响。研究表明,高铁显著增强城市对高技能劳动力的吸引力,使城市高技能劳动力人数增加。高铁是影响农村劳动力务工与务农选择的重要因素。高铁开通、高铁列车次数及农村劳动力对高铁开通的利好预期都显著促进农村劳动力务工概率增加。高铁促进了低技能劳动力向互联城市的流动,从而重塑了城市的就业结构,大幅降低了农民工的工资,尤其是低技能农民工的工资。

第四,高铁对城市知识密集型增长产生影响。高铁网络发展和服务频率在多个空间尺度上对知识密集型经济增长和空间动态有不同的影响。在国家层面上,高铁服务频率对城市知识密集型就业增长、合作化和专业化有正向影响,而高铁网络扩张与城市知识密集型的区域专业化有较小的负相关关系。在中国三个主要地区(东部、西部和中部)中,高铁服务频率的积极影响在较繁荣的东部地区明显。相比之下,在欠发达的中部地区,这种影响可以忽略不计。

第五,从要素流动研究视角分析高铁对城市经济差距的影响。研究表明,高铁在促进要素流动的同时,由于要素向中心城市集聚,拉大了城市间经济差距,产生极化效应。高铁开通显著扩大了省会城市间的经济差距,但是对非省会城市的影响效应是不显著的。高铁开通对城市经济差距的影响具有显著的时间效应,高铁开通的极化效应在整体上呈现出先递增再递减的趋势。

第六,以珠三角为例,分析高铁对中心城市和腹地城市的联动发展机制。实证检验发现:高铁确实驱动珠三角城市间的联动发展,使得广州、深圳(广深)的辐射能力逐步增强,并且强化了普通铁路和高速公路所产生的增长驱动力。换言之,广深双城对腹地城市的辐射效应要远大于虹吸效应,整体联动和抱团发展的局面已经打开。当使用铁路列车班次并赋予权重计算的城市联系指数进行再检验后,该实证结果仍然稳健。

第七,高铁促进城市联动发展的动力机制。高铁设站的城市增长轨迹发生改变,高铁与行政、市场、交通三大力量共同作用于城市发展,各种力量共同作用驱动要素流动解释不同规模等级城市的扩张机理和成长动力。

在未来的研究中,需要重点关注高铁对不同类型和层次的城市经济发展影响,重点揭示高铁网络对城市经济发展影响效果及机制,突出理论和方法创新,同时深入分析高铁对我国实施城市联动发展战略的作用,进而提出相关政策建议。

在撰写本书的过程中,作者参考了许多文献资料,在此向相关学者表示感谢。限于作者水平,书中难免有不足和疏漏之处,敬请读者批评指正。

作 者

2021 年 6 月

目　录

- 第一章　绪　　论 ··· 1
  - 第一节　研究背景 ·· 1
  - 第二节　研究意义 ·· 4
  - 第三节　研究目标和研究内容 ·· 6
  - 第四节　研究方法 ·· 8
  - 第五节　研究的创新性 ·· 8
- 第二章　国内外文献综述 ·· 11
  - 第一节　高速铁路与城市经济增长 ··· 11
  - 第二节　高速铁路对要素流动的影响 ·· 13
  - 第三节　高速铁路对知识密集型经济增长的影响 ································ 16
  - 第四节　高速铁路与中国经济长期发展战略 ······································· 19
  - 第五节　高速铁路与区域经济格局变化 ··· 19
  - 第六节　高速铁路对城市经济发展的相关研究方法 ····························· 21
  - 第七节　研究述评 ·· 23
- 第三章　高速铁路建设对城市发展影响的特征研究 ··································· 25
  - 第一节　高速铁路建设对城市发展影响的分析方法 ····························· 25
  - 第二节　高速铁路联网背景下城市经济发展特征分析 ·························· 27
  - 第三节　结论与讨论 ··· 31
- 第四章　高速铁路对要素流动的影响 ·· 32
  - 第一节　高速铁路对高技能劳动力流动的影响 ··································· 32
  - 第二节　高速铁路对农村劳动力务工与务农行为选择的影响 ················ 52
  - 第三节　高速铁路对农民工工资的影响 ··· 71
- 第五章　高铁铁路对城市知识密集型经济增长的影响 ································ 95
  - 第一节　高速铁路对城市知识密集型经济增长的影响现状分析 ············· 95
  - 第二节　高速铁路对城市知识密集型经济增长的案例研究 ··················· 96
  - 第三节　高速铁路对城市知识密集型经济增长的作用 ························ 101
  - 第四节　讨论调查结果及其影响 ··· 106
  - 第五节　结论与进一步研究方向 ··· 108

第六章 要素流动视角下高速铁路对城市经济差距的影响 …………………… 110
　第一节　高速铁路联网下中国城市的经济差距 ………………………… 110
　第二节　高速铁路开通影响中国城市经济差距的内在机理 …………… 111
　第三节　要素流动视角下高速铁路对城市差距影响的定量分析 ……… 112
　第四节　结论与启示 ……………………………………………………… 120

第七章 高速铁路对中心城市与腹地城市联动发展的影响——以珠三角为例 ……………………………………………………………………………… 121
　第一节　高速铁路联网背景下珠三角城市竞争合作关系现状 ………… 122
　第二节　广深双城联动效应及其对腹地城市的联动效应 ……………… 127
　第三节　结论与启示 ……………………………………………………… 133

第八章 高速铁路设站城市成长与城市联动发展动力机制 …………………… 136
　第一节　高速铁路通行再造城市格局的事实与理论基础 ……………… 139
　第二节　高速铁路设站城市成长动力识别和城市扩张方向定量判断 … 142
　第三节　结论与讨论 ……………………………………………………… 150

第九章 结论及政策建议 ……………………………………………………… 152
　第一节　研究结论 ………………………………………………………… 152
　第二节　政策建议 ………………………………………………………… 156
　第三节　后续研究工作 …………………………………………………… 158

参考文献 ……………………………………………………………………… 159

第一章 绪 论

本章首先阐明要素流动视角下中国高速铁路建设对城市经济发展影响的研究背景,并剖析研究的理论和现实意义。在此基础上,进一步明晰研究目标和具体研究内容,并对研究中所运用的方法给予说明,最后对创新点进行归纳总结。

第一节 研究背景

一、我国高速铁路网络日趋完善

目前,我国已成为高速铁路系统集成能力最强、技术最全面、运营里程最长、在建规模最大的国家。2008年我国第一条真正意义的高铁——京津城际高铁开通后,高铁建设在中国遍地开花。截至2015年底,全国高铁基础网络初步形成、服务水平大幅提升,基本缓解了我国铁路运能紧张的状况。国家发展改革委、交通运输部、中国铁路总公司于2016年7月13日联合发布的《中长期铁路网规划》进一步提出了"八纵八横"高速铁路网建设规划,到2020年全国高铁覆盖80%以上大城市。伴随高铁发展的惠及面进一步提升,高铁作为我国经济发展的基础设施,成为影响我国城市发展的重要力量。2017年12月28日,随着石济高铁开通运营,"四纵四横"全国高铁骨干网络已经建成。2019年,中国高铁里程新增5 474千米,总里程突破3.5万千米,稳居世界第一。截至2020年底,全国铁路运营里程已达14.6万千米,其中高铁近3.8万千米,铁路网络发展迅速,对经济社会发展发挥了重要的支撑作用。与航空和高速公路相比,高铁具有速度快、发车密度大、准时、舒适、安全等综合性优势,成为城镇居民出行的主要快速交通方式。高铁客运量从2008年的1.28亿人次到2020年的21.6亿人次,这一数字反映了旅客对高铁运输的巨大需求,高铁成为劳动力流动的重要引擎。

二、高铁对城市经济的作用日益扩大

(一)高铁"朋友圈"带动要素流动

随着高速铁路网的逐步扩大,在全国各级各类城市中已经形成了高铁"朋友圈",带动了要素的跨区域流动。高铁网络通过改变网络内部各个城市之间的可达性和时间距离,实现大规模、快速的人口流动,改变了城市之间的资金、技术、信息、货物和服务的流动状态,为城市带来了差异化的发展机遇和挑战,重塑了全国城市

经济发展格局。高铁已成为影响我国城市经济发展的一个重要且活跃的因素。正因如此,各个城市认识到是否在高铁"朋友圈"里意味着发展机遇存在差异,特别是对长期经济发展影响甚大,所以,全国暂未开通高铁的城市出现了"争抢"高铁站点设置机会的现象。

(二)高铁重塑城市经济空间结构

高铁通过增强可达性来重塑城市人口和经济的空间结构,但因地理空间尺度的不同,可达性的意义也不尽相同。在国家和跨行政区层面,高铁建设可以通过减少旅行时间,将边缘地区城市拉近发达地区城市,从而减少核心边缘结构的非均衡性,为区域协调发展提供基础设施机会。高铁建设可以带来可达性在全局层面显著的时空收敛,使各城市享受交通的便捷程度更趋均衡,特别是边缘地区城市通达性的增加十分明显。优越的地理位置虽然有利于可达性的增加,但高铁网络发展对城市可达性的作用正在逐渐赶超空间区位的影响。在城市群和大都市区层面,高铁建设将带来可达性变化和空间重构,不同级别交通网络相互叠加改变原有城市群交通网络特征。高铁将扩展高铁城市圈范围,形成非均衡的时间收敛,并扩大中心城市的腹地范围。高铁建设能够显著提升通车城市的通达性,然而不连续的站点分布则会加剧高铁城市和周围非高铁城市之间通达性的非均衡性,增加了空间极化的风险。

(三)高铁促进设站城市和相邻城市经济发展

高铁促进了城市间的经济溢出效应,促进设站城市和相邻城市的快速发展。高速铁路减少了旅行时间,提高了乘坐的舒适性,其可靠性也高于一般铁路,同时高铁的运行也减轻了其他运输方式的压力,尤其是大幅度提高了货运铁路的运输能力。因此,高铁降低了通车地区间的交通成本,促进了相互之间的经济交往与贸易,由此也加强了地区的专业化程度,促进了城市的经济发展。王顺洪(2010)认为,高速铁路的建设和发展,对中国经济的发展起到了重要的纽带作用,促进同城效应的出现,产生政治、经济、文化等发展的新增长点,对当地的就业和工业发展起到积极的带动和促进作用;宋海春(2013)指出,高速铁路的建设不仅带动了中国经济的快速增长,也促进了相关产业的转型,将带领中国区域经济走向新的发展阶段;高明明(2014)则通过集聚效应模型计算得出结论,认为高铁的开通带来了所在地区经济潜力的增加。当然,高铁不仅促进高铁通车区域的经济发展,对相邻地区的经济发展也有明显的促进作用。例如,潘文卿(2012)指出,各地区经济发展所带来的地区间溢出效应对中国经济的发展起到了非常重要的作用。而作为一种重要的促进地区贸易、人员流动的交通基础设施,高铁的发展必然会带来显著的外部性,即交通基础设施的地区间溢出效应。高速铁路建立了一个新型的拥有地区间良好可达性的经济走廊,高铁的建设将对该走廊产生积极影响。高铁强化了区域间的经济溢出,使得区域间的相互促进发展更加紧密,进而实现了高铁通车城市和其相邻地区的协同发展,相邻区域的发展更加均衡。

需要注意的是,高铁对沿线区域经济发展有着重要的影响,但其对不同经济发展水平地区的影响是不同的。一条新建的高铁线路可能会加强位于网络主要节点所在城市的优势,而对其他城市可能存在着经济活动向这些核心城市转移的不利影响。根据西班牙高速铁路的经验,高铁开通后,主要是马德里、瓦伦西亚和巴塞罗那等大城市的交通可达性提升较多。中国同样存在着类似的情况,Qin Yu(2017)发现,中国在2004年和2007年的铁路升级改造后,铁路沿线的大城市获得了较快的经济发展,而沿线的县域经济增长依旧缓慢。国内核心城市往往是高收入群体的聚集地,对于快速交通的需求很大,相互间高铁车次较多;而反观一些经济水平较低的中间节点城市,其对快速交通的需求远低于核心城市,对应的高铁车次较少。并且,为了保持高速运行,高铁的站点数量相对普通铁路较少,大多设立在对快速交通需求较大的城市。因此,随着铁路的升级改造,铁路站点的数量大量减少,对于广大乡镇和农村,高铁列车仅仅是"经过"。

三、高铁促进劳动力等要素在城市间自由流动

中国正处于高速铁路大规模建设期,运输成本的降低加速了城市之间人口、货物和生产要素的自由流动与高效配置。高速铁路的发展深刻地影响着城市发展的各个方面(Willigers和Wee,2011;Li等,2018)。一方面,高速铁路建设促进了劳动力的自由流动,扩大了劳动力的流动范围(Guirao等,2018),扩大了城市的人口规模(Sands,1993;Verma等,2013)。另一方面,高速铁路影响了站区周边的房屋价格(Geng等,2015),改变了站区周边的土地利用模式,通过房价的变化,间接影响劳动力、资金、土地等要素的价格变化。

高铁通过影响劳动力的就业和工资收入作用于劳动力在城市间的流动。Lin(2017)认为,与高铁的连接导致就业增长7%。同样,Mayer和Trevien(2017)指出,区域快速铁路的开通可以将连接高铁网络的城市的就业率提高8.8%。其他研究也探讨了基础设施改善对工资的影响。例如,Ma和Tang(2019)指出,外来务工人员的流入将对名义工资产生负面影响。Fingleton和Szumilo(2019)认为,与其他地点的联系是当地工资的关键决定因素,并发现高铁的改善对工资产生积极影响。

高铁对高技能劳动力(highly-skilled labour)流动的影响最为显著。现代经济增长理论(Lucas,1988;Romer,1990)认为,知识和专业化的人力资本积累可以产生递增收益,是经济持续增长的源泉与动力。因此,一个国家或地区能否吸引高技能劳动力聚集对其经济增长至关重要(Landes,2003)。高铁扩大劳动力市场(Cheng,2009),促进高技能劳动力的流动(Haynes,1997)。然而,高铁对劳动力分布的影响并不是均匀地分布在整个空间中。尤其是,外围地区已被证明因企业迁往大城市而在产出和就业方面遭受损失(Faber,2014;Qin,2014)。

四、高铁促进城市联动发展

在城市化快速发展的时代,局部区域必然会形成城市交通空间的重合与对接,全国乃至全球范围则会形成地面、地下和空中三重交通网的立体格局。日趋完善的公路和航空交通网络体系成就了超大城市,让大城市变得更大,但这只是城市成长的充分条件而非必要条件。另外,得益于高铁的开通和运营,中国区域经济版图重构的可能性变大,高铁已经并将继续深刻地改变人们的出行方式,高铁途经的城市因而变得更具吸引力。虽然在老牌资本主义国家,铁路曾经一度被认为是日益衰落的交通工具,因为:第一,从1825年9月27日英国建成世界上第一条现代意义的铁路算起,铁路的出现已近200年;第二,铁路的速度与航空客机速度无法比拟;第三,铁路的灵活性比不上汽车(张弘等,1980)。但事实上,当时间或空间距离一定时,高速或准高速列车有着与飞机一样的安全性、舒适性和经济性等优势。中、高速铁路的直达最有利距离为180~540千米(谢贤良,2003),那么乘坐动车组列车通达两个大城市所需的时间为1~3小时,此类城市多半已经因此融合为同一城市群,而短距离的城市则与中心城市实现了同城化。2008年以来,全国联动的高铁建设得到加强,联通东、中西部地区主要大中城市的客运铁路干线相继开通,中国的高速铁路网络体系日趋完善。

高铁建设和开通运营不仅是观察城市选址的极佳素材,还是考察铁路建设和城市发展联动关系的鲜活事例。根据相关的统计和作者的实地调研,在高铁站周边多半会建设新城或新区;除上海和北京之外,城市的高铁站大多在郊区重新选址而建。选址问题之所以值得关注,是因为不仅可以借此识别城市治理和规模扩张的政经相关性,还可以借此展开城市规模的成长性问题研究。全国高铁联线(网)建设虽然具有时间上的先后顺序,但是城市的行政层级和地理坐标才是最主要的决定因素,另外,高铁所途经城市的政府当局对站点设在何处有很强的自主性。车站和线路的规划实际上是点轴两种区位要素在空间上的合理布局,它们的有机结合有助于国家区域协调发展目标的实现。作为现代科学技术的一个方面,交通运输方式的变化会影响城市空间分布(Spatial Distribution)。在中国,至少有三条铁路主干线通过的大城市有北京、上海、广州、郑州、成都、武汉和石家庄七个城市,地级城市有株洲和保定两个城市。其中,郑州、石家庄、武汉和北京可以称为高级中心地;值得指出的是,北京作为高级中心地的形成并不完全依赖于市场力量。

第二节 研究意义

一、理论意义

本书尝试利用城市经济学、地理学等多学科理论进行交叉研究,对相关理论模型和研究理论进行修正,构建中国高铁、要素流动对城市经济发展的分析框架体系。

首先,本书拓展了空间经济模型在解决有关交通基础设施对社会经济问题方面的应用。目前空间经济学研究中构建的理论模型主要扩展自 Krugman 的新经济地理模型(NEG)及 Eaton 和 Kortum 建立的李嘉图贸易模型(EK 模型)。尽管前者假定规模报酬递增,而后者假定不变规模报酬,但它们都是建立在货物贸易的背景之下。因此在相关拓展模型上,大都从运输成本角度,研究交通基础设施对社会经济的影响。然而高速铁路的出现,打破了传统的运输模式,以大规模、高效率为特征,压缩了时空距离,极大地改变了人口出行方式及就业选择。

其次,本书借鉴并修正引力模型,计算城市之间的经济联系程度指数,以分析高铁驱动下城市间的合作竞争关系。在 Converse"断裂点"理论和经济地理学家陆玉麒"双核理论"基础上,分析高铁背景下城市间的联动发展关系,并梳理高铁驱动城市发展的动力机制。

再次,基于圈层结构理论,延续冯·杜能的经典思想,即城市在区域经济发展中起主导作用,城市主要以圈层状的空间分布为特点逐步向外发展,城市群区域经济联动主要依赖交通轴线,构建了一个包含城市经济发展、劳动力要素流动及控制变量的理论模型,为研究现代高铁系统对城市经济发展的影响提供了严谨的理论基础,也对相关参数做了严格检验。

最后,本书利用跨学科的理论模型,对经济学中相关概念指标予以量化。利用城市空间结构理论构建了城市经济隶属度指数,测度了高铁发展对城市间联动发展水平的影响;利用区域理论构建了城市发展的实证模型,通过劳动力要素流动的测度,检验了高铁对城市经济发展的影响。

二、现实意义

高铁建设带来要素资源的快速流通和频繁交汇,扩大了市场规模,时间距离的缩短更会提高城市之间的可通达性,进而扩大沿线城市的辐射范围,给不同城市经济发展带来差异性影响。本书的现实意义主要体现在以下几方面:

首先,对中国高速铁路网络建设与完善具有重要意义。中国高速铁路建设对城市经济的影响,表明中国高速铁路网络建设需继续完善并实现区域间的合理规划。依据高铁对城市经济发展的影响结果和城市间经济差距,可清晰勾勒出我国高铁继续发展的空间范围和改进层面,因此本书对我国提升高速铁路网络建设的空间布局合理性具有重要现实意义。

其次,对优化高铁串联起的城市间经济协调的意义。本书探明了高速铁路影响城市经济发展的动力机制,通过对相关动力因素的协调,有助于优化城市间经济发展布局,缩小城市经济差距,为更好地发挥高铁对城市经济的促进作用具有重要的现实意义。

再次，高铁带动劳动力要素的流动，进而带动其他要素伴随劳动力载体进行流动。高铁带动的要素流动在不同城市间存在差异性。城市要重视这种要素流动差异性带来的经济发展影响。因此，在人才向高铁中心城市集聚的同时，边缘城市面临巨大的人才流失。本书对从国家层面在高铁驱动下引导劳动力的合理流动，制定相应的人才政策和引才机制，促进其他要素的合理流动具有重要政策借鉴价值。

最后，对社会经济空间格局均衡发展具有重要意义。本书厘清了高铁通过要素流动对城市经济的影响机制，研究结果为社会经济空间格局的均衡化发展提供高铁层面的政策借鉴，具有重要现实意义。

第三节 研究目标和研究内容

一、研究目标

本书拟构建高铁影响要素流动作用于城市经济发展的分析框架，分析高铁通过要素流动对城市经济发展的影响，并从不同行业、城市经济发展特征、城市经济差距、城市联动发展等层面具体展开，最终得出高铁对城市经济发展的影响。

相关子目标包括：（1）高铁发展对城市经济影响的特征。利用空间及社会经济数据，包括大量的高铁运行数据和城市经济发展数据，得出高铁对城市经济影响的具体特征。（2）高铁对异质性劳动力要素流动性的影响，并关注高铁对农民工这一中国特色群体的工资的影响。（3）高铁引起的劳动力流动，对城市知识生产力和知识密集型经济增长的影响。（4）高铁对其相关竞争行业航空、汽车行业的影响。（5）高铁、要素流动对城市经济差距的影响。（6）高铁对中心城市及腹地城市经济发展的联动效应。（7）高铁促进城市经济发展的动力机制。

二、研究内容

本书主要包括以下研究内容：

第一，高铁发展对城市经济影响的特征。本部分关注的重点是：剔除经济发展大环境的影响，高铁的建设运营是否会对城市经济社会发展产生重大影响？这种影响有什么具体特征？本部分内容采用2003～2019年高铁线所经过城市作为研究样本，其中涵盖了沿海、中部、西部、东北等区域。同时为了减少政策因素的影响，本书剔除了直辖市、省会城市、计划单列市，最终筛选高铁线沿途共49个地级城市作为处理组样本。同时选取同省内及邻省截至2019年尚未开通高铁的城市作为对照组，共选75个城市，处理组与对照组的城市比例为1∶1.5，基本能够满足分析要求。

第二，高铁对高技能劳动力流动、农村劳动力流动及农民工工资产生影响。虽然高铁等交通基础设施建设对经济增长的贡献已经得到普遍认可,但是鲜有学术界和实务界能够充分认识到高铁开通对劳动力流动及劳动力收入的影响和作用机制。首先,利用"准自然实验"的倾向得分匹配倍差法(PSM-DID),通过2004~2019年中国287个地级市的数据,量化考察了高铁开通对高技能劳动力流动的影响及作用机理。其次,高铁驱动下,传统农民获取收入有了更多选择,远离还是从事农业成为其掌控范围内一项重要的行为选择。借助北方地区197个农户637个个体样本跨时12年(2008~2019年)的微观面板数据,设定行为选择和收入获取联立方程,考察高铁对农村劳动力务工与务农行为选择的影响。模型估计方法有Heckman两步法和内生转换模型回归,并依据地理特征构造工具变量消除内生性难题。最后,探讨高铁对农民工工资的因果影响。尽管交通基础设施可能重塑商业活动,但人们很少关注它对农村移民福利的影响。在这项研究中,从移民渠道的角度对高铁对移民工资的经济影响进行了实证评估。利用2SLS估计高铁对农民工工资的影响,并对相关异质性进行了分析。

第三,本书研究了高铁发展对中国主要城市知识密集型(KE)经济增长和空间动态的影响。发展高铁是中国经济发展政策的重要组成部分。高铁在各经济部门产生外部效应,并有可能改变空间经济。因此,了解这些影响对于城市和区域长期的发展政策和规划至关重要。本书的分析不仅采用了广泛使用的高铁网络总长度,还包括了高铁服务的频率及其与网络长度的交互作用。通过控制相关社会经济变量,研究了高铁对知识密集型经济增长的影响,从而为长期战略性区域发展政策提供参考。

第四,要素流动视角下高铁开通对城市经济差距的影响。基于要素流动视角,考察了高铁开通与区域经济差距之间的关系。在详细阐述高铁开通影响区域经济差距内在机理的基础上,基于2004~2019年中国333个地级市的数据,以是否开通高铁作为一项"准自然实验",采用倾向得分匹配倍差法(PSM-DID),实证考察了高铁开通对区域经济差距的影响效应。

第五,高铁时代中心城市与腹地城市联动关系识别。本部分将以高铁带动城市区域发展为逻辑论证之起点,测度珠三角城市带广深双城及其对腹地城市的带动效应,以及各城市间的联动关系,以期对制定城市空间的发展战略,构建合理的城市发展体系,提供理论依据和现实借鉴。

第六,高铁设站城市成长与城市联动发展动力机制研究。本部分抓住高铁建设这一重大事件,以途经城市为研究对象,建立新的城市增长理论框架,探究党政官员执政影响城市发展的机理与机制。立足于高铁驱动城市经济发展的动力和成因解释,空间极化也会随城市体系空间结构变化而变化。将高铁运营视为一种极化手段,高铁联线或联网都会使极化与扩散过程按照交通原则持续进行。

第四节 研究方法

高铁发展背景下的中国城市发展经济效应，属于跨学科的研究范畴。相关研究不仅包含城市经济学和计量经济学内容，同时还涉及空间经济学、国际贸易学、城市规划学及地理学等相关学科内容。具体来说，本书主要采用以下研究方法：

一、理论研究与实证研究相结合的方法

探讨高铁网络对城市经济作用机制时，既需要借鉴国内外前沿理论研究成果，也需要用到相应的理论研究方法，构建研究框架体系；而在研究中国高铁网络对城市经济增长及城市联动发展实际影响时，本书则需要利用较长时间内的大量面板数据来对两者关系进行实证研究。采用倾向得分匹配倍差法（PSM-DID），实证考察了高铁开通对区域经济差距的影响效应；采用一阶差分 GMM 方法估计模型和系统差分 GMM 测度珠三角城市带广深双城及其对腹地城市的带动效应；采用面板数据回归模型估计高铁设站城市成长与区域联动发展动力。

二、比较分析与动态分析相结合的方法

一方面，在不同城市，高铁带来的集聚效应是不同的，这就需要运用到比较分析法来进行对比考察；另一方面，历年高铁对城市的经济效应都不是一成不变的，因此需要用动态分析法来对两者发展及变动趋势进行考察。本书以高铁作为一项准自然实验，将城市分为处理组和对照组，在高铁发展中对照不同城市的要素流动和经济发展状况，得出高铁的真实影响。针对高铁对要素流动、城市间经济发展的动态趋势和影响的时效性，在实证分析中运用了动态趋势检验和安慰剂检验。

三、定性分析与定量分析相结合的方法

首先对高铁发展与城市发展的现状和关系进行一系列定性讨论，然后以此为基础对高铁建设对城市发展的影响进行大量定量分析。例如，在定量分析部分，本书采用了大量的计量经济学模型，以此来估计高铁发展对中国城市经济的影响。为了在国内研究高铁方法的基础上做进一步改进，本书需要对高铁网络的构成进行数字化处理，本书将通过纸质版地图数字化、ArcGIS 结合百度 dpi 查询的所有高铁站点经纬度来结合生成数字化图示。此外，准自然实验的前提条件是解决分组的内生性问题，本书利用地理特征构建工具变量。

第五节 研究的创新性

大规模交通基础设施的发展对城市经济及空间结构的影响是国内外学者关注

的问题之一,本书的创新性主要体现在以下几方面:

一、理论创新

构建了一个包涵高铁建设变量在内的城市发展理论框架。2000年后的城市规模扩张运动与大规模高铁建设的时间点是相互重叠的,且这都是政府主导下投入建设的。本书抓住高铁建设这一城市发展外生变量重大事件,以途经城市为研究对象,建立新的要素流动、城市经济发展理论框架,探究高铁作用下的要素流动及其带来的城市经济发展效应和作用机制。

二、实践创新

基于要素流动的视角分析高铁开通对城市经济的影响。以往研究在考察高铁与区域经济增长之间关系的过程中忽视了高铁对城市经济差距可能产生的影响,也缺乏对高铁开通后所引发的要素流动现象的深入探讨,这势必将不利于全面考察高铁对城市经济的影响效应,也不利于相关区域政策的科学制定。第一,本书基于要素流动的视角分析了高铁开通影响区域经济差距的内在机制,相对于传统的交通运输方式来说,高铁的独特优势更加满足现代化经济发展过程中劳动力等生产要素跨区域流动的需求,这有利于更加全面地考察高铁影响区域经济增长及其差距的具体路径;第二,本书从"极化效应"和"扩散效应"两个角度系统性地分析了高铁开通影响区域经济差距的主要机理,这也有利于本书更加科学地认识高铁对区域经济差距的影响效应;第三,由于高铁开通影响区域经济差距的"极化效应"和"扩散效应"可能存在一定的时间差异,本书还进一步讨论了高铁开通对区域经济差距影响的时间差异,以此分析高铁开通对区域经济差距影响是否存在显著的时间效应,这可能为科学评估高铁的经济效益提供有益启示。

探究高铁驱动城市联动发展的动力机制。关于大规模交通基础设施的经济学文献,主要集中在高速公路、铁路,很少涉及高铁。为数不多的关于高铁的研究,仅仅选择单条线路作为样本,或者通过查询铁路网上购票系统来判断是否开通地铁对城市经济的沿线,缺乏高铁效应下城市发展的机制探讨。本书将高铁通过构建包含高铁和城市经济发展数据的增长模型,探究高铁影响城市联动发展的动力机制。

三、方法创新

首先,有效解决了研究中的内生性问题。在分析我国高铁开通、要素流动对城市经济差距的影响分析中,采用倾向得分匹配法(PSM),通过对处理组和对照组样本进行匹配,使得研究样本在考察期内具有共同的时间趋势,缓解样本选择偏差以及由此所产生的内生性问题。在此基础上,基于匹配后的处理组和对照组样本,采用双重差分模型进一步降低因遗漏变量问题所导致的内生性估计偏误。其次,用倍差法(也称双重差分法、双重差分模型;英文为 Difference in Difference,DID)估计高铁建设对沿途各地区经济发展的效果,力求得到相对稳健的结论。再次,通过对双核模型进行修正,构建起计量模型,探究广州和深圳及其腹地城市之间的联动发展关系。最后,通过构建包含高铁变量的面板数据回归,估计高铁对城市经济发展的动力机制。

  本书将所用数据拓展至县域层面。目前的国外研究很少涉及中国的数据,尤其是对高速铁路以及区域空间的研究,这可能由于受到国家规模和城市化特征差异的影响。在一些关于中国空间问题的研究中主要使用地市层面的数据,而没有使用信息更加丰富的县域层面的数据,本课题也将弥补国外学者在这个领域研究的不足。

第二章 国内外文献综述

学术界对中国高铁与城市经济发展的关系给予了高度的关注,开展了多方面的研究,产出了一大批相关研究成果。以中国知网的期刊论文数据为例,以"高铁"或"高速铁路"为主题,将时间限定为"2008～2020年",学科仅限定在"经济与管理科学"领域,期刊级别限定为"CSSCI",在知网共检索到1 132篇文章。如图2.1所示,从2008年开始,有关高铁研究的论文发表数量呈现整体上升的趋势。为了考察高铁与区域经济发展的最新研究动态,本书主要选取2014年之后发表的相关论文,分别从高铁与城市经济增长、高铁对要素流动的影响、高铁对知识密集型经济增长的影响、高铁与中国经济长期发展战略、高铁与区域经济格局变化、高铁对城市经济发展的相关研究方法六个方面,分析中国高铁与城市经济发展的最新研究进展,以期为新时代背景下有关中国高铁的研究提供借鉴与启示。同时对国外相关文献展开阅读,以期为本书的研究提供借鉴参考。

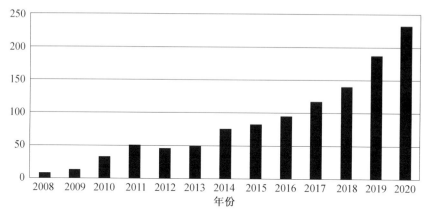

图2.1 2008～2020年中国知网有关高铁研究的论文发表数量
资料来源:作者根据知网检索数据整理。

第一节 高速铁路与城市经济增长

现有研究大多以高铁站点城市、沿线城市及城市群为对象,分别研究高铁对城市经济增长的影响。现有文献关于高铁对城市经济增长的影响研究集中在两个方面:一是检验高铁是否对城市经济增长产生了影响;二是分析高铁影响城市经济增长的机制。

高铁对城市经济发展的作用,现有的实证证据褒贬不一。部分研究认为,延伸的交通网络可以促进各城市经济一体化(Ahlfeldt 和 Feddersen,2017;Baum-Snow,2007,2010;Giroud,2013)。相比之下,其他研究表明,中心城市的经济增长受到促进,但相邻城市的经济增长受到扩展的交通基础设施的抑制(Chandra 和 Thompson,2000;Faber,2014;Qin,2017;Hodgson,2018)。

高铁通过影响市场整合、房价、企业规模等作用于城市经济发展。Zheng 和 Kahn(2013)的研究表明,高铁可以通过刺激市场整合促进二三线城市的经济发展,也可以保持不断增长的城市人口的生活质量。他们还指出,交通创新与附近二级城市房地产价格上涨有关。Duranton 和 Puga(2005)指出,交通技术进步可以使工业工厂在小城市集聚,而商业服务业及其总部则在大城市集聚。具体而言,运输技术导致的内部通信成本降低与附属公司规模和功能专业化的增加显著相关(Charnoz 等,2018)。

一、高铁对城市经济增长的影响

在已有研究中较少涉及高铁对城市经济增长的直接效应,即高铁建设带来的投资拉动对城市经济增长的影响。比较而言,现有文献主要从高铁开通对城市带来的间接效应出发分析其对城市经济增长的影响。陈建军、郑广建(2014)从集聚的角度把高铁对城市的影响分为市场结构效应、劳动力池效应和创新溢出效应。覃成林等(2014)则从多个角度研究了高铁对城市经济增长的影响,其主要结论包括:第一,高铁通过改善沿线城市的可达性从而增强其经济联系强度。第二,高铁通过增强沿线城市间的经济联系而显著地促进了这些城市生产性服务业的集聚。如果一个城市与外界的经济联系度高出平均经济联系水平1%,则该城市生产性服务业集聚水平会高出平均集聚水平3%~6%(覃成林、杨晴晴,2016)。第三,高铁沿线城市可达性每提升1%,可引起城市经济集聚指数发生0.8798的相应增加(覃成林、种照辉,2014)。第四,高铁通过提高城市可达性而影响城市人口增长。在1997~2011年期间,铁路提速导致沿线城市可达性每提高1%,可引起城市人口增加0.67%。预计2020年全国高铁网络建成之后,城市人口将向高铁沿线城市集聚,城市群作为城市人口主要集聚区的趋势将进一步增强,城市等级规模结构将呈橄榄形发展(覃成林等,2014)。此外,董艳梅、朱英明(2016)基于就业、工资和经济增长的区域异质性视角分析了高铁的影响,其研究结果表明,高铁建设对沿线城市的就业、工资和经济增长的总效应显著为正,相应的弹性系数分别为0.2067、0.1907和0.1491。

二、高铁对城市经济增长的作用机制

如上所述,已有研究表明高铁对沿线城市的经济增长影响明显。围绕着高铁是怎样影响城市经济增长的这个问题,一些学者分别从可达性、人口流动、城市联系职能、城市房价、就业效应、产业结构和行业发展等多个方面做出了相应的解释。其中,高铁对城市间可达性变化的影响最为明显。如石武高铁的开通显著提升了沿线城市可达性水平,提高幅度约为40%,但如果考虑到高铁票价的因素,得到可达性提高幅度降至18%左右(李红昌等,2017)。这种影响也间接表现在了房价层面,如张铭洪等(2017)的研究表明,高铁建设确实显著提高了沿线城市的房地产价格,但这种影响也存在显著的异质性。部分学者则从更加微观的视角,研究高铁的乘客特征、客运功能等。吴康等(2013)的研究结果显示,现阶段城际高铁交通主要为商务出行流和休闲旅游流,出行人群以男性、高学历、较高职业地位和商务出行为主,对出行时间更敏感,商务出行的跨城流动频次更高;城际高铁对旅游、购物等休闲活动的跨城流动具有较明显影响,但对居住地点和工作空间的迁移改变有限。龙茂乾、孟晓晨(2015)的研究则表明,高铁主要承担着中心城市与普通城市之间、中心城市与中心城市之间的客流联系,高铁旅客在省内城市间的流动强度普遍高于省外流动强度,去往中心城市的客流强度也大于去往普通城市,而且,城市间的高铁旅客数量与相关城市的经济水平正相关。

在产业层面,学者们重点比较了高铁对不同城市产业结构的影响。蒋华雄等(2017)指出,总体上高铁提升了城市服务业的比重,降低了城市制造业的比重。高铁开通普遍提高了站点城市制造业的集聚水平,但对中心城市制造业集聚产生了集聚弱化作用,对非中心城市制造业集聚的影响则是集聚加速作用(李雪松和孙博文,2017)。比较而言,高铁导致了大城市第三产业的空间极化发展,但对第二产业有大城市与中小城市分工合作、均衡发展的促进作用(宋文杰等,2015)。董艳梅、朱英明(2016)则研究发现,高铁建设显著降低了第一产业的就业水平,同时促进了第二产业尤其是第三产业的就业增长,特别是对第三产业中的批发零售、住宿餐饮业等消费性服务业及信息、软件等生产性服务业中高附加值行业的就业促进效应最强。具体到行业层面,邓涛涛(2016)等定量分析了长三角高速铁路网建设对城市旅游业发展的影响。结果显示,由高铁开通引起的城市可达性提升对于沿线城市旅游业的影响是显著的。具体是,高铁开通引起的城市可达性每提高1%,城市旅游客流增加约1.02%。龙玉等(2017)则基于风险投资的视角,通过双重差分模型分析表明,高铁通车后,与非高铁城市比较,风险投资对高铁城市的新增投资显著增加,与此同时,高铁扩展了风险投资中心城市的投资辐射范围。

第二节 高速铁路对要素流动的影响

一、高铁对劳动力流动的影响

学者们从劳动力迁移的角度讨论了高铁对大都市的影响(Guirao等,2017)。纵观历史,基础设施通过决定流动成本来决定人口和经济活动的分布。而最近的实证研究提供了令人信服的证据,证明道路或铁路运输的使用提高了区域内的就业、工资和国内生产总值(Michaels,2008;Banerjee 等,2020;Gibbons 等,2019),并对区域间贸易量产生了积极影响(Duranton 等,2014)。相关研究表明,高铁建设产生了集聚和扩散两种力量。集聚导致了城市的增长、大城市区域的形成、人口和产业的集中以及空间效能模式的变化;扩散导致了经济和社会活动的空间分化、全球化和空间互动,从而促进了网络模式的形成和发展空间组织(Jin,2012)。在高铁车站区域建立一家公司可能有助于获得更多的熟练劳动力,因为高铁服务可以使城市的距离缩短。在这种情况下,居住在这些城市的劳动力更容易来到位于高铁服务城市车站区的公司工作。至于劳动力市场,Lin(2017)认为,与高铁的连接导致就业增长7%。同样,Mayer 和 Trevien(2017)指出,区域快速铁路的开通可以将连接高铁网络的城市的就业率提高8.8%。其他研究也探讨了基础设施改善对工资的影响。例如,Ma 和 Tang(2019)指出,外来务工人员的流入将对名义工资产生负面影响。Fingleton 和 Szumilo(2019)认为,与其他地点的联系是当地工资的关键决定因素,并发现高铁的改善对工资产生积极影响。

　　高铁这一重要交通基础设施通过对市场规模的作用进一步对劳动力流动产生影响。根据 Lewis(1955)的分析框架,市场规模主要受地理与自然资源、人口规模、交通便利程度的影响,其中,交通成本和范围是影响市场规模的重要因素。Smith(2015)也提出了交通对扩大市场规模的重要作用,他通过比较从伦敦到爱丁堡之间水陆运输费用的差额,说明了水运因为运输费用更低,比陆运开拓了更大份额的市场。因此,各种产业分工的深化和改良自然而然开始于沿海沿江或大运河一带,并因此提出了"一切改良的方式中,以交通改良为最有实效"的观点。传统经济理论忽视了经济生产和交换的空间维度,新经济地理学理论则对现实经济的集聚、要素的空间流动提供了更加符合现实的分析框架。Krugman(1991)认为"现代经济学的局限性在于一般都忽视现实的空间,国家通常是一个没有大小的点,在国家内部,生产要素可以迅速、无成本地转移"。他认为:"运输是有成本的,运输是影响地区间交易的一个重要原因。"实证检验的结果也支持交通基础设施对市场规模的正向影响,例如,Atack 等(2008)的研究发现,19 世纪中期美国铁路的兴建扩大了市场的规模,提升了美国制造业企业的规模;Banerjee 等(2012)在改革开放以后的中国也发现了类似的证据。具体地,当运输成本不断下降时,产业会向该地区集聚,市场容量因而不断增大。Jiang 等(2017)认为改善运输服务可以降低企业的生产成本,提高生产效率。交通投资可以缩短地区间的时间距离,扩大市场空间,有助于企业从更广阔的范围内吸纳劳动力。Zheng 和 Du(2020)认为机场和高铁是吸引创新活动空间集中的重要因素。

二、高铁对高技能劳动力流动的影响

　　高铁对高技能劳动力流动产生显著影响。现代经济增长理论(Lucas,1988;

Romer,1990)认为,知识和专业化的人力资本积累可以产生递增收益,是经济持续增长的源泉与动力。因此,一个国家或地区能否吸引高技能劳动力聚集对其经济增长至关重要(Landes,2003)。高铁扩大劳动力市场(Cheng,2009),促进高技能劳动力的流动(Haynes,1997)。然而,高铁对劳动力分布的影响并不是均匀地分布在整个空间中。尤其是,外围地区已被证明因企业迁往大城市而在产出和就业方面遭受损失(Faber,2014;Qin,2014)。

已有的关于高技能劳动力流动的研究大多以经济因素为主(Eich Krom,2013)。高技能劳动力流动以经济收益为目标(Eich Krom,2013;Shachar,2006)。当高技能劳动力能够自由流动且报酬由市场决定时,高技能劳动力往往会选择能最大限度地发挥其才能并获得最高报酬的城市。高技能劳动力的才能发挥与否和可获得的报酬的多少直接受制于市场的规模和企业的大小(Murphy等,1991)。市场规模越大,对高技能劳动力的吸引力越大。Zenker(2009)指出了"就业机会"等因素对高技能阶层评价城市的重要性。Darchen和Tremblay(2010)调查了职业机会和场所质量对吸引和留住高技能工人的相关性。Taecharungroj(2016)证实了这些结果对城市经济繁荣和增长前景对居民满意度的积极影响。对于高技能劳动力这类潜在居民来说,"工作机会"似乎具有较高的(Darchen和Tremblay,2010)或中等的(Zenker,2009)相关性。也有学者们认为分析高技能劳动力流动的理论框架需要结合国际高技能人才流动的不同宏观和微观因素。这些因素,包括政府政策、制度环境、雇主的作用和国际招聘机构、社交网络,是实际上驱动高技能移民流动背后的力量(Iredale,2001;Murphy等,1991;Salt和Findlay,1989年)。

三、高铁对企业发展中要素流动的影响

高铁在其服务的区域引起了许多期望,现有文献中最常研究的是高铁与企业经济发展中要素流动的关系。高铁服务可以增加其服务地区的吸引力(Chen和Hall,2011;Zhuo和Bohong,2017;Urena等,2009)。高铁增加了运输强度,扩大了劳动力和服务市场,影响了空间组织、产业结构、要素投入结构和区域比较优势。在此基础上,高铁可以促进经济一体化,形成功能区,从而加快企业和家庭的搬迁与调整,高铁通过快速、频繁和可靠的人员及服务流动,促进了发达地区知识密集型产业的发展(Blum等,1997)。一般认为,高铁建设促进了知识经济的快速增长(Tierney,2012)。对中国高铁的研究表明,对非常规认知技能依赖程度较高的行业,在拥有高铁城市的市场中获益更多(Lin,2016)。

更具体地说,高铁服务有助于城市吸引企业,特别是与大都市功能相关的领域对企业的吸引力增加(Urena等,2009)。高铁服务的主要城市(Garmendia等,2008)或者在中间城市(Urena等,2009)对企业的吸引力尤为显著。然而,在一些调查中,对公司的影响结果存在很大争议(Haynes,1997;Bazin等,2013),其影响

的真实性值得商榷(Vickerman,2015;Beckerich 等,2017)。对某些作者来说,高铁服务有助于提高城市对企业的吸引力,因为它提高了城市在区域内的可达性。部分学者认为这种影响在区域间层面并不明显(Willigers,2008)。换言之,它的影响可能只涉及已经位于同一城市或同一地区的企业,因此,城市吸引外来企业的能力没有大的变化。另一些作者认为,高铁对企业的影响取决于站点的类型,无论是外围站点还是中心站点,并且由于优化策略的不同,外围站点之间几乎没有一致性(Facchinetti-Mannone,2010)。Willigers 和 Wee(2011)则强调,在荷兰,高铁对企业的吸引力取决于服务类型,国际高铁服务可以对企业的办公地点产生相当大的吸引力。

因此,本书的目标是要找出高铁服务能够影响企业区位行为并促进其活动发展的原因。首先,根据引力模型,距离对交换强度有影响。通过缩短连接城市之间的距离所需的时间,高铁服务可以使服务业企业开展交易,甚至扩大其市场范围(Preston,2009)。由于时间就是金钱,高铁服务可以降低一般运输成本。可达性的增加可能导致生产力和竞争力的提高。改善的连通性可能会转化为位于连接高铁网络的城市的公司竞争力的提高(Preston,2009;Vickerman 和 Ulied,2006)。

第三节　高速铁路对知识密集型经济增长的影响

从20世纪80年代后期开始,已经有一些学者研究分析大型基础设施项目对经济的影响。例如 Aschauer(1989)、Biehl(1991)、Kesside(1993)及 Lewis(1998)的研究表明,基础设施的发展对生产率和劳动力成本产生了积极影响,并认为基础设施的发展带来了长期的经济增长。伴随着日益庞大的货币政策,Holtz Eakin(1993)及 Glomm 和 Ravi Kumar(1994)通过遵循 Aschauer 的方法,调查并验证了交通基础设施的积极经济影响。这些研究基于区位理论,强调了无障碍和较低的运输成本对改善企业贸易和盈利能力的重要性(Pol,2003;Seitz 和 Licht,1995)。在此之后,交通投资及相关经济发展影响的文献基于下列两类研究方法展开。第一种方法认为,几乎任何交通投资的效益均能在直接用户效益评估工作中进行考量。第二种方法基于交通运输活动的规模报酬递增现象,在这种情况下,会产生集聚效应,因此需要分别衡量由此产生的额外经济影响(Vickerman,2008)。在这两种方法中,后一种方法因其特殊性而经常引起争议。由于缺乏强有力的实证证据来降低在宏观经济、微观经济、企业和劳动力市场层面进行研究的相关性,因此结果中因果关系的方向和相互矛盾的结论得到关注(Vickerman,2007;Banister 和 Berechman,2000)。此外,对人际关系和投资区域周围地区之间的溢出效应与第二种方法的实用主义相悖(Vickerman,2008;Boarnet,1998)。本书有助于补充第二种方法的文献,即研究运输对知识经济的影响,并假设集聚经济的发展是影响经济的潜在驱动力。最近的研究表明,更好的集聚环境的形成与可达性的提高密切相关(Melo 等,2016;Graham 等,2009;Graham,2007)。在城市和区域经济层面,Hensher 等(2012)及 Wetwitoo 和 Kato(2017)的研究也表明了交通运输带来的积极集聚影响。高铁的发展,提高了区域间的可达性,进而通过增加人力资本之间的知识互动促进知识外溢,从而支持集聚经济的增长。

基于马歇尔的产业规模理论,发现三个要素与运输密切相关:(1)集聚产生了企业集群,降低了商品、材料及服务的成本;(2)集聚导致了更大的工人群体,这促进了更好的劳动力匹配并提高了生产率;(3)可以预期的是,在集聚的地区,知识溢出提高生产率(Marshall,1961)。一方面,高铁发展对集聚经济的推动是显著的,也是可预期的。另一方面,高铁导致出现趋同或发散的区域增长(Liu 等,2020年)。之所以出现这种公平问题,是因为通过改善可达性的集聚经济只能限于核心区域,而这可能以其他周边地区的"虹吸效应"为代价,因为在这些区域,资源有可能流失/转移到中心核心区域(Fujita 和 Thisse,1996)。关于这方面的文献研究如,高铁建设可能影响就业机会空间分布(Shi 等,2020);使用空间和社会权益的指数,分析高铁对旅行时间变化、联系数量、价格、人口的影响(Cavallaro 等,2020);一级高铁时间表和票价的社会公平性(Zhan 等,2020)。

对于集聚经济中的知识溢出,Nakajima 等(2010),Breschi 和 Lissoni(2009)及 Agarwal 等(2007)认为,知识的流动是伴随着发明者的流动而发生的。Saxenian(1999)和 Singh(2005)也研究了社会网络总的知识流动,如过去的合作。Yin 等(2015)的研究表明高铁使巴黎和里昂之间的商务旅行增加了56%。Chen 和 Hall(2011)研究发现,高铁强化了地方经济向知识经济的转型。一些研究还认为,高铁对知识共享的影响是显著的,因为它提供跨区域客运服务的独特性(Inoue 等,2017;Tamura,2017)。Komikado 和 Kato(2017)的经验表明,可达性对知识生产有显著的正向影响,但接近高铁站点对知识生产无显著影响。

在方法学上,这些研究可分为两类:第一类以高铁线路/站点周围区域为处理组,其余区域为对照组,进行准实验,并通过比较分析实验效果;第二类采取柯布-道格拉斯函数用生产/生产率函数方法估算知识生产/生产率。前一种通过准实验来推断因果关系,通常采用的是观察研究中的差异(DID)估计和/或匹配方法,这些方法通常应用倾向性得分来进行匹配练习(Komikado 和 Kato,2018;Inoue 等,2017;Tamura,2017)。生产/生产率函数法将经济或知识生产/生产率与可达性、R&D 资本、研究人员及行业特定变量结合起来进行回归分析(Komikado 和 Kato,2018;Graham 等,2009;Graham,2007)。本书通过估计知识生产率函数(KPF)和进行准自然实验将这两种方法结合起来。以往的研究主要集中在区域尺度或高铁沿线,而本书将地理尺度扩展到国家经济的宏观层面,并试图进行国际比较。Li 等(2019)指出高铁与社会经济变量的综合效应可能影响任何国家的知识生产力,因此,模型中的相互作用项是按照世界卫生组织(WHO,简称世卫组织)的方法引入的。世卫组织通过对各种运输方式与区域规模、人口的相互作用,审查了各种运输方式对碳排放、城市化水平等的影响。

知识密集型经济对包括中国在内的许多国家的国民经济至关重要。该行业活动的增长部分取决于快速、频繁和可靠的运输服务,如高铁提供的服务(Chen 和 Vickerman,2017;Hall,2009;Shao,Tian 和 Yang,2017)。高铁缩小了地理范围,实现了客户和企业之间接触的距离,这对于嵌入在知识经济领域的隐性知识外溢具有非常重要的影响(Meliciani 和 Savona,2015)。

事实上,运输在企业的战略选址决策中发挥至关重要的作用。在区域范围内,交通基础设施的改善有助于城市间的相互作用和整合,有助于通过交通联系进行区域知识传播(Cheng,Loo 和 Vickerman,2015;Zhu,Wang 和 He,2019)。

改善区域的交通可达性还可以使企业获得熟练劳动力和更广阔的市场,并促进其与相关产业的融合(Porter,1995)。已有研究已经验证了 KE 公司以及地铁线路的空间动态,并得出结论,即这些公司的位置往往遵循"集中分散"模式(Daniels,1995;Wang,Zhang 和 Yeh,2016)。这一模式的出现是因为企业集群从相关的正外部性中受益,包括进入密集的劳动力市场、容易接触到专业供应商以及当地知识外溢的机会(Bathelt,Feldman 和 Kogler,2011;Krugman,1991)。

高速交通基础设施的发展压缩了城市间的旅行时间,并随后促进了技术工人和公司的流动,进而促进了经济部门的发展和空间结构调整。新经济地理学(NEG)理论通过假设运输成本(包括旅行时间和费用)在收入差距巨大的城市之间的分布不均来探讨这一效应(Garmendia 等,2012)。在这种空间经济中,高铁服务的发展为公司和企业创造了一个不完全竞争的环境。低运输成本对更依赖频繁和高速运输的知识密集型经济活动具有吸引力。因此,高铁发展可以促进这些企业的空间集聚,并在占据高铁优势的城市产生规模经济(Chen 和 Vickerman,2017)。从竞争的角度看,上述集聚过程产生了高铁开通后的"再分配效应"。NEG 理论仍然是高铁服务网络中具有不同可达性和连通性的城市间知识密集型经济动态的普遍解释。即使在高铁服务开通之前,城市体系中的不同城市也有不同的运输成本,这不仅是因为它们的地理位置不同,而且还因为它们在整个交通网络中承担不同的功能(Pan 等,2017)。

同时,高铁的发展也扩大了相关城市和客商服务领域的机会,特别是在高度依赖快速和密集出行的行业,形成了"生成效应"(Shaw 等,2014)。这种类型的高铁效应呼应了古典经济学的定理,即"劳动分工受到市场范围的限制"(Stigler,1951)。这一观点强调了与外部市场建立联系的好处,但忽视了当地市场条件的重要性,而当地市场条件是城市和地区对高铁开通做出反应的基础。例如,实证研究证明,通过劳动力市场的重组和生产力的提高,运输投资产生了广泛的经济影响,但这种影响在很大程度上取决于当地市场环境(Banister 和 Berechman,2001;Chen 和 Vickerman,2017)。除经济理性外,房价、交通和环境问题等其他因素也影响了高铁发展的集聚效应,而高铁发展的集聚效应恰恰相反,有利于企业和人才向居住环境较好的城市和地区迁移(Zheng和Kahn,2013;Zhao和Lu,2009)。正因如此,Banister和Thurstain Goodwin(2011)强调高铁效应是由不同的当地条件引导的,他们认为高铁的发展趋向于重新分配现有的经济活动,而不是创造新的活力。因此,在城市间建立一个相对公正的环境来研究高铁与其他交通服务对知识密集型经济动态的影响是非常重要的。

第四节 高速铁路与中国经济长期发展战略

中国的高铁网络发展迅速。截至2020年底,中国高铁运营里程达3.8万千米。根据《中长期铁路网规划》(2016年),中国计划到2025年发展3.8万千米高铁网络。中国已提前实现了这一发展规划目标,已连接起所有拥有50万以上居民的城市,并在全国19个主要城市群提供密集的高铁服务。高铁的持续发展也符合中国政府旨在促进大城市向服务型和知识型经济转型的产业政策(Wang和Duan,2018)。为此,中国已在高铁车站周围规划和／或正在开发各种高铁商业区和城镇,旨在将交通节点转变为商业和商业区,并提升城市经济结构(Chen和Wei,2013)。

此外,中央和省级政府将高铁发展视为主要城市培育区域和国际竞争力的关键政策和战略之一(Ma,2005)。因此,高铁的发展自然会优先考虑中国的主要城市,并使其受益。事实上,目前高铁线路已跨越了这些主要城市,它们在战略上定位为连接内陆城市和地区的枢纽(Wu,Perl和Sun,2016)。此外,尽管与高铁规划和投资相关的决策权高度集中在不同的部委,但大城市有能力根据其城市规划协商高铁站的位置,而较小的城市则必须执行相关建设计划(Zhu,Yu和Chen,2015)。这就解释了为什么与大城市相比,小城市的市中心相对远离各自的高铁站(Wang,2011)。不理想的高铁车站位置抵消了高铁服务节省的旅行时间,并进一步弱化了高铁发展对促进当地经济的作用(Diao等,2017)。

第五节 高速铁路与区域经济格局变化

高铁对区域经济增长、城市经济增长的影响都存在着差异性,对区域协调发展的影响也是复杂的。由此不难看出,随着高铁建设的推进,区域经济格局也有可能发生相应的变化。因此,部分学者将研究兴趣放在了高铁对区域经济格局的影响上面。从区域经济格局空间层次看,现有研究选择了城市、大区域、全国等不同的空间层次,分析高铁对区域经济格局变化的影响。

在宏观层面,王雨飞、倪鹏飞(2016)研究发现,高铁开通后,中国区域间经济增长的溢出效应确有提高,但从全国范围看,经济基础相对较好的东部和中部城市进入中心区,而基础薄弱的东北和西部地区面临边缘化的危险。刘莉文、张明(2017)

则认为,一方面,高铁提高了全国可达性的整体水平,尤其是改善了西部和中小城市的可达性;但另一方面,高铁因其技术特性产生"廊道效应",有高铁城市和廊道沿线城市,其受益远高于无高铁城市,从而加大了区域发展的不平衡。Jiao 等(2017)的研究结果显示,从空间上看,高铁网络中心度与城市的 GDP 和人口成正比,高铁网络中心度前 20 名的城市集中在经济发达、人口稠密的地区。王列辉等(2017)基于网络视角揭示了高铁建设发展过程中的非均衡发展现象,认为高铁网络联系呈现纵向联系强、横向联系弱的特点;高铁网络区位优势由东向西呈地带性递减,东中部中心城市的优势突出,西部中心城市的优势不明显且整体呈现"低水平均衡"格局;城市行政级别越高,高铁覆盖率越高,但在东部地区,高铁结构已由"等级化"向"扁平化"发展。贾善铭、覃成林(2015)预测,2020年高铁网建成后,全国及东部、中部、西部地区的区域经济格局将向非均衡态发展。

部分学者重点研究了局部高铁网络或高铁线路对城市群或都市圈的经济格局变化影响。姜博等(2014)以哈大高铁为例,利用可达性模型研究高铁通车前后沿线城市的可达性及其空间格局演变,研究表明,哈大高铁通车后,城市可达性得到大幅提升,但可达性改善程度存在明显的空间差异。位于高铁线路中间的城市的可达性提升较大,但位于高铁线路两端的城市的可达性提升较小,由此而加速了东北地区空间格局的演变,空间分化与重构现象日趋复杂,中心城市的扩散范围将突破传统的空间尺度甚至行政区划的范畴,部分城市空间隶属关系变得模糊。方大春、孙明月(2015)则以长三角城市群为例,研究发现高铁建成后长三角城市群空间结构得到优化,城市间联系更加紧密,但城市群存在不对称和不均衡的现象,中心城市对外辐射增强。同样以长三角地区为研究对象,黄泰等(2017)研究认为,高铁强化了长三角区域旅游格局的核心－边缘结构,边缘地区非高铁城市的旅游竞争力和出游力被进一步削弱,而核心高铁城市上海的中心性仍在增强;高铁开通后,边缘地区新增开高铁城市的旅游格局变化最大,但固有劣势使其不能从根本上改变区域旅游整体的非均衡发展态势。倪维秋、廖茂林(2018)主要研究了中国省会城市的旅游联系空间格局,发现中国整体高铁旅游经济联系松散,尚未形成一种大规模或占有中国绝对影响地位的高铁旅游经济的集散场,总体呈现相对分散、孤立的空间格局,其中西部高铁旅游经济联系断裂显著,东、中部出现小范围区域或城市群尺度的"小集聚"现象,目前呈现中国东北、西部、东南与中南 4 个高铁旅游经济派系。文嫮、韩旭(2017)研究了高铁对中心城市可达性及区域经济格局的影响,认为高铁开通后,北京、武汉"小时经济圈"呈"面状蔓延"模式,上海、广州、西安的"小时经济圈"则呈"轴线扩展"模式。在全国高铁网络中,长三角城市群区位优势最突出,京津冀城市群和珠三角城市群紧随其后,而长江中游城市群潜力巨大,有可能成为中国第 4 个区域经济增长极。Shaw 等(2014)则认为综合交通成本和出行距离可达性来看,京津冀城市群在高铁网络中呈现"放射状"模式,是中国最佳的交通枢纽中心。

总的来看,现有研究关于高铁对区域经济格局变化的影响做了不同角度的分析,认为高铁将引起区域经济格局发生相应的变化,主要表现为既有不平衡格局的加强或者形成新的不平衡格局。这种研究结论与前述关于高铁对区域协调发展的研究结论不完全一致。究竟是什么原因导致了这种研究结论不完全一致,是有待进一步探讨的。

第六节 高速铁路对城市经济发展的相关研究方法

现有关于高铁与城市经济发展的研究大多以实证研究为主。在这些实证研究中,涉及两个方法问题:一是如何选取合适的指标与数据,衡量和描述高铁对区域经济的影响;二是如何选取合适的研究方法,分析高铁对区域经济发展的影响。

一、指标与数据选取

在指标方面,使用最多的是可达性。由于高铁开通所带来的最直观影响就是所谓的区域间或城市间的时间压缩效应,因此,现有研究基本上都选择用可达性来分析高铁对区域经济发展的影响。一是计算区域或城市间的加权平均旅行时间反映其可达性,从而比较高铁开通前后区域或城市可达性变化的强度和空间分布(吴旗韬等,2015)。二是将可达性指标作为高铁的代理变量,研究其对区域或城市经济联系强度、经济集聚程度、城市人口格局等的影响(覃成林和黄小雅,2014;覃成林和种照辉,2014;覃成林等,2014)。三是利用可达性指标,结合引力模型与Moran指数等计量方法,研究高铁对区域经济发展空间格局的影响(文婥和韩旭,2017)。此外,李红昌等(2017)对可达性的含义做了解析,认为相比于广义加权旅行时间法,加权平均旅行时间法只考虑高铁在缩短旅行时间方面的因素,而并未考虑到高铁票价的因素,因此,可能会高估高铁对区域或城市可达性影响的程度。

从数据来源看,现有研究所利用的数据可以分为统计数据与调查数据两种类型。统计数据包括来源于各种统计年鉴或相关统计部门的经济数据,一般是中观或宏观层面的数据,此外还包括微观层面的高铁票价和运行时间以及工业企业数据(李欣泽等,2017)等。调查数据主要是通过问卷或访谈的形式获得的关于高铁乘客的群体特征、个人偏好、选择行为等数据。这类数据为从更微观的视角揭示高铁对区域经济发展的影响提供了可能。如,吴康等(2013)利用调查数据研究了京津跨城流动的乘客特征,龙乾茂等(2015)研究了京广高铁沿线14个城市的客流联系。

二、研究方法

从现有文献看,关于高铁与城市经济发展的研究方法大致可分为四种。一是对比分析法。对比分析法的基本假设是除了要研究的属性以外,对照组与处理组的其他属性相同或相似。现有研究大多将高铁建设作为一项准自然实验,分别研究高铁开通前与开通后,高铁站点城市与非站点城市或高铁沿线城市与非沿线城市的各项经济指标的差别,以此估计高铁开通对不同区域或城市经济发展的影响。二是计量模型分析法。通过构建不同类型的计量模型,分析高铁对区域经济的影响及其机制,或者通过模型进行相关数据的预测。三是地理信息分析法。运用地理信息系统(GIS)绘制时空距离地图,分析、模拟或预测高铁对区域经济的影响。由于具有空间分析和结果可视化的优势,该方法在分析高铁对区域经济影响的空间特点及过程方面较为有效。四是网络分析法。包括社会网络分析方法和复杂网络分析方法。主要是借用这两种网络分析的工具,分析高铁网络的形态、特性与结构,研究高铁站点区域或城市在高铁网络中的位置变化,以及它们之间的连接关系,进而分析高铁网络对区域经济发展的影响。随着中国高铁网络的进一步扩大与完善,网络分析法将会得到更充分的应用。

表2.1是根据近几年的代表性文献对以上四种研究方法进行的归纳比较。值得一提的是,这四种研究方法并不是相互独立的,而是可以综合运用,实现技术与功能上的互补。

表 2.1 四种主要研究方法的对比

研究方法		研究问题	研究文献
对比分析法	双重差分模型(DID)	高铁对全国各个区域或城市人均GDP增长率、人口增长率、就业、工资和经济增长的影响;高铁开通对旅游业等行业的影响;高铁开通对县域经济的影响;高铁开通对沿线城市企业资源配置的影响	王垚等,2014;董艳梅等,2016;邓涛涛等,2016;Qin,2017;张俊,2017;龙玉等,2017;李欣泽等,2017;Zhuo和Bohong,2017;Banerjee等,2020
	三重差分模型(DDD)	高铁在建设前、建设期和通车期三个时期对沿线城市房价的影响	张铭洪等,2017
计量模型分析法	HCW模型	高铁对沿线城市的经济增长效应	Ke等,2017;Shi等,2020
	空间计量模型	高铁对区域经济的溢出效应	王雨飞等,2016
	投入产出模型	高铁建设投资对经济、就业、能源环境的短期效应	蒋茂荣等,2017
	修正的市场潜力模型	高铁对城市产业结构的影响	蒋华雄等,2017
	引力模型、区位优势潜力模型	高铁对区域经济空间格局的影响	文娉等,2017

续表2.1

研究方法		研究问题	研究文献
地理信息分析法(GIS)	GIS反距离加权插值法	城市的可达性及其空间格局的演变	姜博等,2014
	矢量—栅格集成法	区域可达性变化程度和空间分布	吴旗韬,2015
	超制图学法	高铁对经济发展的结构效应	王雨飞等2016
	GIS集成法	高铁网络下旅游空间格局	黄泰等,2017
网络分析法	社会网络分析法	高铁作用下城市群空间结构演变特征	方大春等2015
	复杂网络分析法	高铁城市分布格局的非均衡性	王列辉等,2017

第七节 研究述评

中国高铁从2008年首次通车至今,已发展了10余年。从发展的角度看,从无到有,再到拥有世界最大的高铁网络,中国高铁实现了跨越式的发展。这不仅吸引了国内外众多学者的研究兴趣,也为有关高铁的研究提供了难得的样本。概括起来,已有研究在高铁与区域经济增长、高铁与城市经济增长、高铁与区域协调发展,以及高铁与区域经济格局变化等方面,已经取得了有价值的研究结论。多数研究文献证实了高铁对区域经济发展产生了多方面的积极影响。就影响机制而言,这些研究文献揭示了高铁通过提高区域或城市的可达性、改善其区位条件、促进要素流动等途径,加强了区域或城市间的经济联系、促进了产业结构优化,从而对区域经济发展产生了多方面的影响。而且,这种影响在不同的高铁线路、不同类型的区域,以及城市规模等级等方面表现出了差异性。

由此可知,高铁对于区域经济发展的影响是多方面的、复杂的。本书认为,未来的研究工作需要在分类研究和深化研究方面下功夫,分门别类地揭示高铁对区域经济发展的影响及其机制。尤其要重视在不同的区域层次、空间尺度和时间尺度上展开相关研究,并审慎地比较所获得的结论,以便获得更加系统和科学的认识。在此,本书不得不指出,在总体上,中国高铁经历了线路数量上由少到多,结构上由单一线路到逐渐成网,规模上由小到大,空间分布上由东到西和由南到北拓展的过程,加之开通运营的时间差异较大,所以,在研究中尤其是在做比较分析时,需要对这些情况加以甄别,以免出现结果和认识上的偏误。同时,本书也体会到,缺乏高铁运营数据及相关的流量数据,成为约束有关研究深入进行的一大障碍。除此之外,现有研究基本上都是实证分析,鲜见相关的理论建构。这是已有研究的另一个美中不足之处。

在高铁对劳动力影响方面,已有研究主要侧重于分析一个国家和地区的人力资本水平,就高铁对异质性劳动力的影响,高铁如何影响了高技能劳动力和农民工的流动关注度不够,并没有对人力资本异质性进行区分,尤其是对高技能劳动力的研究关注不够。事实上,高技能劳动力与普通劳动力之间的关系并不能以简单的数量关系相互代替。

综合以往高铁对其他行业影响的研究发现,一方面,相关研究已对高铁和航空间的竞争给予广泛关注,但高铁和航空的关系是动态的、复杂的,既存在激烈竞争又存在互补合作的空间,需要在相关研究基础上深入剖析和发掘高铁与航空的复杂关系及作用机理。另一方面,考虑到高铁对经济地理的影响充满不确定性(Chen 和 Haynes,2017),现有研究缺乏对高铁对制造业影响的讨论,尤其是高铁与汽车产业初创企业的关系。高铁设计为客运而非货运时,运输对制造业的影响值得进一步研究和探讨。

从学科来看,现有关于高铁与区域经济发展的研究呈现出以经济学为主,地理学、社会学、城市规划学等相关学科共同参与的特点。这有助于对有关问题展开多学科的探讨。但是,由于学科特点、范式、分析工具等方面的差异,在同一个问题上开展跨学科研究似有难度。因此,如何借鉴相关学科的理论与方法,更好地研究高铁对区域经济发展的影响,仍然是值得探索的。此外,在运用社会网络分析方法、复杂网络理论与方法分析高铁网络时,也需要注意高铁网络作为交通网络的特性和特点,同时避免简单地套用网络分析指标而忽视了对高铁网络内涵的探究。

当前,中国高铁网络正在按照《中长期铁路网规划》持续地建设,其密度、连通性、规模及空间分布均将发生新的变化,必将对区域经济发展产生全局性、系统性和战略性的重要影响。因此,高铁与区域经济发展仍将是未来需要持续和深入研究的问题。而且,随着时间的推移,将有条件从更长的时间序列观察和分析高铁对区域经济发展的影响。同时,伴随着大数据的挖掘和使用,以及有关统计数据的开放,也将为相关研究提供更好的基础信息支持。由此可以预见,关于高铁与区域经济发展的研究,无论是实证分析、政策建议,还是理论建构、研究方法探讨,都有很多机会和很大的创新空间。

第三章 高速铁路建设对城市发展影响的特征研究

与传统铁路相比,高速铁路优势显著,它缩短了两地间的时间距离,交通便利度也提高了城市的可达性,对城市产生时空压缩效应的同时,促进了要素在区域间的流动,地方经济在高铁效应下重新洗牌,区域空间格局发生显著变化(罗燊和林晓言,2013)。在高铁建设之初,各级政府均非常重视高铁带来的利好面,围绕高铁建设进行了一系列的"争路运动"和"保路运动"。高铁对城市经济发展带来了哪些影响?这些影响的具体特征是什么?本章就这两个问题展开分析。

第一节 高速铁路建设对城市发展影响的分析方法

一、高铁建设对城市发展影响的模型构建

在模型构建前需要考察全国不同区域的城市在高铁开通前、建设期和开通后经济社会发展特征的变化,若将社会经济发展指标进行直接对比,则非常容易受到其他影响经济发展因素的影响,特别是宏观经济增长的影响。为了剔除其他因素的影响,尽量考察高铁建设这一政策冲击对城市发展的影响,本书采用倍差法估计高铁建设对途经城市经济发展的影响,力求得到相对稳健的结果。倍差法被广泛应用于政策影响评价中,这种计量方法能够剔除与研究事件不直接相关的其他因素的影响,从而能考察出政策的实施效果。近年来在经济学、区域经济学等领域倍差法得到了广泛应用。如徐现祥等(2010)用倍差法考察了地方官员政治激励政策对经济增长的促进作用;包群等(2011)用倍差法考察了制造业企业的出口行为对员工收入的影响;周浩(2012)等考察了中国铁路提速这一事件冲击对地方经济的影响;李郁等(2015)分析撤县(市)设区政策冲击对城市经济的增长效应。

倍差法估计中将某一政策或事件当作一项自然实验。为了考察高铁建设这一自然实验的具体影响,本书在样本中构建了一组未开通高铁的样本城市作为参照组,通过比较事件发生后的样本与参照组城市之间的差异,检验高铁建设对城市经济社会发展的影响。在估计过程中将已经开通高铁的城市作为处理组,将未开通高铁的城市作为对照组,将两个维度的样本按照高铁开通前或后分为4个组:高铁开通前的处理组、对照组,高铁开通后的处理组、对照组,并取虚拟变量 du、dt,其

中 du 控制组别,处理组取 1,对照组取 0;dt 用于控制时期,高铁开通后取 1,高铁开通前取 0。

对于高铁建设的影响,回归方程设定为

$$g_{it} = \alpha + \beta_1 du_{it} + \beta_2 dt_{it} + \beta_3 du_{it} \times dt_{it} + \varepsilon_{it} \quad (3.1)$$

式中,i、t 分别表示不同城市和不同时期;g、ε 分别是经济增长速度和误差项。将虚拟变量 du、dt 代入式(3.1),可以得到表 3.1。

表 3.1 高铁开通前后回归方程式

	处理组	对照组
开通前	$g_{it} = \alpha + \beta_1 + \varepsilon_{it}$	$g_{it} = \alpha + \varepsilon_{it}$
开通后	$g_{it} = \alpha + \beta_1 + \beta_2 + \beta_3 + \varepsilon_{it}$	$g_{it} = \alpha + \beta_2 + \varepsilon_{it}$

根据倍差法原理可以得出,在高铁开通前后,处理组的发展变动为 $[(\alpha + \beta_1 + \beta_2 + \beta_3 + \varepsilon_{it}) - (\alpha + \beta_2 + \varepsilon_{it})] - [(\alpha + \beta_1 + \varepsilon_{it}) - (\alpha + \varepsilon_{it})] = \beta_3$,因此估计系数 β_3 是本部分衡量高铁建设效应的重点。由于已有研究经验支持高铁建设对经济社会发展的促进效应,因此预计 β_3 为正数。

为了控制对城市经济社会发展具有显著影响的其他变量,将倍差法估计方程(3.1)嵌入到经济增长模型中,回归方程设定为

$$g_{it} = \alpha + \beta_1 du_{it} + \beta_2 dt_{it} + \beta_3 du_{it} \times dt_{it} + \beta_4 \ln(y_{it}) + \beta_5 \ln(n_{it} + v_{it} + \gamma_{it}) + \ln(inv_{it}) + \varepsilon_{it} \quad (3.2)$$

式中,i 为样本城市;t 为高铁开通前、开通后的不同时期;g_{it} 衡量城市经济增长速度;y_{it} 衡量城市初期收入;n_{it}、v_{it}、γ_{it} 分别表示人力资本、资本折旧、技术进步;inv_{it} 为城市储蓄率。

二、高铁建设对城市发展的影响参数

g_{it} 为城市经济增长速度,用城市各个时期人均 GDP 几何增长率,采用人均指标有利于消除城市规模差异造成的影响,关注城市的经济社会实际发展水平和人民社会福利状况。y_{it} 用各时期的城市人均 GDP 表示。n_{it} 为人力资本情况,由于人口的增长往往与劳动力增长高度相关,因此用各时期城市人口算术平均增长率表示;v_{it} 用资本折旧率表示、γ_{it} 用技术进步率表示,参考徐现祥(2010)的指标设定方法,$v_{it} + \gamma_{it}$ 取 0.1。inv_{it} 为储蓄率,用各时期城市平均投资率表示,即用固定资产投资总额占 GDP 的比重来衡量(陆铭,2011)。

三、高铁建设对城市发展影响的数据选择

为了确保研究样本的丰富性和数据时间上的延续性,本书选择了 2003~2019 年间开通高铁线途径城市作为研究样本,涵盖了沿海、中部、西部、东北等区域。为了减少宏观政策等因素的影响,剔除了样本城市中的直辖市、省会城市、计划单列市,最终筛选高铁线沿途 49 个地级城市组成了处理组。同时选取截至 2019 年未开

通高铁的发展程度接近城市作为对照组,共75个城市,为满足研究要求,按照1:1.5设置处理组与对照组。样本分布情况具体见表3.2。

本书共选取7条高铁路段:京广高铁(武汉—广州段)、郑西高铁、甬台温高铁、京沪高铁、京广高铁(郑州—武汉)、京广高铁(北京—郑州段)、哈大高铁。相关数据来源于历年《中国城市统计年鉴》。

表3.2 样本城市分布表

处理组城市分布	对照组城市分布
河北省(4),辽宁省(5),吉林省(1),江苏省(5),浙江省(3),安徽省(4),福建省(4),山东省(3),河南省(9),湖北省(2),湖南省(4),广东省(3),陕西省(2)	河北省(2),山西省(4),辽宁省(3),吉林省(5),黑龙江省(6),江苏省(4),浙江省(3),安徽省(5),福建省(3),江西省(5),山东省(10),河南省(5),湖北省(6),湖南省(3),广东省(3),陕西省(5),甘肃省(3)
共49个城市	共75个城市

第二节 高速铁路联网背景下城市经济发展特征分析

一、高铁建设对城市经济增长的影响特征分析

首先分别考察在高铁开通前、建设施工期、开通后三个时期,处理组与对照组城市经济发展的差异。考虑高铁建设通常需要3~4年,因此选取高铁开通前3年数据作为时期1,高铁建设施工期间的4年为时期2,开通后为时期3。如2009年12月京广高铁的广州至武汉段开通,依据各时期设置规则,2003~2005年未开通高铁为时期1,2006~2009年的高铁建设施工期为时期2,2010~2019高铁开通期为时期3,采用同样的处理方法对对照组的样本城市进行时期设置。将面板数据代入式(3.2)进行回归估计,估计结果见表3.3。

表3.3 高铁建设对城市经济增长的影响

增长率	(一)	(二)	(三)	(四)
常数	1.127	0.533	1.167	0.531
	(7.516)	(4.592)	(7.529)	(4.360)
du_{it}	−0.022	−0.017	−0.022	−0.017
	(−1.838)	(−1.925)	(−1.873)	(−1.916)
dt_{it}	−0.065	−0.029	−0.062	−0.029
	(−4.856)	(−3.219)	(−4.496)	(−3.189)
$du_{it} \times dt_{it}$	0.017**	−0.003	0.016***	−0.003*
	(1.030)	(−0.256)	(1.000)	(−0.255)
$\ln(y_{it})$	0.001	−0.004	−0.002	−0.004
	(0.156)	(−0.876)	(−0.252)	(−0.802)

续表3.3

增长率	(一)	(二)	(三)	(四)
$\ln(n_{it}+v_{it}+\gamma_{it})$	0.423 8***	0.108**	0.429***	0.108*
	(6.558)	(2.121)	(6.618)	(2.079)
$\ln(inv_{it})$	−0.002	0.062*	−0.001	0.062
	(−0.283)	(6.362)	(−0.157)	(6.308)
local			0.009**	−0.001
			(1.014)	(−0.151)
D−W 检验	1.227	1.63	1.243	1.63
考察前期	1	1	1	1
考察后期	3	2	3	2
样本量	124	124	124	124

注:系数下括号内的数据为相对应的 t 值。***、**、* 分别表示1%、5%、10% 的显著性水平。

高铁对设站城市经济产生显著促进作用。表3.3第(一)列结果表明了高铁开工建设前与高铁建成通车后城市经济发展的变化。重点考察高铁效应 $du_{it} \times dt_{it}$ 的系数,该系数为0.017且在5%的水平上显著,表明高铁建设对高铁设站城市经济具有显著促进作用。

高铁建设投资对城市经济发展水平影响不显著。表3.3第(二)列报告了高铁开工建设前期和高铁开工建设期城市经济发展的变化。$du_{it} \times dt_{it}$ 的系数未能通过10%的显著性检验。$\ln(inv_{it})$ 的系数为0.062,且通过10%的显著性检验,表明高铁建设中的固定资产投资显著促进了城市经济发展。

高铁建设对人口集聚、技术提升也产生显著影响。第(一)列中 $\ln(n_{it}+v_{it}+\gamma_{it})$ 系数为0.423 8,并通过了1%水平的显著性检验。表明高铁显著促进了城市之间的人口流动。

相对于内陆城市,沿海城市的高铁经济效应更高。Local 表示城市区位虚拟变量,主要考察高铁建设对沿海城市和内陆城市影响的差异。Local 为虚拟变量,当样本城市为沿海城市时取1,否则取0。将 Local 加入式(3.2),结果如表3.3第(三)列所示。结果表明,加入 Local 变量后,其他系数的估计结果没有显著变化。Local 变量系数为0.009且显著,表明高铁开通后对沿海城市经济发展的促进作用更显著。在第(二)列的基础上加入区位变量,估计结果见表3.3第(四)列。结果表明区位变量系数并不显著,因此当处于高铁建设时期时,高铁对沿海城市和内陆城市经济发展的影响不存在显著差异。

二、高铁建设对城市社会发展的影响特征

为进一步考察高铁建设对城市经济社会发展的影响,将表3.4中的指标代入式(3.2)中进行考察。考察时期为高铁开工建设前的时期1和建成通车后的时

期 3。

表 3.5 的各列数据,对应了表 3.4 的各变量。由表 3.5 的结果得出,高铁对产业结构的影响较小,对城市财政收入、城市建设、城市开放性具有积极影响,而对公共服务设施表现为负向影响。由 $du_{it} \times dt_{it}$ 系数得出,高铁开通后,产业结构有优化趋势。地方财政收入有显著增长,且增长水平高于其他指标,表明高铁建设对地方财政收入有显著促进作用。人均道路变量也明显提升,表明伴随高铁建设城市也实现扩展,高铁建设促进相关城市道路建设。人均教育支出明显下降,表明教育设施滞后于城市扩展和人口增加。利用外资水平显著增加,表明高铁提升了城市的开放水平。

表 3.4 经济社会发展指标

变量	测量方法
产业结构	第三产业占 GDP 比重/%
地方财政	人均地方财政一般预算内收入/万元
城市建设	人均城市道路面积/平方米
公共服务	人均教育支出/万元
城市开放性	当年实际使用外资金额/万美元

表 3.5 高铁建设对城市社会经济发展影响

	产业结构	地方财政	城市建设	公共服务	城市开放性
常数	−0.528	2.918	0.267	4.093	1.200
	(−4.703)	(4.173)	(0.710)	(5.597)	(8.533)
du_{it}	−0.002	−0.059	−0.019	−0.012	−0.013
	(−0.201)	(−1.014)	(−0.595)	(−0.212)	(−1.111)
dt_{it}	−0.013	0.165	−0.047	0.041	−0.054
	(1.490)	(−2.490)	(−1.530)	(0.477)	(−4.728)
$du_{it} \times dt_{it}$	0.007**	0.038**	0.033**	−0.018**	0.017**
	(1.596)	(1.470)	(1.753)	(−1.222)	(1.023)
$\ln y_{it}$	0.020	−0.047	0.046	−0.255	−0.009
	(1.235)	(−1.656)	(2.017)	(−5.563)	(−3.450)
$\ln(n_{it}+v_{it}+\gamma_{it})$	−0.208	0.981	0.107	0.980	0.417
	(−4.288)	(3.136)	(0.641)	(3.182)	(6.715)
$\ln(inv_{it})$	0.007	−0.033	−0.002	−0.049	−0.002
	(1.104)	(−0.762)	(−0.106)	(−1.147)	(−0.227)
D−W 检验	1.476	1.076	1.847	1.149	1.300
考察前期	1	1	1	1	1
考察后期	3	2	3	3	3
样本量	124	124	124	124	124

注:系数下括号内的数据为相对应的 t 值。***、**、* 分别表示 1%、5%、10% 的显著性水平。

三、高铁对城市经济发展影响的时效性分析

基础设施建设对地方产生经济效用通常具有时间滞后性。为检验高铁建设对城市经济影响的滞后性,将高铁建成后每一年的各项数据指标代入式(3.2)进行回归分析,高铁建成前一年记为时期0,高铁建成第一年为时期1,第二年为时期2,以此类推。历年影响如表3.6所示。

表3.6 高铁开通后对经济增长的历年影响

增长率	1	2	3	4	5	6
常数	0.756	0.871	0.628	0.783	0.790	0.198
	(5.174)	(5.654)	(3.677)	(3.454)	(4.106)	(1.449)
du_{it}	−0.044	−0.007	−0.010	−0.009	−0.030	−0.005
	(−2.536)	(−0.079)	(−0.494)	(0.383)	(1.426)	(−0.330)
dt_{it}	−0.008	−0.024	−0.087	−0.098	−0.034	−0.187
	(−0.486)	(−1.396)	(−4.901)	(−4.161)	(−1.645)	(−10.939)
$du_{it} \times dt_{it}$	0.041***	0.037***	0.041***	0.011*	−0.09	0.020**
	(1.669)	(1.276)	(1.468)	(0.304)	(−1.130)	(0.908)
$\ln y_{it}$	−0.024	−0.037	0.011	−0.037	−0.064	0.004
	(−2.095)	(−2.851)	(0.851)	(−2.254)	(−4.420)	(0.264)
$\ln(n_{it}+v_{it}+\gamma_{it})$	0.153	0.154	0.262	0.101	0.030	−0.001
	(2.941)	(3.638)	(5.026)	(1.429)	(−0.471)	(−0.032)
$\ln(inv_{it})$	0.000	−0.026	−0.007	−0.02	0.006	0.037
	(−0.033)	(−2.767)	(−0.630)	(−2.642)	(0.386)	(2.122)
D−W 检验	1.226	1.315	1.403	1.429	1.627	1.353
考察前期	0	1	1	1	1	1
考察后期	1	2	3	4	5	6
样本量	124	124	124	86	78	47

注:系数下括号内的数据为相对应的 t 值。***、**、* 分别表示1%、5%、10%的显著性水平。

高铁开通对城市经济具有显著推动作用。表3.6中第2列至第7列为高铁开通后第1年至第6年的影响。从重点关注的 $du_{it} \times dt_{it}$ 的系数来看,高铁开通的各年份中,除第5年外,其他5年均为显著正向影响。从总体趋势来看,高铁开通对经济有显著促进作用。从历年的增长趋势看,开通第一年系数为0.041,高铁从开通之日起就对城市经济产生了较大促进作用,高铁效应并没有显著滞后性。随后几年系数虽逐年下降,但数值仍较高,由此得出,高铁对城市经济的发展具有持续带动作用,具有重要且长远的意义。

第三节 结论与讨论

在我国高铁网络不断完善背景下,高铁对城市经济发展的影响和空间重构效应一直是学者们关注的重点。已有研究中采用了多种方式对高铁建设的影响进行了检验。本部分采用倍差法,在一定程度上识别了高铁对城市经济发展影响的特征,并检验了高铁对城市经济发展的区域异质性和时间效应。

研究结果显示,高铁建成通车对城市经济发展具有显著促进作用,且对沿海城市的作用略强于内陆城市;同时高铁的促进作用从高铁建成通车起就有显著的体现,并未观察到一般基础设施存在的经济效应滞后性。高铁建设在地方财政收入提升、人口集聚、城市空间扩展方面均对城市经济具有显著拉动作用,并促进了产业结构调整优化和城市的开放性,但以人均教育为代表的公共服务则不能满足经济发展的需要。在高铁建设期,虽然基础设施投资对经济发展有带动作用,但值得引起注意的是,从全局角度看,高铁建设投资对城市经济发展的影响并不显著。

本章研究结果表明,高铁建设对城市经济发展具有促进作用,是地方经济的发展重要驱动力。这种促进作用主要体现为,高铁带来的客流、资金流、信息流的发展,促进了城市可达性的提升并加强了区域同城效应。高铁经济对地方的影响是多方面的,除在城市扩展、人口集聚、财政收入方面发挥促进作用外,还有利于提升城市的开放水平,在开放经济环境下,高铁的这一作用对于内陆地区的发展提供了新路径。

综上所述,是否开通高铁已经成为城市经济发展的重要影响因素之一。从短期来看,高铁带来的人口集聚和城市扩展,也加剧了城市公共服务设施滞后、配套不足等问题。经济发展的最终目标是提升人民的福利水平,因此各地政府应及时调整公共服务政策,确保高铁带来城市人口集聚的同时,提高城市的公共服务保障能力。

值得引起注意的是,高铁在促进主要城市经济发展的同时,高铁周边城市和边缘城市正在经历高铁带来的虹吸效应,面临资金、人才等资源的流失,因此,如何以高铁建设引导资源合理流动,促进城市均衡发展,缩小城市经济差距成为重要的研究课题。

第四章　高速铁路对要素流动的影响

第一节　高速铁路对高技能劳动力流动的影响

一、问题的提出

本章研究高铁开通对高技能劳动力流动的影响方式和作用机制。高技能劳动力的配置对于国家和地区的经济增长至关重要(Murphy 等,1991)。高技能劳动力通过组织团队生产活动,可以在更广的范围内发挥才能。但高技能劳动力的才能能否得以发挥以及最终可获得的报酬的多寡,受制于地区市场规模与企业规模的大小。地区市场和企业规模又在很大程度上受到地理条件,尤其是交通便利程度的制约。从历史上看,最早产生的大城市多处于地理位置优越且交通便利的沿海、沿江或沿大运河地区。实际上,在 19 世纪的西方工业化浪潮中,铁路的影响至关重要。Atack 等(2008)发现,美国铁路的修建对提升其制造业企业的规模,扩大整个美国市场规模产生了深远和重要的影响。具体到中国制度背景下,Banerjee 等(2012)发现,改革开放后,中国公路和铁路交通网络的辐射地区的企业数量更多。相对于传统的交通方式,高铁具有载客量高、耗时少、安全性好以及准点率高等优势,极大地优化了原有交通网络,缩小了城市之间的时间距离(Vickerman 和 Ulied,2006)。高铁的开通有利于黏合区域经济,整合要素市场,扩大市场规模和企业规模。

已有的关于交通基础设施的研究主要侧重于从有形要素流动、地区贸易等角度研究其对经济增长的影响(Baum-Snow 等,2012；Banerjee 等,2012；Faber,2014)。但是,这些文献缺乏交通基础设施对人力资本流动的影响的深入分析,也并未针对交通基础设施促进经济增长的微观机制给予深入的解释。交通基础设施的改善还会影响经济活动的空间分布,包括企业的选址、资本和劳动力的流动等(Holl,2004)。高铁线路在欧洲国家的发展导致了一种新的城市化趋势:一些在 1 小时内(不到 200 千米)交通圈的中等城市已经从空间上的孤立变成了融入开通高铁的大城市地区(Garmendia 等,2008),这对劳动力市场的发展产生影响。高技能劳动力是创新的主体、信息流动的重要载体,特别是高附加值的创新往往依赖于人与人的直接接触和沟通。知识经济时代,高技能劳动力既是提高企业经营绩效和促进企业创新的基础,也是保持经济长期增长的关键因素(Ballot 等,2001)。高铁的服务对象主要是对价格不敏感而对时间非常敏感的中高端客户。因此,高铁的速度快和准点率高等优势能够促进时间价值高的高技能劳动力流动,吸引高技能劳动力到开通高铁的城市工作。

本章以高铁开通作为一个准自然实验,实证研究了高铁开通对高技能劳动力流动的影响。研究发现,高铁开通显著增强了主要高铁城市的吸引力,高铁开通为劳动力等要素流动提供了更加便利的渠道和途径,在"用脚投票"机制的作用下,这些要素会迅速向中心区域进行流动,引发"极化效应"。迄今为止,即使在欧洲,也很少有学者对高铁通勤与劳动力市场之间的关系进行研究,Michaels(2008)和Qin(2014)研究了基础设施对当地GDP、区域间贸易及当地劳动力技能水平的影响。高铁对高技能劳动力流动性、区域和经济发展的许多影响都是科学文献中的新课题(Guirao和Campa,2016;Mohino,Ureña和Solís,2016;Moyano等,2016;Spychalski,2013)。况且,与高速公路相比,高铁的速度更快,便捷程度更高,影响更深远。因此,研究当前高铁对中国劳动力流动的影响更具现实意义和学术价值。

本章研究的创新之处主要有以下四点:

第一,在研究视角上,本书提出的研究问题前人涉足很少。以往学者在研究高铁经济效应的问题时多研究高铁对经济增长、城乡收入差距、城市经济效应等方面的影响,鲜有学者关注到高铁开通对劳动力要素流动的影响,尽管Dong等(2020)研究高铁对知识生产的影响,用研究论文的发表和引文来进行分析,但本书衡量的是高铁通过市场规模如何影响高技能劳动力的影响,研究对象不同。本书将城市发展面临的高铁交通异质性引入到高技能劳动力配置的影响因素研究中,发现城市高铁交通网络的改善能够增加企业对高技能人才的吸引力。从高铁这一视角出发研究中国高技能劳动力流动问题具有一定的新意。

第二,在研究理论上,本书从异质性劳动力转移这一视角解释了高铁开通对高技能劳动力流动的影响机制,相较于以往研究有所创新。Murphy等(1991)指出,制度环境与市场规模都是影响高级人才的关键因素。本书研究发现,中国高铁开通能够通过扩大市场规模、从而提高该城市对高技能人才的吸引力。为Murphy等(1991)的研究提供了发展中国家的实证证据。

第三,在研究方法上,在考虑到内生性问题的基础上,本书使用倍差法(DID),将高铁开通这一事件视为"准自然实验",通过控制城市固定效应和年度固定效应,分离出高铁开通对高技能劳动力流动影响的净效应,拓展了有关高技能劳动力配置方面的研究。评估了高铁开通对高技能劳动力流动的影响,使得本书研究结果的精确度得到了较大的提高。并进一步采用倾向得分匹配倍差法(PSM-DID)和安慰剂检验,以期能科学、准确地评估高铁的真实作用。

第四,在研究意义上,基于中国区域经济发展不平衡的背景,本书考察了高铁开通对东部、中部、西部地区和东北地区人才流动的影响。高铁开通对区域经济分布,尤其是高技能劳动力分布的影响关乎高铁大规模投资的经济效应评估,也是区域经济协调发展战略举措能否成功的关键要素。本书评估了高铁开通对高技能劳动力流动的影响并发现了该影响在区域间的异质性特征,相关研究结论对政府下一阶段的基础设施建设规划具有一定的参考价值。

二、高铁作用于高技能劳动力流动的理论基础与研究假设

交通基础设施作为劳动力流动的重要载体发挥了至关重要的作用。相较于传统铁路而言,高铁具有高价、高时效、客运专用的特点,这一特点使得高铁对异质性劳动力的转移作用具有一定的差异。本书主要关注高铁对高技能劳动力流动的影响。Venables(2011)认为劳动力考虑到城市劳动力市场的质量,在选择就业地时更加倾向于选择与自身技能相匹配的地区,这一选择机制在高技能劳动力中表现得更为明显。

(一)高铁开通与高技能劳动力流动

高铁是近年来中国交通基础设施建设史上的标志性事件,并且在"十四五"期间还将保持高位运行。高铁建设带来的大规模投资对经济增长的促进作用首先反映在基础设施投资对经济增长的直接拉动作用,即直接效应,通过投资乘数效应扩大对经济增长的带动作用,但与直接效应相比,间接效应更加突出。高铁的建设极大地优化了原有的交通网络,压缩了时空距离,吸引劳动力等要素的集聚,尤其是为促进地区之间企业家的交流和合作创造了条件。

高技能劳动力流动带来的技术外溢对加快高铁沿线城市的经济发展具有重大意义。具体而言,逐步完善的高铁网及由高铁优势所带来的运输费用极大下降,将促使高铁成为各种物资、人员、信息及能量交流的重要载体和媒介,并通过整合区域内部与外界市场,扩大市场规模。这种扩大的市场规模会促使企业规模变大,同时,也需要更多的企业产量来满足扩大的市场规模,这些都会导致对企业高技能劳动力的吸引力增加。人才的集聚一方面会进一步吸引其他资源的集聚;另一方面,高级人才以企业为平台在更大的范围内发挥才能,为企业带来创新和绩效,为整个城市或区域带来经济持续增长的活力,这些反过来又会导致市场规模的进一步扩大。二者相互促进,良性循环,共同创造经济的繁荣。

本部分之所以从高铁视角来观察一个城市对高技能劳动力的吸引力,是因为相对于普通劳动力,高技能劳动力通过组织一群人的生产活动,可以在更广的范围内发挥其才能。从开通高铁的城市高技能劳动力流入情况看,高铁能够通过扩大城市的市场规模,导致企业数量增加和已有企业的规模变大,最终将导致该城市高技能劳动力数量的增加。因此,本书提出如下假设:

假设1:在其他条件相同的情况下,高铁的开通能促进该城市高技能劳动力的流入。

(二)高铁开通对高技能劳动力流动影响的区域差异性

新经济地理学理论认为,在不完全竞争条件下,区域经济活动是从外围区域向

中心区域进行集聚,还是由中心区域向外围区域进行扩散,主要取决于市场范围、区域间劳动力的可移动性和运输成本(Krugman,1980)。而作为影响交通运输成本的关键因素,交通基础设施的改善能够降低要素流动的运输成本,从而影响区域经济活动的集聚或扩散。学者普遍认为,产业集聚与交通可达性之间存在正相关关系(Duranton 和 Puga,2004)。然而,一些实证研究表明,交通条件的改善并不一定会产生铁路沿线区域产业的集聚。对于缺乏竞争优势的小城市来说,如果不连接高铁,反而更容易防止局部衰退(Swann, 1988)。一些研究人员指出,当各种因素受到限制时,交通可达性与区域经济活动之间的关系将被削弱(Ribeiro 等,2010)。此外,交通服务的发展甚至可以使一些集聚消失(Chandra 和 Thompson,2000)。因此,本书认为高铁的集聚和扩散效应可能存在区域和社会经济差异。通过对不同地区、不同社会经济要素(如资源、劳动力、资本、原材料和土地)的有形影响的分析,有利于探索区域结果背后的原因和机制。具体地,高铁与劳动力流动之间的关系可能包含两个层面:

第一,交通基础设施的完善将会进一步便利劳动力等生产要素向中心区域的流动,导致外围区域优质劳动力要素的流失。而作为交通基础设施的重要组成部分,高铁所具有的载客量大、速度快、准点率高、安全性好的优势不仅优化了区域交通网络,产生"时空压缩"效应,还极大地促进了区域之间劳动力等要素的流动。由于劳动力生产要素具有"趋优性"的特征,其在区域之间的流动本质上仍然属于一种帕累托改进的过程,他们根据价格、供求、竞争等市场信号由边际产出较低的地区流向边际产出较高的地区,以追求更高的报酬率。因此,在"用脚投票"机制的作用下,劳动力会由那些边际报酬较低、经济增长环境较差的外围区域流向边际报酬更高、经济增长环境更好的中心区域。就高铁开通来说,高铁开通后,外围区域与中心区域之间的通达性快速提升,二者之间的联系更加直接和紧密,这更有利于促进劳动力在中心区域和外围区域之间的流动,也势必会进一步加快高技能劳动力由外围区域向中心区域进行集中。在这种情况下,中心区域的高技能劳动力不断集聚,经济增长环境持续优化,进入"集聚—优化—再集聚"的良性循环,而外围区域的高技能劳动力要素不断流失,其经济增长环境和经济发展动力也不断恶化,并陷入"流失—恶化—再流失"的恶性循环。因此,高铁开通后,中心区域和外围区域的要素流动会产生"强者愈强,弱者愈弱"的"马太效应",并产生"极化效应",这可能会进一步拉大区域之间的劳动力要素的差距。

第二,高铁可能会带来高技能劳动力的平均收益均等化。新古典区域均衡发展理论也认为,劳动力要素流动的逐利性特征会导致其平均收益的均等化。高铁开通后,中心区域和外围区域的联系更加密切,这有利于为外围区域向中心区域的学习提供更多的渠道。特别是高铁的速度快、准点率高的优势更加满足那些对于时间高度敏感、对于价格低敏感的高技能劳动力群体的需求,这也说明高铁本身所携带的旅客群体具有高技术密集型的特征。因此,高铁开通使得中心区域和外围区域能够更加便利地进行知识、信息、技术的交流,传播更加先进的管理经验,引发"知识溢出"。

假设 2:高铁开通对高技能劳动力流动的影响存在区域差异,促使高技能劳动力向中心区域不断集聚,也会引发中心区域向外围区域的"知识溢出"。

三、高铁对高技能劳动力流动影响的模型构建

(一) 研究方法选择

本书将高铁作为一项"准自然实验"主要基于以下原因。首先,高铁建设属于国家层面的战略规划,其主要是在国家发展改革委和中国铁路总公司等部门的综合规划下形成的,各地方政府对于本地区是否开通高铁的决定力量较小。尽管近年来一些地方政府围绕高铁设站等问题展开了"保路运动",但是地方政府无法在中央政府未做出高铁建设规划的前提下决定本地是否开通高铁。其次,当前中国纵横交错的高铁网络主要连接的是区域中心城市(直辖市、省会和副省级城市等),而占城市总数较大比例的非中心城市能否开通高铁主要取决于其是否位于中心城市之间的连接线上.高铁沿线地级市的经济增长并不是决定高铁是否从该地级市经过的直接原因。Ahlfeldt 和 Feddersen(2018)的研究结果表明,高铁站的设定是当地经济发展水平和趋势的外生因素,因此本书可以将高铁开通看作一项"准自然实验"。

20 世纪 70 年代,DID 模型在经济学领域出现(Ashenfelter,1978),作为识别因果效应的主流方法(Lechner,2011),其作用是估计政策或冲击的经济效应(Card 和 Krueger,1993)。在中国,高铁被广泛视为加强区域间联系的国家政策,因此 DID 模型是确定高铁对高技能劳动力流动影响的合适方法。与高铁实施前后单因素的简单对比分析相比,DID 模型能够提供更稳健的估计效果,能够有效控制研究样本的时差,分离出政策的影响(Deng 等,2019)。近年来,DID 模型已被广泛地应用于交通领域的研究,特别是高铁效应的研究(Bo 和 Ningqiao,2018;Deng 等,2019;Shao,Tian 和 Yang,2017)。DID 模型的原理是利用外生公共政策带来的横截面和时间序列之间的双重差异来确定政策的"实验效果"(Abadie,2005)。

高铁建设对高技能劳动力流动的影响是本书考察的重点。DID 模型以"是否设站"作为处理组与对照组的划分原则,并假定满足平行趋势假设,高铁建成后两组变量间的差异即为"高铁效应"引起的变动。然而,设站城市和非设站城市在高铁开通时点之前各方面特征就存在系统性差异,所以两组高技能劳动力流动的差异并不能作为高铁建成对高技能劳动力流动影响的平均处置效应,因此,进行双重差分之前最好对样本进行匹配,让"处理组"与"对照组"除"设站与否"这一差别外,其他特征极为相似。因此,本书将开通高铁的城市作为处理组,未开通高铁的城市作为对照组,采用倾向得分匹配与倍差法相结合的方法考察是否开通高铁对高技能劳动力流动的影响效应。这主要是因为,在使用 DID 模型的过程中,其要求

样本必须满足"共同趋势",避免处理组和对照组在选择过程中可能存在的"选择性偏误"(Khandker 等,2010)。故本书首先采用倾向得分匹配法(PSM),通过对处理组和对照组样本进行匹配,使得研究样本在考察期内具有共同的时间趋势,缓解样本选择偏差以及由此所产生的内生性问题。在此基础上,基于匹配后的处理组和对照组样本,采用 DID 模型进一步降低因遗漏变量问题所导致的内生性估计偏误。具体方法为通过选取若干特征变量 x,并构建一个如式(4.1)所示的二元选择模型

$$p_i(x) = pr(d_i = 1 \mid x_i) = f[h(x_i)] \quad (4.1)$$

其中,d 代表处理组虚拟变量(处理组 $=1$,对照组 $=0$);f 为 Logistic 分布函数;$h(x_i)$ 表示第 i 个地区协变量 x 的线性函数。本章在进行倾向得分匹配时所采用的协变量包括地理坡度、经济发展水平、对外开放水平、人口数量、城镇化水平、公路里程和政府财政支出规模。通过评估每一个观察对象进入处理组的概率 p,对每个确定为处理组的地区,从对照组中匹配出与其最相近的地区作为其对照。这一匹配过程要求处理组和对照组的概率 p 值要尽可能接近,且各匹配变量在处理组和对照组之间不存在显著差异,即满足平衡性原则。需要指出的是,由于各城市开通高铁的年份是不一致的,在匹配过程中,本书按照政策发生年份进行逐年匹配。为保证干预组和控制组城市之间各因素能够均衡,拟采用 $1:n$ 倾向得分匹配方法对两组城市进行匹配。n 的取值范围通常为 $1 \sim 4$,一般不超过 4,否则会出现过度匹配现象。输出结果 Relative multivariate imbalance L1 中 L1 measure 统计量当 n 为 3 时最小,表明按照 $1:3$ 的比例匹配得分最近的城市来构建对照组效果最好。不仅如此,本书选取各协变量最接近当期数据而又不受当期政策影响的滞后一期数据进行匹配,以避免协变量受到政策的影响导致错误估计政策的效果。最后,使用 PSM 方法找出处理组和对照组,采用匹配后的数据进行双重差分估计,本书所构建的双重差分模型如式(4.2)所示

$$\text{Labor}_{it} = \alpha_1 \text{HSR}_{it} + \alpha_2 \text{year}_{it} + \alpha_3 \text{HSR}_{it} \times \text{year}_{it} + \beta_j \sum x_{jit} + \mu_i + \lambda_t + \varepsilon_{it}$$

$$(4.2)$$

式中,i 表示个体数;t 表示时期数;因变量 Labor 表示区域高技能劳动力流动人数;HSR 表示高铁虚拟变量(HSR$=1$ 表示 t 年份城市开通高铁,HSR$=0$ 表示 t 年份城市未开通高铁),α_1 为其估计系数;year 表示时间虚拟变量(year$=1$ 表示高铁开通之后的年份,year$=0$ 表示高铁开通之前的年份),α_2 为其估计系数;HSR$\times$year 即为处理效应,表示高铁开通对处理组和对照组的影响差异,即高铁开通对高技能劳动力流动的影响效应,α_3 为其估计系数;x_j 表示本书所选取的 j 个控制变量,β 为相应的估计系数;ε 为随机误差项。

(二)数据和来源

为了观测高铁开通前后高技能劳动力流动的变化,本书选取 2004 年为研究时期的起点,之所以选择 2004 年作为样本区间起点,主要是考虑到 2004 年之前的中

西部地区行政区划进行了大幅度调整,而之后的地级市数目基本稳定,便于得到连续可比的相关数据指标。故本书实证研究选取的是 2004～2019 年中国 287 个地级市的面板数据。对于地级市样本的选取,由于行政区划的调整等,本书剔除了考察期内在地级市层面上发生行政区划调整的城市,如巢湖市、三沙市等,但未剔除地级市内发生县区调整的城市,以及发生撤地设市的城市,如毕节市和铜仁市等。实证研究中所使用的宏观经济数据来源于历年各地区统计年鉴、《中国区域经济统计年鉴》①、《中国统计年鉴》② 和《中国城市统计年鉴》③。城市层面的控制变量包括各城市的 GDP 的自然对数(ln GDP)、每平方千米的公路里程数(road)这部分数据通过国家统计局网站搜集。

其中高铁数据主要来源于中国铁路总公司网站④、国家铁路局的新闻报道或公告、中国铁路总公司 12306 网站和"去哪儿"网站。借助中国铁道出版社出版的《全国铁路旅客列车时刻表》,本书手工搜集了全国各地级市开通高铁的年份数据⑤,同时,也据此统计了各地级市在样本期间历年各个城市行政区划范围内所有车站(包含所辖县市车站)的高铁经停的车次频率数据(HSRN)⑥。

(三) 变量选择

1. 核心解释变量:高铁开通

数据的选取及来源同上。

2. 被解释变量:高技能劳动力流动

目前中国高铁的主要功能为旅客输送,而高铁开通后最直观的影响即为促进了对时间敏感对高铁价格不敏感的高技能劳动力在区域之间的流动,故本书研究中的要素流动主要为高技能劳动力要素流动。高技能人员流动作为劳动力流动的一种具体形式,其测度方法与劳动力流动的测度方法相类似。引力模型是物理学中牛顿万有引力定律在经济学中的成功应用,主要用于研究经济社会中的空间相互作用问题。早期,由于理论基础的缺乏,引力模型虽然从实证分析中成功解释了区域间要素流动问题,但其并没有受到主流经济学家的重视。自 20 世纪 70 年代以

---

① 国家统计局国民经济综合统计司,《中国区域经济统计年鉴》(2009～2018 年,历年),中国统计出版社。下同。
② 国家统计局,《中国统计年鉴》(2009～2019 年,历年),北京:中国统计出版社。下同。
③ 国家统计局城市社会经济调查司,《中国城市统计年鉴》(2009～2019 年,历年),中国统计出版社。下同。
④ 参见 http://www.china-railway.com.cn/。
⑤ 本书所指的高铁包括城际列车、动车和高铁,不对这三者加以特别区分,后文与此相同,不再赘述。
⑥ 《全国铁路旅客列车时刻表》是由原铁道部(现为中国铁路总公司)供稿,是目前国内最为权威反映列车时刻表的书籍。考虑到季节运行图的调整,该列车时刻表基本都会在每年的 1 月、4 月、7 月和 10 月出版发行,本书选择了每年 4 月份发行的版本搜集与高铁有关的信息,这主要出于两个原因:一是 4 月春运已结束,铁路客运基本恢复正常运行;二是考虑到高铁对经济增长的影响具有时滞性。另外,2013 年中国铁道出版社没有出版发行 4 月的铁路列车时刻表,本书以 7 月的版本替代。下同。

来,经济学家努力从各个角度探求引力模型的微观理论基础(Helpman 和 Krugman,1985;Anderson 和 Wincoop,2003),使其具备了相应的微观理论支撑。采用引力模型对要素的流动进行测算和衡量,能够较好地观测区域之间的空间交互关系,也能够对各地区影响要素流动的内在机制进行识别。本书也将借鉴这一方法来衡量区域之间的高技能劳动力流动。

本书的高技能劳动力主要是指大学以上受教育程度的劳动力,主要来自城市拥有较高人力资本的城镇居民,选取16～64岁群体中的大学以上受教育程度的劳动力数量进行衡量。以是否具有大学以上学历来测度高技能劳动力的依据在于:在中国,教育背景是显示个人社会威望和层级状态的重要指标,高学历的企业管理者具有更丰富的社会资本,而这些社会资本也会显著提升企业的业绩(Belliveau 等,1996)。住房总是与流动性(移民或通勤)和劳动力市场的研究联系在一起。通勤者的工作地点和居住条件依赖于通勤时间的长短,因此,任何通勤对劳动力市场影响的研究方法中都应包括住房市场变化的研究。同样,高技能劳动力需要租房或买房居住,工资至少必须抵消食品和住房开支。Haas 和 Osland(2014)指出了劳动力市场和住房价格之间的复杂关系,认为工资和住房的支付能力是影响劳动力流动的主要因素。本书将选取工资和房价这两个因素作为影响高技能劳动力要素流动的吸引力变量。本书所构建的引力模型可以表示为

$$\text{Labor}_{ij} = \ln \text{Labor}_i \times \ln(w_j - w_i) \times \ln(hp_j - hp_i) \times D_{ij} \quad (4.3)$$

式中,Labor_{ij} 表示从 i 地区流动到 j 地区的高技能劳动力数量,Labor_i 表示 i 地区的高技能劳动力数量;w 表示相应地区城镇单位就业人员的平均工资水平;hp 表示该地区的房价水平,本书采用住宅平均销售价格对其进行衡量。依据托达罗(1969)的劳动力流动理论,劳动力的流动取决于预期收入的差异。因此本书采用高技能劳动力从低收入地区流动到高收入地区的数据,而高收入地区通常拥有着高房价。因此式(4.3)中 $w_j - w_i > 0$,$hp_j - hp_i > 0$。D 表示各地区之间的地理距离,本书基于各地区经纬度数据测算得出。故 i 地区在某一年度内高技能劳动力流动量可以表示为

$$\text{Labor}_i = \sum_{j=1}^{n} \text{Labor}_{ij} \quad (4.4)$$

3. 协变量与控制变量

本书在进行倾向得分匹配过程中所选取的可能影响是否开通高铁的协变量主要包括地理坡度、经济发展水平、对外开放水平、人口数量、城镇化水平、公路里程和政府的财政支出规模。其中,地理坡度(geo)主要基于中国 90 米分辨率数字高程数据,并采用 ArcGIS 软件计算获得。经济发展水平(GDP),本书选取了中国各地级市人均地区生产总值作为其衡量指标,并对其进行了去价格化处理。由于统计年鉴中没有相关地级市 GDP 指数,以 2004 年为基期,根据各省份的 GDP 指数计算各地级市的实际 GDP,再除以市辖区总人口以得到人均实际 GDP。就对外开放水平(open)来说,外商直接投资水平决定了其对劳动力人口的需求和吸纳能力,进

而影响城镇化的进程。本书选取的是各地级市实际利用外资金额,采用当年的人民币对美元实际汇率将其核算为人民币单位,并对其进行去价格化处理。本书采用年末户籍人口数量来衡量地区的人口规模(pop)。由于地级市城镇人口和城镇常住人口的数据无法获得,《中国城市统计年鉴》统计的非农人口数据又只延续到2009年,所以根据一般文献的做法,采用市辖区总人口表示城市人口规模。城镇化水平(urban)的衡量指标是各地区市人口和镇人口占全部人口的百分比。公路里程(road)选取的是各地级市公路里程。本书采用地区政府预算内公共财政支出总额来对政府的财政支出规模(fiscal)进行衡量。

本书还控制了其他一些可能影响劳动力流动的变量:(1)劳动力(lab)。本书采用各地级市年末人口数作为衡量劳动力的替代指标。(2)资本(capital)。固定资产投资的增加会促进城市产业发展,提供更多的就业机会。考虑到一个地区资本的主要形成来源,本书选取2004~2019年各地级市的固定资产投资总额作为其衡量指标,并采用以2004年为基期的各省区固定资产投资价格指数对该省区内各地级市的固定资产投资总额进行去价格化处理。(3)基础设施建设(facility)。运输基础设施共同影响工人和货物的流动性(Monte等,2015年),因此选取各地级市公路里程长度代表基础设施建设。(4)对外开放水平(open)的衡量指标也与前文的协变量一致。(5)技术进步(tech)。本书选取考察期内各地级市的专利申请授权数作为衡量科技发展水平的指标。(6)城市公共服务水平(ingov)。城市公共服务水平会影响城市人口的流动(Davis J C和Henderson J V,2003)。本书采用人均公共财政支出的对数来表示城市公共服务水平。(7)人力资本水平(edu)。人力资本集聚产生的外部性和学习效应有助于提高城市劳动生产率,进而吸引更多的高技能劳动力流入,提高城镇化水平。本书采用普通高等学校在校人数的对数来度量人力资本水平。(8)土地面积(area)。市辖区城市的土地面积决定了其所能容纳的人口数量,影响城市人口规模和城镇化水平。(9)工业化(industry)。发展经济学表明,工业化是促进劳动力城乡迁移和城镇化的重要因素,用市辖区第二产业产值占GDP的比例表示。(10)产业结构(structure)。发展经济学理论认为,随着产业结构优化,劳动力由第一产业向第二、第三产业转移,特别是第三产业发展能够吸纳较多的就业人口,将会促进劳动力向城市流动,进而影响城镇化进程,因此用市辖区第三产业产值占GDP的比例表示。

各变量的定义及描述性统计结果如表4.1和表4.2所示。

表 4.1 变量定义

变量名称	计算方法
劳动力流动数量 labor	依据引力模型计算所得,具体见文中公式
高铁开通 HSR	哑变量,该市当年开通高铁赋值为 1,否则为 0
年份 year	哑变量,高铁开通之后的年份赋值为 1,高铁开通之前年份赋值为 0
高铁车次数 HSRN	该市当年开通高铁的车次数除以 100
地理坡度 geo	基于中国 90 米分辨率数字高程数据,并采用 ArcGIS 计算获得
经济发展水平 GDP	各地级市人均地区生产总值
对外开放水平 open	各地级市实际利用外资金额,采用当年人民币对美元实际汇率将其核算为人民币单位,并对其进行去价格化处理
人口数量 pop	年末户籍人口数量
城镇化水平 urban	市人口和镇人口占全部人口的百分比
公路里程 road	各地级市公路里程
政府财政支出规模 fiscal	各地级市公共财政支出额
劳动力 lab	各地级市年末人口数
资本 capital	各地级市固定资产投资总额,并采用以 2004 年为基期的各省区固定资产价格指数对该省区内各地级市的固定资产投资总额进行去价格化处理
基础设施建设 facility	各地级市公路里程
技术进步 tech	各地级市的专利申请授权数
城市公共服务水平 ingov	各地级市人均公共财政支出
人力资本水平 edu	市辖区内普通高等学校在校人数
土地面积 area	市辖区城市的土地面积
工业化 industry	市辖区第二产业产值占 GDP 的比例
产业结构 structure	市辖区第三产业产值占 GDP 的比例

表 4.2 变量的描述性统计结果

变量	样本观测个数	均值	标准差	最大值	最小值
ln labor	4 592	37.887	21.602	198.000	12.555
HSR	4 592	0.566	0.496	1.000	0.000
year	4 592	0.625	0.321	1.000	0.000
ln HSRN	4 592	1.008	1.530	5.984	0.000
ln geo	4 592	0.768	0.579	2.349	−4.075
ln GDP	4 592	16.429	16.631	18.936	12.607
ln open	4 592	12.805	13.541	15.969	3.415
ln pop	4 592	6.025	5.501	7.124	2.868
ln urban	4 592	2.148	2.246	4.582	−3.910
ln road	4 592	9.358	9.845	13.731	6.333
ln fiscal	4 592	12.637	1.123	16.197	9.5712
ln lab	4 592	6.024	5.501	7.123	2.868
ln capital	4 592	15.908	15.981	17.964	12.273
ln facility	4 592	9.358	9.845	13.730	6.333
ln tech	4 592	7.820	8.911	11.764	0.000

续表4.2

变量	样本观测个数	均值	标准差	最大值	最小值
ln ingov	4 592	9.363	1.122	12.112	8.704
ln edu	4 592	10.049	1.317	13.783	5.442
ln area	4 592	7.304	0.897	9.172	4.3820
ln industry	4 592	3.867	0.285	4.513	2.662
ln structure	4 592	3.685	0.296	4.366	2.149

四、高铁对高技能劳动力流动影响的结果分析

(一)倾向得分匹配结果分析

正如前文所述,为了检验倾向得分匹配结果的准确性,需要检验协变量在处理组和对照组之间是否存在显著差异,即平行趋势检验。在条件外生假设下,要求所有协变量在处理组和对照组之间是平行的,其分布也没有系统性差异。表4.3报告了基于不同政策年份的倾向得分匹配后各协变量的平行趋势检验结果。

表4.3 平行趋势检验结果

	2008	2009	2010	2011	2012	2013	2014	2015	2016	2017	2018	2019
ln geo	-1.71	1.16	2.16	-1.22	-0.89	0.10*	3.19*	-1.78	2.34	-1.72	2.23	2.45
ln GDP	0.78	-0.29	0.21	1.19	0.17	-0.48	-1.21	-1.20	1.18	2.11	-1.19	-1.02
ln open	0.65	0.14	0.61	1.13	0.11	-0.13	-1.68	-1.65	2.77	-1.66	-1.65	-1.68
ln pop	-0.26	1.23	-0.51	-0.28	-0.52	-0.10	0.52	0.78*	0.50	-0.51	1.23	1.02
ln urban	1.73	-0.26	0.66	-0.36	0.36	1.77	-0.65	1.72	-0.32	1.12	1.13	1.13
ln road	0.08	1.10*	0.14	-0.46	0.29	-0.13	0.63	0.15	-0.45	-0.47	0.28	0.22
ln fiscal	1.02	1.63	0.14	0.93	0.19	-0.84	-0.49	0.66	0.15	-1.67	-1.68	-1.64

注:表格中各协变量的数值为t统计量。***、**、*分别表示在1%、5%和10%水平上显著。

由表4.3可知,在倾向得分匹配后,t检验结果无法拒绝处理组和对照组之间无系统性差异的原假设,这说明在得分倾向匹配后,各区域之间在协变量方面非常接近,样本选择性偏差进一步降低。因此,采用倾向得分匹配后,各协变量在处理组和对照组之间具有较好的平行性,数据特征趋于一致,符合可比性的要求。

(二)基本回归模型结果

1.高铁开通影响高技能劳动力流动的估计结果

本书采用Stata13软件基于倾向得分匹配后的样本结果对式(4.2)所示的计量经济学模型进行估计,估计结果如表4.4所示。其中,模型(1)基于全国所有地级市样本的高铁开通对劳动力流动影响的估计结果,模型(2)~(5)则分别为基于东部地区、中部地区、西部地区及东北地区样本的估计结果[①]。

---

① 四大经济区域是按照国家统计局的划分方法,分别是指:东部地区(北京、天津、河北、上海、江苏、浙江、福建、山东、广东、海南10个省市)、中部地区(山西、安徽、江西、河南、湖北、湖南6省)、西部地区(重庆、四川、贵州、云南、西藏、陕西、甘肃、青海、宁夏、新疆、内蒙古、广西12省市区)和东北地区(辽宁、吉林、黑龙江3省)。

表 4.4 高铁开通对劳动力流动影响的估计结果

变量	(1) 所有地区	(2) 东部	(3) 中部	(4) 西部	(5) 东北地区
HSR×year	0.152**	0.156***	0.184	0.154	0.142
	(0.062)	(0.035)	(0.162)	(0.192)	(0.196)
ln labor	0.265***	0.125**	0.389***	0.765***	0.565***
	(0.081)	(0.061)	(0.141)	(0.188)	(0.184)
ln capital	0.189**	0.159***	0.587**	0.087	0.089
	(0.062)	(0.012)	(0.142)	(0.167)	(0.122)
ln facility	0.195***	0.125***	0.159***	0.493***	0.322***
	(0.075)	(0.015)	(0.055)	(0.133)	(0.122)
ln open	0.117***	0.079***	0.194***	0.015	0.114
	(0.028)	(0.024)	(0.062)	(0.078)	(0.052)
ln tech	0.024***	0.139***	0.108**	0.114*	0.129**
	(0.005)	(0.055)	(0.064)	(0.061)	(0.035)
ln gov	0.152***	0.252***	0.154***	0.081***	0.092***
	(0.007)	(0.004)	(0.006)	(0.011)	(0.012)
ln edu	0.033***	0.132***	0.029***	0.043***	0.067***
	(0.051)	(0.031)	(0.044)	(0.031)	(0.044)
ln area	0.179***	0.189***	0.124***	0.162***	0.112***
	(0.041)	(0.032)	(0.022)	(0.021)	(0.043)
ln industry	0.026***	0.038***	0.024	0.015	0.023***
	(0.093)	(0.032)	(0.077)	(0.073)	(0.066)
ln structure	0.002***	0.002***	0.001	0.001	0.001
	(0.011)	(0.010)	(0.011)	(0.011)	(0.003)
R-square	0.75	0.29	0.28	0.24	0.29

注:各变量括号上方数值表示其估计系数,括号内数值为相应的聚类稳健标准误差。***、**、*分别代表1%、5%和10%的显著性水平。

表4.4检验结果验证了本书提出的假设1和假设2。由表4.4中的模型(1)可知,高铁开通对区域高技能劳动力流动具有显著的促进作用,即相对于未开通高铁的城市来说,开通高铁城市之间的高技能劳动力流动量会越来越大。高铁开通进一步增强了中心区域和周边区域之间的联系,便利了各种要素和货物的流动,中心区域依托于其优越的经济发展环境,能够吸引外围地区的优质劳动力要素;而对于周边区域来说,其自身的经济发展环境相对较差,而高铁的开通可能会进一步加速其高技能劳动力要素的流失,因而高铁开通促进了高技能劳动力由周边区域向中心区域的流动。

分地区估计结果来看,东部地区的结果与全国一致,中部地区、西部地区及东北地区的结果均是不显著的,这可能是因为:一方面,这些地区开通高铁的时期较短,高铁开通的线路长度较短,密度也较小,其对这些地区高技能劳动力流动的影响尚未完全显现;另一方面,就目前中国区域经济发展的格局来说,广大中西部地区及东北地区为高技能劳动力要素流失的重要区域,高铁开通的影响更多体现在要素资源往东部地区的流动,而在中部、西部及东北地区内部流动的现象相对较少,从而使得中西部地区及东北地区在高铁开通后,其区域之间的高技能劳动力流动并不明显。总之,检验结果验证了本书提出的假设 1 和假设 2。

模型(1)～(5)所示的结果表明,控制变量在全国范围内都对高技能劳动力的流动产生显著积极影响,但在不同区域中的作用存在差异。全国范围样本的结果显示,劳动力对区域高技能劳动力流动的影响效应显著为正,即劳动力规模越大的地区,其高技能劳动力流动的速度越快。分地区劳动力规模对高技能劳动力流动的影响研究结果与全国一致。本书研究发现,全国范围内的资本水平对区域高技能劳动力流动亦具有显著的正向影响,即大规模的资本存量有利于促进本地区与其他地区之间的高技能劳动力流动。东部地区和中部地区的资本水平的估计结果与全国一致,而西部地区和东北地区的估计结果是不显著的。就基础设施建设来说,基础设施建设对高技能劳动力流动具有显著的正向影响,完善的基础配套设施能够为区域经济增长提供支撑和保障,从而提升了高技能劳动力流动速度,进而促进高技能劳动力流动。基础设施分地区的估计结果与全国一致。就对外开放水平来说,全国范围样本的结果显示,对外开放对高技能劳动力流动具有显著的正向影响,外资的进入不仅能够提高本地区的资本存量水平,还有利于带来更多的先进技术和管理经验,这都有利于进一步增强本地区的经济增长实力,增加就业机会,从而促进高技能劳动力流动。对外开放水平分地区检验结果中,东部地区、中部地区及东北地区的结果与全国一致,而由于西部地区的对外开放程度相对较低,无法对高技能劳动力流动产生显著影响。最后,无论是全国范围的研究样本,还是分地区的估计结果均显示,技术进步对高技能劳动力流动具有显著的正向影响效应,技术创新水平越高,越有利于提升经济增长速度,技术进步在驱动经济增长过程中不仅能够避免传统物质资本边际收益递减的问题,还能够实现经济发展方式和产业结构的转型升级,从而影响高技能劳动力流动的速度。

全国和各地区层面城市公共服务水平均显著促进了高技能劳动力流动,高技能劳动力在公共服务较好的城市能得到更多的城市服务和保障。各模型中人力资本水平都显著促进了高技能劳动力流动,表明人力资本水平较高的城市更容易形成高技能劳动力的集聚效应。土地面积在各模型中都显著促进了高技能劳动力流动,城市市辖区的土地面积表明了城市的发展程度和城市规模,这是吸引高技能劳动力的重要基础条件。工业化和产业结构变量在全国和东部地区层面均显著促进了高技能劳动力流动,但在中部、西部及东北地区系数并不显著。这一结果表明在全国范围内和东部地区,由于较高的工业化水平和产业结构的优化,第二和第三产业的就业岗位增加,产生了劳动力需求,因此吸引高技能劳动力流动。在中部、西部及东北地区承接了东部地区产业转移,工业化程度还需加深,产业结构还需进一步优化,因此高技能劳动力的流动效应并不显著。

2. 动态效应检验

虽然倾向得分匹配(PSM)能有效解决样本选择偏误问题,但不能消除不可观测时间因素等造成的偏差,下面将继续采用双重差分法进一步分析高铁建设对高技能劳动力流动的影响。高铁建设对高技能劳动力流动水平的影响是滞后的,需经过一定的时间才会逐渐显现。因此,本书应用 DID 方法对高铁建设的动态效应进行了检验,具体回归结果见表 4.5。

2008 年 8 月 1 日,京津城际铁路开通运营,成为中国内地第一条设计速度 350 千米/小时级别高速铁路。因此本书将 2008 年作为高铁开通的时间节点。回归结果显示:加入控制变量后,在高铁开通后的前 2 年(2009～2010 年),高铁建设对全国和各地区开通高铁城市的高技能劳动力流动的影响并不明确。但在高铁开通后的第三年(2011 年),高铁显著提高了全国和东部地区的高技能劳动力流动水平。伴随高铁网络的进一步完善,高铁对高技能劳动力流动水平的作用越来越显著,但值得引起关注的是,从区域范围内,伴随高铁带来的交通便利性,高技能劳动力越来越倾向于向东部地区集聚,中部和西部地区虽然实行了一系列的吸引人才的政策,但是仍然无法扭转高技能劳动力人才流失的状况。

表 4.5 动态效应检验

变量	(1) 所有地区	(2) 东部	(3) 中部	(4) 西部	(5) 东北地区
HSR * city2009	0.002	0.002	0.001	0.003	0.002
	(0.011)	(0.010)	(0.009)	(0.010)	(0.001)
HSR * city2010	0.013	0.014	0.011	0.009	0.009
	(0.056)	(0.066)	(0.067)	(0.072)	(0.036)
HSR * city2011	0.004**	0.016***	0.004	0.001	0.002
	(0.018)	(0.015)	(0.111)	(0.112)	(0.177)
HSR * city2012	0.004**	0.016***	0.005	0.001	0.004
	(0.028)	(0.024)	(0.110)	(0.111)	(0.156)
HSR * city2013	0.004**	0.017***	0.004	0.004	0.006
	(0.027)	(0.014)	(0.101)	(0.067)	(0.176)
HSR * city2014	0.005**	0.017***	0.006	0.009	0.006
	(0.012)	(0.020)	(0.101)	(0.119)	(0.217)
HSR * city2015	0.005**	0.017***	0.007	0.008	0.006
	(0.022)	(0.012)	(0.123)	(0.189)	(0.237)
HSR * city2016	0.005**	0.017***	0.007	0.009	0.009
	(0.023)	(0.021)	(0.133)	(0.178)	(0.237)
HSR * city2017	0.006**	0.019***	0.007	0.012	0.008
	(0.023)	(0.011)	(0.178)	(0.212)	(0.187)
HSR * city2018	0.009**	0.023***	0.007	0.021	0.006
	(0.012)	(0.006)	(0.167)	(0.312)	(0.179)

续表4.5

变量	(1)所有地区	(2)东部	(3)中部	(4)西部	(5)东北地区
HSR * city2019	0.011**	0.024***	0.008	0.012	0.009
	(0.012)	(0.009)	(0.178)	(0.134)	(0.189)
控制变量	是	是	是	是	是
截距	4.384***	5.156***	3.188***	3.278***	3.758***
	(13.422)	(12.444)	(13.103)	(11.123)	(9.452)
时间效应	控制	控制	控制	控制	控制
地区效应	控制	控制	控制	控制	控制
观测值	4 592	1 408	1 248	1 424	512
R-square	0.694	0.738	0.388	0.638	0.635
F值	13.344	49.313	12.701	14.383	49.913

注：***、**、* 分别代表1%、5%和10%的显著性水平。

(三)稳健性检验

1.以高铁的开通次数代替是否开通高铁变量

本书用城市开通高铁的次数(HSRN)代替是否开通高铁虚拟变量(HSR)进行稳健性测试。根据式(4.2)设立双重差分估计模型为

$$Labor_{it} = \alpha_1 HSRN_{it} + \beta_j \sum x_{jit} + \mu_i + \lambda_t + \varepsilon_{it} \quad (4.5)$$

仍然采用DID方法进行检验。表4.6中针对全样本的回归和东部地区的样本回归中，HSRN的系数分别在5%和1%的统计水平上显著，支持了基本回归结果中的结论。

表4.6　自变量的稳健性检验

	(1)所有地区	(2)东部	(3)中部	(4)西部	(5)东北地区
HSRN	0.019**	0.027***	0.014	0.009	0.012
	(0.013)	(0.011)	(0.012)	(0.011)	(0.045)
控制变量	是	是	是	是	是
截距	-3.369***	-2.197***	-3.075***	-3.254***	-3.715***
	(8.421)	(12.001)	(13.001)	(11.131)	(9.162)
时间效应	控制	控制	控制	控制	控制
地区效应	控制	控制	控制	控制	控制
观测值	4 592	1 408	1 248	1 424	512
R-square	0.175	0.239	0.188	0.189	0.237
F值	13.351	10.338	12.578	8.329	9.583

注：***、**、* 分别代表1%、5%和10%的显著性水平。

2.安慰剂检验

不可否认的是，高铁开通后高技能劳动力的流动可能还存在其他可能的解释，如在高铁开通的同时有其他事件发生导致了高技能劳动力流动。因此，对本书基本实证结果进行安慰剂检验(Placebo Test)是有必要的。安慰剂检验主要可以解决两个问题：一是可以进一步检验处理组和对照组的选择是否是随机的；二是可以

考察在基准回归中是否存在因遗漏变量导致的内生性问题。本书安慰剂检验的识别策略是构造高铁开通地级市邻近地级市也开通高铁的反事实,选择这一策略的原因主要有两点:一是高铁修建需要考虑到城市的地质条件,邻近地级市往往具有类似的地质条件;二是邻近地级市往往经济发展状况、社会文化等方面与之类似。由表4.7的安慰剂检验结果可知,HSR * year 的系数不再显著,则正文表4.4和表4.5结果稳健。

表4.7 安慰剂检验结果(一)

	(1) 所有地区	(2) 东部	(3) 中部	(4) 西部	(5) 东北地区
HSR * year	0.003	0.039	0.054	0.028	0.019
	(0.010)	(0.021)	(0.012)	(0.011)	(0.044)
控制变量	是	是	是	是	是
截距	−2.143***	−2.723***	−1.024***	−3.122***	−3.343***
	(6.112)	(12.100)	(11.232)	(13.112)	(12.154)
时间效应	控制	控制	控制	控制	控制
地区效应	控制	控制	控制	控制	控制
观测值	4 303	1 320	1 170	1 335	480
R-square	0.189	0.238	0.233	0.221	0.241
F值	7.134	6.317	5.502	4.478	6.542

注:***、**、* 分别代表1%、5%和10%的显著性水平。

在回归过程中,根据已有文献的普遍做法(杜兴强和彭妙薇,2017),在高铁实际开通年份之前的第四年虚拟了一个高铁开通的时间点进行安慰剂检验(year4)。即在全国和东部地区层面把2004年作为虚拟的开通高铁时间,把2006年作为中西部地区虚拟的开通高铁时间,2008年作为东北地区虚拟的开通高铁时间。如果高铁开通对所在城市的高技能劳动力流动确实具有因果效应,那么在高铁并未实际开通时便不应观察到高技能劳动力流动人数出现显著变化。检验结果见表4.8,安慰剂检验的结果表明,HSR * year4的系数不再显著,表4.4和表4.5的基本回归结果并不是随时间变化而导致的安慰剂效应的反应。

表4.7和表4.8的安慰剂检验结果表明,高铁开通后高技能劳动力的流动并非是由不可观测的其他因素所致,这也进一步验证了高铁开通能够有效促进高技能劳动力的流动。

表 4.8　安慰剂检验结果(二)

	(1) 所有地区	(2) 东部	(3) 中部	(4) 西部	(5) 东北地区
HSR * year4	0.005	0.027	0.052	0.023	0.015
	(0.011)	(0.023)	(0.034)	(0.015)	(0.047)
控制变量	是	是	是	是	是
截距	-2.873***	-2.760***	-3.027***	-3.125***	-3.342***
	(8.425)	(12.003)	(14.445)	(13.124)	(12.156)
时间效应	控制	控制	控制	控制	控制
地区效应	控制	控制	控制	控制	控制
观测值	4 303	1 320	1 170	1 335	480
R-square	0.175	0.220	0.232	0.123	0.242
F 值	7.333	6.314	5.545	4.334	6.578

注：***、**、* 分别代表 1%、5% 和 10% 的显著性水平。

五、高铁对高技能劳动力流动的作用机制

为了验证高铁开通对高技能劳动力流动影响的逻辑——高铁的开通能够扩大市场规模,增加企业的数量和规模,从而导致该城市企业雇佣高技能劳动力人数增加,本书进一步检验了样本期间每年新上市的企业数量和企业规模与高铁开通的关系。在机制检验部分采用的是全国层面城市样本数据。其中,企业规模分别用企业总资产(Zahra 等,2000)和员工数量两个指标来测度。企业层面的相关数据来自于 CSMAR 数据库。

表 4.9 的检验结果支持了本书提出的理论机制。表 4.9 第(1)列列示了开通高铁对该城市每年新上市企业数量(newlist)的影响。其中,高铁开通的哑变量(HSR)系数值为正且在 1% 的统计水平上显著,说明开通高铁会增加所在城市的企业数量。表 4.9 第(2)列是用总资产测度(capital)的企业规模与高铁开通关系的回归结果,第(3)列为采纳员工数量(staff)测度的企业规模与高铁开通关系的回归。两个回归中,高铁开通虚拟变量(HSR)系数值都为正,且均在 5% 的统计水平上显著,表明开通高铁会增加所在城市的企业规模。

表 4.9　机制检验

	新上市企业数量 因变量:newlist	新上市企业规模 因变量:capital	新上市企业规模 因变量:staff
HSR	0.334***	6.861**	3.867***
	(0.011)	(0.026)	(0.086)
控制变量	是	是	是
截距	8.738***	57.194***	−49.982***
	(2.423)	(12.004)	(12.221)
时间效应	控制	控制	控制
地区效应	控制	控制	控制
观测值	4 592	4 592	4 592
R-square	0.439	0.337	0.345
F 值	8.745	19.318	19.174

注：***、**、*分别代表1%、5%和10%的显著性水平。

六、高铁对高技能劳动力流动作用结果的进一步检验

（一）高铁开通对沿线中小城市的影响

高铁的修建不仅连接枢纽城市和区域经济中心城市，也连接起了中小城市。因此，对高铁沿线的中小城市而言，流动成本下降之后，高技能劳动力可能因为大城市的吸引力而流失，也可能因为交通基础设施的改善而增加对高技能人才的吸引力。为了进一步检验高铁的开通对沿线中小城市的影响，本书参照Faber(2014)的方法，用删除首发和终到城市后的子样本对式(4.2)重新回归。HSR的系数反映的是相对于其他没有开通高铁的城市，高铁开通对沿线中小城市高技能劳动力流动的影响。表4.10的第(1)列的HSR的系数相对于表4.4第(1)列，无论是系数估计值的大小还是显著性水平都大为提高，表明高铁的开通促进了中小城市的高技能劳动力流动，高铁增加了城市对高级人才的吸引力。

（二）高铁开通对兴建了机场的城市的影响

高铁和机场在推动人才流动方面的效应最为类似(Fu等,2012；Dobruszkes,2011)。为了检验高铁和机场的交互作用，表4.10第(2)列通过增加是否开通高铁虚拟变量和是否有机场虚拟变量的交乘项构造了一个三重差分(Difference-in-Difference-in-Difference,DDD)回归。变量airport表示地级市当年100千米范围的机场数量，数据通过国家统计局网站搜集获得。HSR和airport的系数本身为正且在1%的水平上显著，但是，交乘项(HSR * airport)的系数为负且在1%的水平显著，表明高铁开通和机场的建设都会吸引高级人才，但机场的兴建会使高铁开通的边际贡献下降。

表 4.10　高铁开通与不同类别城市的高技能劳动力流动

	高铁连接的中间城市	高铁与机场的交互作用
HSR*year	0.184***	0.172**
	(0.003)	(0.013)
airport		0.019***
		(0.032)
HSR*airport		−0.014***
		(0.028)
控制变量	是	是
截距	−2.972***	−2.513***
	(0.481)	(0.039)
时间效应	控制	控制
地区效应	控制	控制
观测值	1 696	2 048
R-square	0.187	0.176
F 值	7.943	13.332

注：***、**、* 分别代表 1%、5% 和 10% 的显著性水平。

七、结论与启示

中国高铁的建设速度和建设规模是空前的。中国人民不断进取和创新，形成了完整的高铁技术体系和技术标准，在自然地理地质状况复杂多样的中国大陆省份逐步构筑成纵横交错、四通八达、安全高速的高铁网络。从一无所有，到世界领先，中国高铁将在人类轨道交通发展史上留下清晰而深刻的印记。高铁时代对中国社会经济的发展和人们生活的时空环境都会产生强大的推动力。高铁的准点和快速能够让旅客在高铁连接的城市和区域之间实现朝发夕至，甚至当日往返，以至于影响城市之间连接紧密度的不再是地理距离而是时间距离。高铁作为新增的交通运输网络，服务目标主要是对价格不敏感，但是对时间非常敏感的中高端客户，他们是知识和信息流动的重要载体。评估高铁开通对高技能劳动力流动的影响效果，关乎高铁大规模投资的经济效应评估，也是实现区域经济协调发展的基础机制，具有重要的理论和实践意义。

本书以高铁开通作为一个准自然试验，采用 2004~2019 年全国 287 个地级市面板数据，修正劳动力流动量的度量公式，通过控制年份固定效应和城市固定效应，构造了双重差分回归模型，研究高铁的开通对高技能劳动力流动的影响。研究结果表明，高铁能够通过扩大市场规模，增加企业的数量和规模，进而显著增强城市对高技能劳动力的吸引力。进一步，高铁对高技能劳动力流动的正向影响具有状态依存性，取决于不同的经济区域和不同的城市类型。研究结果表明：高铁对高技能劳动力流动的影响在全国和东部地区更加显著，在高铁连接的中小城市和没有机场建设的城市的边际贡献更大。

本章研究的启示如下：

第一，交通基础设施的完善是经济发展的催化剂。知识经济时代，高铁促进经济增长的微观机制在于：通过扩大市场规模进而促进企业降低经营成本、提高经营效率、创造市场潜能，从而导致企业的数量增加和已有企业的规模变大，吸引高级人才流入开通了高铁的城市，以企业为平台发挥才能，引导一个城市的创新和经济发展。高技能劳动力的聚集反过来吸引更多生产要素和资源的聚集，促进市场规模进一步地扩大。虽然高铁等交通基础设施的建设对经济增长的贡献已经得到普遍认可，但是，唯有学术界和实务界能够充分认识到高铁开通对市场规模扩大、人才流动的影响以及作用机制，才有利于政府部门在宏观规划和资源配置中做出正确、合理的决策。

第二，高铁开通后，在促进东部地区吸纳高技能劳动力的同时，也加剧了中国中部地区、西部及东北老工业区的人才流失。中国不同区域之间的经济发展差距较大，通过高铁的建设强化区域间的经济溢出，协调各个区域的经济发展，是发挥高铁对全国经济发展增长效应的主要内容之一。鉴于中西部落后地区的地方政府往往财力有限，中央政府在高铁设施建设方面应当对其有所倾斜。对于东北老工业区，则还需要配套产业结构的转型升级，以增加城市对人才的吸引力。

第三，对高铁和民航这两种快速交通工具的交互作用的分析表明，二者之间存在一定程度的竞争关系，在尚未建立机场的城市开通高铁会产生更大的边际贡献。公路、铁路、航空和高铁运输各有其优缺点，政策制定者需要兼顾每个城市或经济区的特点，组合利用好各种交通方式，才能以最小的成本建立便捷、有效的交通网络。此外，目前高铁的开通主要是加快了人才、信息的流动，尤其是担任出差频率较高职务的高管。因此，城市建设还需要以高铁为依托，配套完善其他各方面的公共服务，打破人才流动的壁垒，才能真正地留住人才。

本章研究有三方面的局限性，值得在今后的研究中进一步完善。首先，研究结果仅反映了中国的情况。由于文化和政治差异，研究结果和经验在其他国家的适用性可能有限。因此，未来的研究可以扩大，重点是比较不同国家之间结果的差异程度。其次，由于本书的数据集中缺少一些关键的社会人口统计学变量，例如高技能劳动力的年龄和性别，研究结果也很有限。因此，未来的研究可能会考虑扩大评估范围，以便更深入地了解不同社会劳动力群体的各种影响。第三，哪些政策可能是可行的和相关的值得进一步研究，以促进更公平的劳动力流动办法，从而实现区域协调发展的目标。

第二节　高速铁路对农村劳动力务工与务农行为选择的影响

一、高铁影响农民行为选择的理论机理分析

家庭成员内部分工理论可以很好地阐释高铁冲击下农民是否选择务工的行为选择问题。美国经济学家 Becker 利用古典经济学基本工具,奠定了家庭成员内部分工理论的分析基础,认为应根据不同家庭成员的比较优势,将家庭中的人力资源合理分配到相应经济环境中,不仅会增加家庭收入,还会优化社会资源配置。自 20 世纪 80 年代,伴随工业化、城市化进程,农村劳动力开始大批涌入城市,基础农业逐渐被第二和第三产业的务工机会取代,传统的家庭内部分工模式也发生了变革。21 世纪以来,中国高铁网络逐步完善,区域之间的时间距离代替了空间距离,农村与城市的人力、物力和信息交流渠道进一步拓宽。高铁不仅带来了商机,更为农民带来了就业机会,农民务工的空间范围得到进一步拓宽。高铁促进城市产业结构的承接,导致城市中缺乏大量的低技能劳动力,增加了农民务工就业机会。Venables(2011)指出,劳动力会根据劳动力市场的需求,依据自身劳动力技能水平进行最优选择。高铁为农民打开了认知世界的新大门,农村劳动力尤其是新生代农村劳动力的技能水平在不断提升,促使农村劳动力务工人数激增。

高铁通过增加农民收入影响了农民行为选择。学者们对农民外出劳动,从事"非农"活动的行为有初步认识和理解,可以得出收入是影响行为选择的最主要因素(冯其云和姜振煜,2016)。交通基础设施的发展与农民收入息息相关。高铁开通促使高铁沿线农民收入实现了大幅度提升(刘玉萍和郭郡郡,2019)。高铁带来的经济效应由城市辐射至农村,创造了务工岗位,带动了农村经济发展,进一步助推农村脱贫增收。中国基础设施投资建设为改善农村交通基础设施提供了可能,通过农村与高铁城市的接驳,提高了农民务工的便利度,降低了务工选择成本。从福利经济学角度分析,高铁通过提高农民务工收入,可以降低农业收入的依赖性,提高农民务工积极性。伴随日益完善的高铁网络建设,中国版图上高铁网络的辐射区域不断增大,其经济效应对农民增收的带动效应也日益增强。高铁增加收入,进一步作用于农民工务工行为选择已逐步成为一种良性运行机制。

已有文献从内生因素和外生冲击出发寻找我国农民行为选择的原因,却忽略了交通运输,尤其是高铁对农民行为选择的影响。中国自 2008 年正式开通首条高铁线路以来,高铁建设进入了加速期。2019 年,中国高铁里程新增 5 474 千米,总里程突破 3.5 万千米,稳居世界第一。高铁缩短了区域间的时间距离,经济效益由城市辐射至农村,拓宽了农民增收渠道,高铁网络的发展与农民工资性收入的增长,二者表现出的相同变化趋势为本书提供了激励。

农民工是中国特有的一大流动群体,农村劳动力的务工和务农行为选择,对于农民增收、缩小城乡经济差距具有重要意义。鉴于交通运输因素尤其是高铁对农民行为选择文献的缺乏,本书对此进行补充。与已有文献相比,本书主要从下面四点进行有益补充。第一,在研究视角上,学者们已开始关注高铁对人才流动行为的影响,鲜有学者关注高铁对农民工行为选择的影响,而关于农民工务工和务农行为选择影响因素的研究中,多从内生经济因素和外生政策性影响出发,并未关注高铁这一外生冲击的影响,因此从高铁对农民行为选择的影响这一视角出发具有一定新意。第二,在研究方法方面,在考虑内生性问题的基础上,本书使用Heckman两步法(两阶段选择模型)和内生转换模型,依据地理特征构造工具变量消除内生性,提高研究结果的精确度。第三,在研究数据方面,通过跟踪中国北方地区197个农户2008年～2019年跨时12年的微观面板数据,实证高铁对农民行为选择的影响。第四,从研究意义角度看,本书研究高铁对农民行为选择的影响并揭示其作用机理,相关研究结果对政府基础设施建设规划和缩小城乡收入差距具有一定政策参考价值。

二、样本所在地高铁建设状况与样本行为选择的高铁驱动特征

山东省农民呈现出省内务工特征,外出距离在高铁具有较强竞争力的中短途范围内,样本选择区域符合研究需要。依据360浏览器发布的春运大数据,历年山东省人口动态监测数据表明,2018年山东省农民83%以上为省内务工,其中约54.2%为省内跨市流动,28.9%为市内跨县流动,2019年省内务工人数占比增加为85%。

(一)样本所在地高铁发展状况(2007—2019)

2019年10月15日,交通运输部确定样本所在地山东省为第一批交通强国建设试点地区。山东拥有济青高铁和经济南的京沪高铁两条核心干线,已成为高铁大省,呈现出济南、青岛和烟台三核驱动的发展态势。2020年底,济南与烟台间的时间距离伴随潍坊—莱西高速铁路的开通缩短至2小时。未来山东省高铁发展在城市间的布局将更加均衡。曲菏段高铁的建成开通将巨野、嘉祥、兖州、济宁(任城)联入高铁网。鲁南地区的菏泽和鲁西地区的聊城,分别位于鲁南高铁和丰雄商(京九)高铁交会处、郑济高铁和丰雄商高铁交会处,在高铁效应下,这两个城市将发展为重要交通枢纽城市。京沪通道二线(津潍烟高铁)和济滨高铁的开通将为滨州和烟台两座城市的发展提供高铁驱动力。山东省高速铁路的发展状况如表4.11所示。

表4.11 山东省高速铁路发展状况

开通时间	路线	说明
首批动车线路		
2007年4月	既有京沪铁路和胶济铁路	山东开通的首批动车线路

续表4.11

开通时间	路线	说明
两条核心路线		
2016年底	胶济客运专线	与胶济铁路几乎并行,众多火车站是原有胶济铁路的车站。原有胶济铁路改以货运为主
2011年6月30日	经济南的京沪高铁	山东第一条真正意义的高铁
核心路线延伸:胶东地区		
2016年底	青岛—荣成路线	青烟威荣地段铁路(部分为环渤海高铁组成部分),由荣成北可直达北京、上海、济南。青岛人民再不必到即墨坐动车去威海
2015年初	青烟直通线和烟荣联络线	解决烟台南站与市区遥远问题
2018年初	龙烟快速铁路动车组	全国铁路线路图上新增了"龙口市"站,龙口—烟台、龙口—威海、龙口—青岛、烟台—龙口、济南—龙口市的动车组列车班次上线运行
核心路线延伸:鲁西地区		
2017年底	石济客专	连接济南与石家庄
2017年底	德州东联络线和齐河联络线	连接石济客专与京沪高铁
2017年底	石家庄—齐河段	先接入济南西站,中国高铁"四纵四横"的一部分
济青高铁和沿海高铁		
2018年12月26日	济青高铁	平行于胶济客专线路。在青岛新机场(胶东国际机场)设站,设滨州唯一高铁站邹平站。将来运营后的终点站红岛站,将是青岛第一大站,也是青盐快速铁路的枢纽站
2018年12月26日	青盐铁路(山东段)	山东省沿海铁路
山东省内环线		
2019年11月	鲁南高铁(日兰高铁)日曲段	由日照西站起在曲阜东站接入京沪高铁,改善了鲁东南地区高铁交通。山东省内形成局部高铁环线,临沂北—临沂北、济南—济南、济南西—济南西,7小时可绕山东省一圈,一天内可转两圈。临沂北站成为全国普通地级市中最大的高铁站
聊城和菏泽开通动集列车		
2019年底	京九铁路动集列车	聊城和菏泽开通动集列车

资料来源:作者依据中国铁路总公司网站、国家铁路局的新闻报道或公告、中国铁路总公司12306网站和"去哪儿"网站数据资料整理。

(二) 样本行为选择的高铁驱动特征

高铁网络日趋完善,农村劳动力的行为选择轨迹也日渐清晰。依据实地走访调查数据,山东省农民务工和务农行为选择主要表现出下列特征:

第一,伴随高铁网络的完善,农村劳动力务工人数显著增加,且由青壮年外出务工转变为夫妻共同外出务工的人数增加,子女随农民工进城入学的整体家庭迁移现象也逐步增多。高铁发展和农村交通的接驳,不仅开拓了农民的视野也便利了农村劳动力的流动。调研过程中发现,绝大多数农民对高铁持利好态度,外出务工人数逐年增加。在样本调研期间(2008~2019年),调研个体的务工人数平均增长9倍(表4.12)。受2011年京沪高铁和2016年胶际客运专线的影响,农村劳动力务工总人数在2012年和2017年出现大幅上升,2018年济青高铁开通后,务工人数在2019年达到最高值,这与高铁效应的滞后性密切相关。青壮年农村劳动力为务工主力军,务工数量与务工总人数的变化趋势相同,2012年和2017年迅猛增长,至2019年时占务工总人数的87%。伴随高铁带来就近务工机会的增加,夫妻共同务工人数逐年增加,至2019年已达到113人,占务工总人数的26.09%。高铁在促进人员流动的同时,也增加了子女随父母入学的教育机会,自2013年起被调查家庭中子女务工地入学的务工人员不断增加。得益于山东省内高铁环线的开通,省内务工机会被高铁串联,2019年子女务工地入学的务工人数涨幅最大,比2018年增长了近1倍,在提高农村劳动力后代受教育质量的同时,有效减少了留守儿童数量。

表4.12 调查样本务工人数

年份	2008	2009	2010	2011	2012	2013	2014	2015	2016	2017	2018	2019
务工总人数	48	67	88	123	187	213	251	289	322	378	408	433
青壮年务工人数	48	63	87	103	158	162	223	245	269	323	345	376
夫妻共同务工人数	12	18	22	34	46	50	78	88	98	104	109	113
子女务工地入学的务工人数	0	0	0	0	13	18	20	35	47	54	106

注:资料来源于作者调查数据。下同。

第二,农民工流动方向呈现出依据高铁走向,由非高铁设站地区向高铁设站地区流动,流入地聚集于高铁设站城市的特征(表4.13)。山东省内吸引流动人口的第一梯队城市主要有济南、青岛、烟台、潍坊。农村劳动力流入最多的城市是济南市,泰安、聊城、德州、济宁、淄博、菏泽、潍坊等地的农民流动,将把济南作为首要务工城市,济南务工农民工中泰安的占比最大。青岛也是农民工流动较多的城市之一,日照农民流出的主要方向为青岛,威海农民的主要务工城市为烟台,其次是青岛。济南农民的省内流动主要去向为周边城市如泰安和潍坊。青岛作为设站城市流出农民工数量较少,主要选择潍坊和烟台。鲁西南是山东省"农民工供应腹地"。截至2020年1月,山东省没有开通高铁的东营、聊城和菏泽三个地区是农民主要流出地。

表 4.13　调查样本个体主要流入地和流出地

	主要流入地	主要流出地
第一梯队	济南、青岛、烟台、潍坊	东营、聊城、菏泽
第二梯队	泰安、淄博、临沂	济宁、德州、潍坊、日照

第三,高铁设站城市的周围农村居民呈现出就近务工特征(即在同一地级市内务工,表4.14)。调查数据显示,2008年高铁开通之初,就近务工农村劳动力占农村劳动力总务工人数的比例仅为6.25%,12年间这一比例已实现大幅提升,2019年已提升为36.49%,增长了近6倍。首先,在较早开通高铁的济南市和青岛市为代表的周围农村,就近务工特征尤为显著。高铁开通,不仅带来了交通便利,更缩短了城市间的时间距离,商业实地考察和交流更便捷,一大批企业的新厂址选择在了高铁站设站城市的交通便利之处,带动了当地农村就业。当地农民不必背井离乡便能找到增加收入的务工机会,增加了农民由务农向务工转变的便利性,更节省了去较远城市务工的房租等生活成本。其次,得益于沿海高铁的开通,基于沿海地区经济发展条件较好的基础条件,沿海城市下辖农村以选择本市内务工为主。这类市内务工农民较多的城市以青岛和烟台为代表。青岛和烟台是山东省内高铁开通较早的城市。高铁带来了新的就业机会,农民务工人数在高铁开通后大量增加。

表 4.14　调查样本就近务工状况

年份	2008	2009	2010	2011	2012	2013	2014	2015	2016	2017	2018	2019
务工总人数	48	67	88	123	187	213	251	289	322	378	408	433
就近务工人数	3	8	10	16	24	35	56	77	93	122	135	158
就近务工占总务工人数的比重/%	6.25	11.94	11.36	13.01	12.83	16.43	22.31	26.64	28.88	32.28	33.08	36.49

第四,山东省农民工外出务工的交通方式已经悄然发生变化。调研结果显示,近年来,实际乘坐高铁农民工人数显著增加(表4.15),尤其是在新生代农民工中比例较高,2019年达到80.35%。农民工高铁乘坐意愿和需求已显著增加,这也充分调动了务工选择的积极性和便利性。高铁通车前农民工外出通常选择省内直达汽车,高铁开通后,山东省内高铁二等票价格和直达汽车价格相当,票价差异较小促使调查样本中绝大多数农民工选择高铁为其出行方式。

表 4.15 调查样本高铁乘坐意愿

年份	2008	2009	2010	2011	2012	2013	2014	2015	2016	2017	2018	2019
务工总人数中高铁乘坐意愿比重/%	0.03	0.51	0.81	1.12	3.22	4.47	6.38	11.17	18.48	23.25	24.83	26.91
新生代农民工高铁乘坐意愿比重/%	1.31	3.40	3.98	5.58	14.25	18.64	23.32	45.34	66.54	72.98	78.34	80.35

三、农村劳动力务工与务农行为选择影响因素分析

本书记述的山东省2019年底已开通运营7小时环绕省内一圈的高铁环线。山东农民多以省内务工为主,符合高铁中短距离竞争优势的空间辐射范围,样本选择区域符合研究需要。本书将以山东省16个地级市(其中两个副省级市)的农村为实例,利用实地问卷调查、数据统计、计量分析等方法,分析高铁开通对农民务工或务农行为选择的影响,并探究其作用机理,为政府进行高铁规划建设和带动农民增收提供实证证据。

(一)高铁因素

第一,高铁开通显著增加了农村劳动力的务工概率。高铁开通促进沿线城市经济发展,提供了更多就业机会,对低技能劳动力的需求增加,拓宽了农村劳动力的务工渠道;高铁增加交通便利的同时,也增强了城市对农村的经济辐射能力,促进乡镇企业发展,为农村劳动力就近转农为工提供了就业岗位,降低了农民务工机会寻找成本。

第二,高铁开通班次越多,农村劳动力的务工概率越高。高铁开通车次越多,该城市的高铁交通便利程度越高,城市在高铁效应下人力、物力及信息等要素的流通效率就越高,加快了城乡一体化建设,农村劳动力能更快融入进城务工大军中,农村劳动力务工概率越高。

第三,农村劳动力对高铁效应的态度显著作用于其行为选择,高铁的利好效应显著提高了其务工选择概率。农村劳动力越认为高铁是利好消息,其务工的积极性越高,务工概率越高。高铁作为一种快速高效交通基础设施,对农村劳动力的行为选择发挥重要引导作用。

(二)农村劳动力个体特征因素

个体特征中对农村劳动力务工行为表现出积极影响的变量包括受教育程度、性别、婚姻状况、年龄、健康因素。第一,农村劳动力的务工选择受其受教育程度的限制,受教育水平越高,掌握技能水平的能力越高,越有利于获得务工机会。这一现象在实地调研走访时非常突出,接受更高教育成为农村家庭后代脱离"面朝黄土背朝天"生活的唯一路径。第二,男性是务工队伍中的主力军,男性农村劳动力的务工选择概率大于女性,这主要是受体力因素和中国农村"男主外、女主内"传统分

工的影响。男性承担了家庭收入的重担,女性负责农业生产。第三,已婚农村劳动力的务工倾向更显著,已婚农村劳动力的家庭责任和负担相对未婚者更重,促使其为提高家庭收入选择务工。第四,年龄和健康状况是制约务工行为选择的重要因素,年龄和健康状况变量显示,具有年龄和健康优势的农村劳动力务工概率更高。这是由于农村劳动力从事的务工工种通常为体力劳动型,年轻并拥有健康的身体的劳动力在务工选择时更具优势。实地调研中,农村劳动力普遍认为,年龄优势和健康身体是获取务工收入的根本保障。

(三) 农村家庭特征因素

家庭特征变量分析结果表明,家庭的健康费用、家庭支出最多事务、成员的最高受教育程度对务工选择发挥积极作用,而家庭所处的经济地位发挥抑制作用。

家庭的健康支出和最大事务支出大大增加了家庭支出负担,农村劳动力在高压下往往会选择收入更高的务工。当前中国农村医疗保障制度仍需完善,健康支出是农村家庭的一大负担,巨大的健康支出成为务工选择的驱动力。家庭支出最多事务显著增加了务工选择概率,为满足家庭事务支出,尤其是医疗和子女教育方面的支出,农村劳动力往往会选择务工。调研中发现,年轻农村劳动力务工的主要原因为改善家庭生活水平,尤其是提高下一代的受教育水平。

家庭成员的最高受教育程度越高,对家庭其他成员务工的带动作用越显著,由于受教育程度高的成员对务工技能水平、务工收入、务工机会等方面已经发挥了先导作用,有利于带动其家庭成员选择务工。由于有受教育程度高的家庭成员的引导,其掌握的务工信息要优于其他家庭,因此一人带动全家务工的现象在农村较为常见。

家庭经济地位越高的农村劳动力选择务工的概率越低。这部分人没有较大经济压力,其收入和经济地位已保障其在当地获得理想收入,并有能力从事其他经营业务和农业生产,在无高度生活压力迫使下,务工愿望并不强烈。

(四) 农业政策和务工务农收入差距

农业补贴变量显著抑制农村劳动力务工行为选择。农业补贴逐步提高,激发了农村劳动力从事农业生产的积极性,农业生产带来的收入越能满足其生活需求,农村劳动力越倾向于选择已熟悉的务农,务工意愿就越低。政府应进一步加大农业补贴力度,转变补贴方式,变间接补贴为直接补贴,变生产补贴为收入补贴,促使农资价格和农产品价格日趋市场化,进一步对农业发展实行有条件的鼓励与支持。调查数据显示,样本家庭的务农概率基本保持平稳,伴随高铁带来的就近务工机会增加,部分农村劳动力由纯务工转变为务工兼顾务农的劳动状态。

务工和务农收入差距变量越大农村劳动力选择务工的概率就越大。这表明收入最大化是农村劳动力行为选择的目标,也验证了托达罗关于务工与务农预期收入差距是影响农村劳动力行为选择重要因素的观点。

四、高铁对农村劳动力务工与务农行为选择影响的计量模型

(一) 计量模型设定

1. Heckman 两阶段选择模型的设定

本书的研究目标是高铁对农民行为选择的影响。根据家庭内部分工理论,农民家庭会依据每个成员个体的比较优势选择务工或务农,在家庭内部成员之间做出最优分配。因此选择结果并不是所有农民都会务工,如果在样本考察范围内只对选择务工的农民进行分析,将导致估计结果偏误。农民选择务工还是务农受个体特征、家庭因素、收入、高铁和农业补贴政策等因素的影响,并不是随机事件。所以在进行样本选择时,不应只包含务工农村劳动力,而是形成包含务工和务农农村劳动力组成的随机样本,这样才能避免样本数据的非随机性导致的估计结果偏误问题。

为有效解决样本选择的偏差问题,借鉴 Heckman(1979) 的两阶段选择模型构建计量模型。将农民务工或务农行为选择分为两个阶段。首先以二分变量为因变量考察农民是否会选择务工,接下来分析农民行为选择对收入产生的影响。计量模型构建步骤如下。

托达罗(1969)认为预期收入是判定劳动力是否转移的重要条件。依据这一观点,当农民预期务工收入大于务农收入时,便会选择务工。因此以托达罗(1969)的发展中国家劳动力流动模式为理论依据设定计量模型如下

$$d_i = 1 \text{ if } d_i^* > 0$$
$$d_i = 0 \text{ if } d_i^* \leqslant 0$$

式中,$d_i^* = \alpha_1 w_i + \alpha_2 z_i$。

$$p_r(d_i = 1) = \varphi(\alpha_1 w_i + \alpha_2 z_i) \tag{4.5}$$

式(4.5)为 Heckman 两阶段模型第一阶段 Probit 行为选择模型。$p_r(d_i=1)$ 表示农民 i 选择务工的概率;$\varphi(\cdot)$ 是标准正态分布概率密度函数,其中 w_i 代表高铁、农业政策、农业收入;z_i 代表农村劳动力的个体特征和家庭特征;α_1 和 α_2 为回归系数。

Heckman 两阶段模型第二阶段的方程是线性模型,具体为

$$E_i = b_1 w_i + b_2 z_i + b_3 \lambda_i + \varepsilon_i \tag{4.6}$$

式中,E_i 为农民务工收入在总收入中的比重;b_1、b_2 及 b_3 为回归系数。为解决样本的选择性偏误问题,第二阶段方程中加入了 λ_i(逆米尔斯比率)项。估计过程中,先由第一阶段方程估计得到 λ_i,再将 λ_i 代入式(4.6)中。需要注意的是,在 Heckman 两阶段模型中,要至少包括一个影响行为选择概率方程而不显著影响收入线性方程的自变量,以有效避免估计的逆米尔斯比率 λ_i 与收入线性方程中的元素高度相关产生多重共线性问题。

需注意的是,模型中的农业收入和务工选择两变量可能相互影响。如农业收

入下降会促使农民寻找其他收入来源,务工就成为首要选择;而如果农民选择务工,则无法兼顾农业生产,造成农业收入下降。两变量间的这种双向影响关系导致模型产生内生性问题。需采用与农业收入密切相关但又独立于农村劳动力行为选择的外生工具变量来解决。选取工具变量如下:

(1) 村庄到集中务工城市的距离(dis)。村庄到务工城市的距离与其农业收入密切相关。距离城市越近的农村,由于农产品运输距离短,成本低,其农产品越容易输出至城市,有利于增加农业收入。由于农村至城市之间的距离是客观外生决定的,因此符合工具变量的条件。

(2) 样本家庭所在区(县)的公路密度(den)。公路里程反映了样本家庭所在地区的交通便利程度。发达的公路基础设施为农资和农产品运输创造了便利条件,有利于农民增产增收。公路密度并不是农民务工行为选择的重要条件,因此符合工具变量条件。

2. 内生转换模型的设定

本书重点关注农民以预期收益最大化为目标情况下,高铁开通对其行为选择的影响。农村劳动力的这种行为自选择问题无法用具体变量表示,因此在 Heckman 两阶段选择模型估计后,本书继续采用行为选择方程和含有自选择变量的收入方程组成的内生转换模型做进一步检验。依据托达罗的二元经济理论,借鉴 Maddala 和 Nelson(1975)、范晓菲等(2013)的估计方法构建内生转换模型如下。

假设一个劳动力在选择务工之前的 k 期净收益贴现值为

$$V(0) = \sum_{0}^{k} [p(t)Y_u(t) - Y_r(t)](1+r)^k - C(0) \qquad (4.7)$$

式中,$Y_u(t)$ 和 $Y_r(t)$ 分别代表 t 期务工和务农能获取的实际收入;r 为贴现率;$C(0)$ 为转移成本;$p(t)$ 为选择务工人员在 t 期之前找到工作的累加概率,$p(t)$ 与城市就业率 $v(t)$ 的关系是

$$p(t) = v(1) + \sum_{i=1}^{t} v(t) \prod_{j=1}^{i-1} [1 - v(j)] \qquad (4.8)$$

在农村劳动力务工和务农所获得的实际收入不变的情况下,其为寻找务工机会所花费的时间越多,则其获得工作的概率和预期收入也会越多。式(4.8)中如果 $v(0) > 0$,则代表理性农村劳动力会做出务工选择。

将考虑预期收入差距的行为选择 Probit 模型设定为

$$I_i^* = \alpha_0 + \alpha_1 [\ln Y_{ui} - \ln Y_{ri}] + \alpha_2 H_i + \alpha_3 X_i + \alpha_4 F_i + \alpha_5 Z_i - \varepsilon_i \qquad (4.9)$$

式中,I 为因变量,若为 0 表示务农,为 1 表示务工;H_i 为高铁变量;X_i 和 F_i 分别表示农村劳动力的个体特征和家庭特征变量;Z_i 代表农业政策;ε_i 是服从正态分布的随机误差项;$\ln Y_{ui} - \ln Y_{ri}$ 代表样本选择务工或务农时预期收入的差距。计算务农组若选择务工时收入差距,需先计算得出样本个体选择务工时的实际收入方程系数,将该系数代入到务农组中,计算出选择务农时的预期收入。反之,这一方法

也可计算出务工组若从事农业生产时的收入差距。

用修正的 Mincer 工资方程设定务工或务农收入方程,设定为包含个体特征和自选择结构变量的线性函数,形式分别为

$$\ln Y_{ui} = \theta_{uo} + \theta'_{u1} X_i + \sigma_{u\varepsilon} + \eta_{ui} \quad (4.10)$$
$$\ln Y_{ri} = \theta_{ro} + \theta'_{r1} X_i + \sigma_{r\varepsilon} + \eta_{ri} \quad (4.11)$$

其中,农村劳动力务工或务农的自选择用结构变量 u 表示。

(二) 数据与指标说明

课题组在 2008～2019 年对山东省各地级市的农村劳动力样本进行了跟踪问卷调查①,内容覆盖了农村劳动力对高铁的经济预期、个体特征、家庭特征、外出打工状况、生活状况、农业补贴状况等方面,根据研究需要去除异常值及重复样本后,共选取了 197 户 637 个样本个体 2008～2019 年连续 12 年的跟踪调查数据,其中外出务工个体为 433 个,务农个体为 204 个。根据列车时刻表,将高铁定义为 D(动车)、C(城际列车)及 G(高铁)开头的列车。作者依据资料手工整理获得各年度不同地级市高铁开通状况和各地级市样本期间不同年度的开通高铁的车次数,资料主要来源于中国铁路总公司网站、国家铁路局的新闻报告和公告、中国铁路总公司 12306 网站和"去哪儿"网站。相关变量说明及变量的基本统计描述分别如表 4.16 和表 4.17 所示。

表 4.16　相关主要变量说明

	变量名称	变量说明
高铁	高铁开通情况(High1)	所在市当年开通高铁则赋值为 1,否则为 0②
	高铁车次(High2)	各年度该城市开通高铁的车次数除以 100
	高铁经济预期(Attitu)	利好 = 1,是否开通都一样 = 2,不能带来明显经济效应 = 3
个体特征	受教育年限(Edu)	小学以下、小学、初中、高中或中专、大专、本科及以上分别赋值为 0、6、9、12、15、16
	性别(Gen)	男性为 1,女性为 0
	婚姻状况(Mar)	未婚为 1,已婚为 0
	年龄(Age)	实际年龄
	健康状况(H-con)	将身体状况很差、比较差、一般、健康、很健康分别赋值为 1、2、3、4、5

---

① 2008 年至 2018 年山东省下辖济南、青岛、淄博等 17 个地级市,2018 年 12 月,撤销地级莱芜市,将其所辖区域划归济南市管辖,设立济南市莱芜区和钢城区。

② 本书对地级市是否开通高铁主要依据地级市是否具有高铁站进行确定,某地级市下的县(区、市)设有高铁站,均算作该地级市开通高铁。地级市首先开通高铁的时间主要依据该地级市最早的通车年份进行确定。若高铁在下半年开通,由于对本年度的影响较小,则高铁的开通时间做滞后一期处理。

续表4.16

变量名称		变量说明
家庭特征	健康费用(H-exp)	家庭为健康支出的费用
	家庭经济地位(E-sta)	高、中、低分别赋值为1、2、3
	家庭支出最多事务(L-exp)	日常生活、医疗、子女教育及其他分别赋值为1、2、3
	家庭最高受教育程度(H-edu)	家庭成员中的最高受教育年数
农业政策	农业补贴(A-sub)	家庭从事种粮获得的补贴额
农业收入	农业收入(A-inc)	家庭从事农业生产的收入
收入差距	务工与务农收入差距(I-gap)	工资性收入减去农业收入

表4.17 变量的基本统计特征

变量	务工		务农	
	均值	方差	均值	方差
High1	0.647	0.425	0.646	0.411
High2	1.077	1.531	1.077	1.101
Attitu	1.178	1.002	2.987	1.003
Edu	12.374	0.422	8.901	0.351
Gen	0.648	0.474	0.669	0.462
Mar	0.587	0.453	0.177	0.511
Age	29.515	7.803	49.112	10.003
H-con	3.998	0.935	3.073	0.927
H-exp	284.242	71.876	932.886	78.968
E-sta	1.327	0.864	2.791	0.824
L-exp	2.656	1.112	1.457	1.224
H-edu	12.789	5.118	6.354	6.423
A-sub	24.128	6.877	72.383	6.412
A-inc	2 534	4.553	5 679	5.002
I-gap	10 534.675	111.001	867.567	98.523

五、高铁对农村劳动力务农与务工行为选择影响的实证分析

(一)Heckman两阶段模型回归结果

为保障 Heckman 两阶段模型检验结果的有效性,需先对模型进行多重共线性检验。经检验得出各自变量的相关系数都低于临界值,且 vif 值均低于10,由此可判定模型无严重多重共线性问题。

Heckman 两阶段选择模型第一阶段估计务工或务农行为选择模型,考察农村劳动力是否会做出务工选择。第二阶段线性回归模型中,估计各行为选择因素的影响程度,重点分析高铁的作用。由在1%显著性水平下显著的LR值可判定模型

存在样本自选择问题,证明本书采用的 Heckman 两阶段选择模型检验结果有效。Heckman 两阶段模型估计结果如表 4.18 所示。

表 4.18 Heckman 两阶段模型估计结果

变量	模型 ① 选择方程	模型 ① 回归方程	模型 ② 选择方程	模型 ② 回归方程	模型 ③ 选择方程	模型 ③ 回归方程
High1	0.131*** (0.022)	0.146*** (0.022)	0.120*** (0.014)	0.165*** (0.016)	0.121*** (0.014)	0.156*** (0.021)
High2			0.257*** (0.114)	0.333*** (0.121)	0.301*** (0.112)	0.382*** (0.113)
Attitu					−0.089*** (0.001)	
Edu	0.028*** (0.003)	0.039*** (0.009)	0.027*** (0.002)	0.037*** (0.002)	0.028*** (0.002)	0.039*** (0.003)
Gen	0.106*** (0.111)	0.132*** (0.111)	0.135*** (0.100)	0.159*** (0.101)	0.128*** (0.101)	0.145*** (0.110)
Mar	−0.134** (0.021)	−0.159*** (0.021)	−0.122*** (0.016)	−0.169*** (0.016)	−0.125*** (0.013)	−0.159*** (0.021)
Age	−0.074*** (0.000)	−0.168*** (0.001)	−0.057*** (0.001)	−0.096*** (0.000)	−0.148*** (0.001)	−0.192*** (0.001)
Age^2	0.002** (0.001)	0.003*** (0.002)	0.001** (0.001)	0.002*** (0.001)	0.003** (0.001)	0.003*** (0.001)
H-con	−0.199*** (−0.021)	−0.197*** (−0.021)	−0.168*** (−0.011)	−0.189*** (−0.017)	−0.199*** (−0.020)	−0.189*** (−0.021)
H-exp	0.744*** (0.112)	0.832*** (0.113)	0.734*** (0.110)	0.821*** (0.112)	0.810*** (0.114)	0.837*** (0.112)
E-sta	−0.092** (−0.002)	−0.096*** (−0.003)	−0.098** (−0.002)	−0.094** (−0.002)	−0.056** (−0.001)	−0.087** (−0.002)
L-exp	0.245*** (0.113)	0.386*** (0.114)	0.259*** (0.114)	0.334*** (0.123)	0.313*** (0.114)	0.384*** (0.115)
H-edu	1.878*** (0.633)	1.899*** (0.621)	1.889*** (0.621)	1.844** (0.542)	1.896*** (0.612)	1.746*** (0.612)
A-inc	−0.079*** (0.002)	−0.089*** (0.002)	−0.094*** (0.002)	−0.097*** (0.001)	−0.096*** (0.002)	−0.099*** (0.002)
A-sub	−0.089*** (0.043)		−0.087*** (0.044)		−0.083*** (0.034)	
Dis	1.215*** (0.011)		3.392*** (0.011)		3.215*** (0.009)	
Den	1.077*** (0.012)		2.079*** (0.011)		2.017*** (0.045)	

续表 4.18

变量	模型 ①		模型 ②		模型 ③	
	选择方程	回归方程	选择方程	回归方程	选择方程	回归方程
λ		2.012***		4.035***		4.051***
		(0.016)		(0.041)		(0.027)
LR		15.32		18.37		20.41
Ch2		(0.000)		(0.000)		(0.000)
observations	637	637	637	637	637	637

注：括号内为估计系数的标准差。*、**、*** 分别代表10%、5%、1%的显著性水平。

表 4.18 报告了选择模型和回归模型的估计结果。模型 ①、模型 ②、模型 ③ 的区别在于加入的高铁相关变量不同，由模型 ① 至模型 ③ 依次将高铁相关变量以逐步增加一个变量的形式加入，以检验高铁变量对农村劳动力行为选择的不同影响。模型的 LR 值在 1% 的显著性水平下拒绝"行为选择方程和收入获取方程相互独立"的原假设，因此估计过程中需将行为选择和收入获取方程同时估计。

由模型 ①、②、③ 的结果可知，在选择方程和回归方程中，高铁开通变量的系数为正，且都在 1% 的显著性水平下显著，表明高铁开通是影响农村劳动力务工选择的重要促进因素。由模型 ② 中增加的高铁车次估计结果可知，高铁开通车次越多，该城市的高铁交通便利程度越高，农村劳动力务工概率越高。这是因为高铁车次增加促使高铁开通城市对低技能劳动力的需求增多，进而影响了农民行为选择。在模型 ③ 中继续加入代表农村劳动力对高铁开通态度的虚拟变量，结果表明，农村劳动力对高铁效应的态度显著作用于其行为选择，高铁的利好效应显著提高了其务工选择概率。高铁相关变量的检验结果证明，高铁作为一种快速高效的交通基础设施，对农村劳动力的行为选择发挥重要引导作用。检验结果也为国家高铁线路规划和发展，提供了有力实证支持。

高铁提高了农村劳动力务工概率的原因主要是：首先，高铁开通促使城市产业承接，创造了更多适合低技能农村劳动力的就业机会，降低了务工机会寻找成本。其次，高铁促进交通便利的同时，也增强了城市对农村的经济辐射能力，促进乡镇企业发展，为农村劳动力就近转农为工提供了就业岗位。最后，高铁建设加快了城乡一体化建设，农村劳动力能更快融入进城务工大军中。

根据模型 ①、②、③ 的检验结果，个体特征中对农村劳动力务工行为表现出积极影响的变量包括受教育程度、性别、婚姻状况。农村劳动力的务工选择受其受教育程度的限制，受教育水平越高，掌握相关技能水平的能力越高，越有利于获得务工机会。男性是务工队伍中的主力军，男性农村劳动力的务工选择概率大于女性，这主要是受体力因素和中国农村"男主外、女主内"传统分工的影响。已婚农村劳动力的务工倾向更显著，已婚农村劳动力的家庭责任和负担相对未婚者更重，促使其为提高家庭收入选择务工。年龄和健康状况是制约务工行为选择的重要因素，这是由于农村劳动力从事的务工工种通常为体力劳动型，年轻并拥有健康的身体的劳动力在务工选择时更具优势。

值得引起注意的是,年龄变量拐点出现在18.5~32岁之间,这段时间是农民务工的黄金年龄段,这也是学习能力较强和家庭负担较重的时期。这个年龄段的农村劳动力凭借年龄和体力优势,获取体力劳动为主的务工机会,并通过延长加班时间,来获得更高的劳动报酬。伴随年龄增长,其体力和掌握劳动技能的能力不再具有优势,因此越来越多失去年龄优势的农村劳动力逐渐退出务工队伍。实地调查走访中,发现农村劳动力把务工选择作为一种"青春饭",要趁年轻和体力好时赚取保障家庭生活的收入,对年老时不能继续获得务工收入的生活表示担忧。

由家庭特征变量估计结果得出,家庭的健康费用、家庭支出最多事务、成员的最高受教育程度对务工选择发挥积极作用,而家庭所处的经济地位发挥抑制作用。这是因为家庭的健康支出和最大事务支出大大增加了家庭支出负担,农村劳动力在高压下往往会选择收入更高的务工。家庭成员的最高受教育程度越高,对家庭其他成员务工的带动作用越显著,由于受教育程度高的成员对务工技能水平、务工收入、务工机会等方面已经发挥了先导作用,有利于带动其家庭成员选择务工。家庭经济地位越高的农村劳动力,由于自身经济条件已满足其进行务工外的经营活动,在无高度生活压力迫使下,选择务工的意愿并不强烈。

农业收入和农业补贴变量都显著抑制农村劳动力务工行为选择。伴随农业收入和补贴逐步提高,农业生产带来的收入越能满足其生活需求,农村劳动力越倾向于选择已熟悉的务农,务工意愿就越低。

(二)内生转换模型估计结果

农村劳动力的行为选择Probit方程、务工与务农收入方程共同构成了内生转换估计模型。在估计过程中,由于收入获取模型中含有农村劳动力自选择变量,因此需先估计收入获取方程,在估计得出务工与务农预期收入差距后,再估计行为选择Probit方程。

1.务工与务农的收入获取模型估计结果

表4.19报告了务工与务农收入获取模型的估计结果。个体特征方面,农村劳动力的受教育水平变量在务工和务农组中系数均显著为正,在务工组的系数更大。这表明在务工组中,受教育程度越高的农村劳动力,务工过程中越能更好地掌握劳动技能,在获取工资性收入方面更具竞争优势。在务农组中,受教育水平的提高有利于农民掌握现代化农业生产技术,提高农业生产效率,增加务农收入。受教育程度越高的农村劳动力,由于其掌握技能水平的提高,其越有能力获得更高收入的务工机会。性别变量表明,男性在务工组和务农组都有显著收入优势,但性别收入优势在务工组中更显著。这是由于农村劳动力务工的岗位大多以体力劳动为主,男性在体力方面更具优势。

表 4.19　务工与务农收入方程估计结果

变量	务工收入方程	务农收入方程
Edu	0.045***	0.047***
	(7.004)	(7.002)
Gen	0.413***	0.397***
	(5.202)	(5.102)
Mar	−0.087***	0.044***
	(−0.002)	(0.002)
Age	0.078***	0.042***
	(0.111)	(0.006)
Age^2	−0.001**	−0.001**
	(0.010)	(0.002)
H-con	0.065***	0.162***
	(0.113)	(0.103)
u	−0.045***	0.032***
	(−0.312)	(0.225)
constant	5.766***	6.755***
	(8.002)	(7.911)
observations	433	204
F	66.245	117.722
R-squared	0.227	0.238

注：括号内为估计系数的标准差。*、**、*** 分别表示10%、5%、1%显著性水平。u为内生转换模型中的结构变量。

农村劳动力的婚姻状况在务工和务农组中对收入的影响截然不同。在务工组中，婚姻状况变量显著为负，表明未婚状态在务工中不利于农村劳动力收入增长。这是由于处于这一阶段的农村劳动力与已婚农村劳动力相比，缺乏务工经验，家庭压力也较小，加班意愿不强烈，因此务工收入不具有增长优势。相对而言，已婚农村劳动力在务农收入中并不具有优势，由于这部分劳动力已经成为家庭收入来源的主力军，选择更高收入的务工是更优选择，其通常是兼顾务农生产，因此这部分人在务农收入中不具有竞争优势。

年龄和收入变量在务工和务农两组人员中都呈现为显著倒"U"形关系。务工组年龄拐点出现在39岁，表明当农村劳动力的年龄超过39岁时，由于其从事的大多是体力劳动为主的务工劳动，伴随体力下降，务工收入会随着年龄增长而减少。在务农组中，年龄拐点出现在21岁，表明当年龄高于21岁时，伴随其婚姻需求、家庭责任的上升，年轻农村劳动力从事农业劳动不能获取理想收入，倾向于选择务工。调查数据表明，农村劳动力中新生代农民工的数量越来越多，表明丧失更高受教育机会的年轻农村劳动力大都会选择务工。

务工和务农都对体力有较高的要求，因此农村劳动力的身体健康程度非常重要。健康的身体有利于其务工和务农收入增加,这种促进作用在务农组中更显著。这是由于在传统农业生产技术下,农业生产的劳动强度往往比务工更大。

综上估计结果,相对于性别、婚姻状况、年龄变量,受教育程度变量对收入的影响较小。这充分表明农村劳动力大都从事低技能劳动,受教育水平的作用有待加强,而直接影响体力和劳动时间因素的收入效应更大。

结构变量可测度农村劳动力的自选择对劳动力要素配置的影响。检验结果表明,务工和务农组中结构变量系数均在1%的显著性水平下显著,但效应相反,务工组中为负效应,而务农组中为正效应。检验结果验证了调查样本的自选择现象。山东人"恋家"的特征表现为务工选择空间范围基本为本省范围内,只有当其技能水平高于务工人员的平均技能水平时会选择务工;同理,其务农的技能水平也要高于务农组的平均水平。农村劳动力的自选择,一方面满足城市对低技能劳动力需求的同时,加剧了务工竞争程度;另一方面,农业生产的劳动力配置出现失衡。因此,农村劳动力在进行选择时,要从自身利益和家庭收入最大化出发,理性选择务工还是务农。

2.行为选择的 Probit 模型估计结果

Probit 模型作为非线性模型,其系数并不能代表边际效应,需进一步计算出其边际效应。具体检验结果和边际效应见表 4.20。

(1)高铁变量方面。第一,高铁开通显著增加了农村劳动力的务工概率,高铁开通促进沿线城市经济发展,提供了更多就业机会,对低技能劳动力的需求增加。第二,高铁开通班次越多,城市在高铁效应下人力、物力及信息等要素的流通效率就越高,带动了农村劳动力要素流动。第三,被调查样本对高铁开通的态度变量的边际效应为负,表明农村劳动力越认为高铁是利好消息,其务工的积极性越高,务工概率越高。

(2)个体特征变量方面。首先,受教育程度显著影响了其务工概率。受教育程度决定了其掌握的职业技能水平,受教育程度越高,越有助于脱离农业生产。这一现象在实地调研走访时非常突出,接受更高教育成为农村家庭后代脱离"面朝黄土背朝天"生活的唯一路径。性别变量的边际效应表明,男性农村劳动力选择务工的概率显著大于女性,这是由于受农村"男主外、女主内"传统思想的影响,男性承担了家庭收入的重担,女性负责农业生产。另外,务工机会中多需要体力较高的男性,对女性劳动力形成了一定的性别歧视。婚姻状况结果显示,已婚者需承担家庭生活压力,其选择务工劳动的概率更高。年龄和健康状况变量显示,具有年龄和健康优势的农村劳动力务工概率更高。实地调研中,也证实了这一结论,农村劳动力普遍认为,年龄优势和健康身体是获取务工收入的根本保障。

(3)家庭特征变量方面,家庭经济地位越高的农村劳动力选择务工的概率越低。这部分人没有较大经济压力,其收入和经济地位已保障其在当地获得理想收入,并有能力从事其他经营业务和农业生产,因此务工愿望并不强烈。健康费用支出越高的家庭,其家庭成员越倾向于务工。当前中国农村医疗保障制度仍需完善,健康支出是农村家庭的一大负担,巨大的健康支出成为务工选择的驱动力。家庭支出最多事务显著增加了务工选择概率,为满足家庭事务支出,尤其是医疗和子女教育方面的支出,农村劳动力往往会选择务工。调研中发现,年轻农村劳动力务工的主要原因为改善家庭生活水平,尤其是提高下一代的受教育水平。家庭成员中的最高受教育程度越高,其家庭成员选择务工的概率越高,由于有受教育程度高的家庭成员的引导,其掌握的务工信息要优于其他家庭,因此一人带动全家务工的现象在农村较为常见。

(4)农业补贴激发了农村劳动力从事农业生产的积极性,农业补贴政策对务工的概率为显著负向作用。务工和务农收入差距变量的边际效应系数高达1.552,表明收入差距越大农村劳动力选择务工的概率就越大。这一检验结果表明收入最大化是农村劳动力行为选择的目标,也验证了托达罗关于务工与务农预期收入差距是影响农村劳动力行为选择重要因素的观点。

表 4.20　行为选择的 Probit 模型估计结果

变量	系数	边际效应
High1	0.131***	0.148***
	(0.021)	(0.020)
High2	0.134***	0.152***
	(0.020)	(0.021)
Attitu	−0.008***	−0.007***
	(0.001)	(0.000)
Edu	0.287***	0.038***
	(0.015)	(0.002)
Gen	0.614***	0.116***
	(0.046)	(0.131)
Mar	−1.227***	−0.147***
	(0.021)	(0.032)
Age	−0.078***	−0.042***
	(0.101)	(0.000)
Age^2	0.001***	0.000***
	(0.002)	(0.002)
H-con	−0.862***	−0.197***
	(−0.121)	(−0.020)
H-exp	0.774***	0.068***
	(0.115)	(0.110)
E-sta	−0.093**	−0.003**
	(−0.001)	(−0.001)

续表4.20

变量	系数	边际效应
L-exp	0.264***	0.088***
	(0.116)	(0.079)
H-edu	1.887***	0.669***
	(0.643)	(0.077)
A-sub	−0.087***	−0.001***
	(0.051)	(0.031)
I-gap	6.533***	1.552***
	(0.944)	(0.745)
constant	−5.043***	0.432***
	(−8.211)	(5.960)
observations	637	637
Log likelihood	−122.468	
LR chi2(12)	55.094	
Pseudo R^2	0.459	

六、研究结论与政策建议

本节通过构建农村劳动力的行为选择方程和收入获取方程，采用山东省农村劳动力微观调查数据，利用Heckman两阶段选择模型和内生转换模型进行实证检验，分析影响农村劳动力务工或务农行为选择的因素，重点关注高铁的作用。结果表明：高铁因素中是否开通高铁、高铁的开通班次、调查对象对高铁的态度均对农村劳动力的务工概率有正向影响。农村劳动力个体的受教育程度、男性、已婚、年轻、健康的身体条件都促进了务工选择，家庭因素中家庭健康支出、最大经济支出、成员的最高受教育程度提高了务工选择概率，而家庭经济地位对务工选择产生抑制作用。农业补贴对农民选择务工发挥显著负向冲击作用，务工和务农的预期收入差距越大，农村劳动力务工选择概率就越大。

估计结果显示，农村劳动力务工或务农行为选择受诸多因素的综合影响，其中既有高铁和农业补贴的外生冲击，又有农村劳动力个体和家庭、务工与务农收入差距的影响。整体来看，伴随我国高铁网络的不断完善，城市化进程的不断推进，第二、第三产业高速发展，农业收入受生产成本和生产方式的影响逐步下降。伴随农村劳动力对美好生活的追求，需求水平不断提高，也促使其在务工和务农之间做出选择。

农村劳动力的务工或务农行为选择都是为了获得更高收入，因此要引导农村劳动力在不同部门间合理流动，促进农村劳动力要素的市场化配置。依据本书的实证研究结果，结合我国高铁网络建设现状，提出以下政策建议。

第一，加强并完善高铁网络，推动高铁分布更加均衡。高铁不仅是驱动地级市经济发展的强劲动力，也是促进农村劳动力合理流动的重要力量。高铁显著促进了农村劳动力的务工选择概率,一方面缓解了城市低技能劳动力的用工需求,另一方面增加了农民收入,促进了农村经济发展。因此,从高铁网络完善角度看,根据中国高铁建设情况和实际需要,高铁仍不能满足人民需求,高铁建设还需要加强。其一,吸引农村劳动力最多的高铁重要枢纽城市,要充分利用其交通枢纽的优势地位,增加高铁的要素流动效应,不断吸纳有效农村劳动力,同时促进城市高铁经济对农村经济发展的辐射效应,提高农民收入。其二,重要高铁沿线地级市,要充分发挥高铁设站优势,利用高铁站带来的经济要素流动,促进城市化发展,带动周围农村就业,解决农村劳动力就业问题。其三,第三类地级市即新设站不久的城市,这类城市高铁设站相对较晚,所在地级市的农村劳动力通常已选择到较发达的高铁枢纽或高铁沿线城市务工,高铁发展带来了这类城市的产业结构升级,也吸引了一部分农村劳动力的回流,农村劳动力的务工流动方向得到了调整。其四,第四类地级市是至今未能开通高铁的城市,这类地级市往往是农村劳动力主要流出地,应加快高铁网络建设,使这些城市联入高铁网络,带动周边农村经济发展,引导农村劳动力流动均衡发展。

第二,加强农村与高铁城市的联系,增强农村劳动力吸收高铁经济效应的能力。增强农村与高铁的接驳能力,疏通农村与城市之间人、财、物、信息流通渠道,助力农村劳动力及时获得更高收入的机会。加强农村基础设施建设,加强农村能源、交通、信息等方面基础设施建设,增强与高铁城市的连接效应,提高农村对城市高铁效应的吸收能力。积极利用当地产业和劳动力优势,借助高铁效应,吸引投资、引导农村劳动力回乡创业就业,促进劳动力合理自由流动。

第三,提高农村九年义务教育的质量水平,加强农民职业技能培训。研究结果表明,农民个体的受教育程度是影响其收入的重要因素,家庭成员的最高受教育程度是务工选择的带动因素。农村劳动力中缺乏受教育程度较高的劳动力,缺乏成人教育和劳动技能培训,农村地区职业教育办学质量不足,对农村青少年缺乏吸引力,导致农村劳动力缺乏劳动技能,只能依赖从事低技能劳动获取收入。其一,提高农村劳动力的受教育水平,提高农村劳动力中接受高等教育的比例,受教育水平的提高是获得非农就业机会的重要前提,有助于农民在非农就业中获得比较优势,提高工资性收入水平。其二,保障农村地区九年义务教育质量,强化农村劳动力职业技能培训。提高农村地区教育质量,保障农村家庭适龄儿童接受九年义务教育。对已经完成九年义务教育但并未获得更高受教育机会的农村居民,开展职业技能培训,增强农民的参与培训意识,使其掌握一技之长,增强获取更高收入的竞争力。

第四,健全农村社会保障体系。研究结果表明,家庭医疗、教育、养老等方面的费用支出是农村劳动力选择务工的驱动因素。因此,应加大农村医疗和养老保障体系的政策保障力度,减轻农村劳动力经济负担,从政策高度对农村劳动力的行为进行引导。引导农民积极参加农村医疗保险,扩大农村医疗报销范围,提高大病、慢病报销比例,减轻农民的看病负担。鼓励农民参加新型农村社会养老保险,逐步建立健全农村社会养老体系,鼓励在乡镇、社区、村建立养老机构,解决农村劳动力的后顾之忧。

第五,加大农业政策的扶持力度,增加农民收入。农业政策是农民行为选择的重要因素,2006年我国全面免除农业税,农民收入水平相比从前有了显著提高。近年来中央把"三农问题"作为政府工作的重中之重,实施了诸多惠农政策,从种粮直补、预拨农资综合补贴资金、良种补贴资金等多方施行惠民政策,对提高农业收入,激发农村劳动力的务农积极性发挥了重要作用。我国政府应该从当前农村发展实际出发,结合农村劳动力的增收需求,从加大农业财政支持力度、增加农业补贴、加强农技帮扶、构建农产品购销体系等方面提高农村劳动力的务农积极性,保障农业生产的同时,稳定农村经济发展。从促进现代化农业发展,促进农村土地流转,鼓励承包经营等方面,促进农业生产规模化发展,引导农村劳动力做出务工与务农最优选择。

第三节　高速铁路对农民工工资的影响

一、高铁对农民工工资的影响现状

中国高铁(HSR)是2008年引入的一项大规模交通基础设施投资,旨在促进信息、资本和劳动力在城市间的流动,并刺激经济增长((Ke等,2017;Lin,2017;Qin,2017)。

高铁大大缩短了实际出行时间,增强了人员和生产要素的流动性,从根本上影响了商业环境和经济效益,重塑城市的就业模式(Heuermann 和 Schmieder,2019)。Lin(2017)认为高铁连接将增加7%的就业。同样,Mayer 和 Trevien(2017)证明,区域高速铁路的开通可导致与铁路网相连的城市就业率上升8.8%。

鉴于高铁对城市就业的显著影响,与高铁相关城市的工资结构可能会相应地受到不同地区人力资本流动的影响。尽管现有文献已就高铁对经济增长的影响进行了相关研究(Chandra 和 Thompson,2000;Faber,2014;Qin,2017;Hodgson,2018),但对移民或农民工工资的关注却比较匮乏。因此本节试图探讨大规模的交通基础设施建设是否会通过劳动力流动影响城乡流动人口的工资。

国际移民组织(International Organization for Migration)发表的《2018年世界移民报告》(*World Migration Report* 2018)指出,劳动力国内流动仍然是东亚国家的一个非常显著的特征,涉及劳动力从农村地区向城市流动。中国的农村劳动力流动情况最为显著,20世纪80年代的经济和社会改革引发了历史上最大规模的人口迁移。数以亿计的未充分就业农民在就业机会和高收入的驱使下由农村流动到城市。因此,探讨中国农民工的收入问题具有重要意义。特别是,高铁对互联城市的农民工工资的影响,以及农民工工资在不同城市受到影响的潜在渠道,都值得进一步深入研究。

高铁连接可能通过劳动力流动影响城乡移民的工资。高铁服务在时间和成本效率方面具有很大的竞争力,高铁带来的时间－空间压缩和成本降低可以促进人员面对面的接触,并增加了远距离寻找工作的机会。因此,劳动力流动可以改变与高铁相连城市中不同类型的技术劳动力的供给,进而对高技术劳动力和低技术劳动力的工资谈判能力产生不同的影响。因此,高铁连接可以促进劳动力流动,重塑城市的就业模式,进而影响城乡流动人口的工资水平。

本书通过构建一个融合了城乡农民工流动和高铁线路的详细开通日期的数据库进行实证检验。近年来中国的大规模高速铁路建设为本书提供了准自然实验条件。中国高铁于2005年开工建设,2008年京津城际开通。此后,高铁网络经历了前所未有的大规模扩张。高铁的一个重要政策目标是在人口密集的大都市之间提供快速、可靠、舒适的中长途运输。2004年后,铁道部开始与地方政府密切合作,但地方政府和其他社会投资者的投资仅占签约项目总投资规模的一小部分。高铁的建设计划是在地方政府提供资金之前发布的,因此,高铁的布局不受地方政府的控制。鉴于此,高铁政策并未明确针对周边城市,因此这些城市的高铁似乎是外生的。

本书以2002年、2007年、2008年和2013年为样本期,采用双重差分(DID)方法分析高铁对农民工工资的影响。与未受影响的农民工相比,连接高铁网络后,进城务工农民工中低技能劳动力的工资有所下降。为了验证城市与高铁连接的准随机处理,本书使用动态DID方法来检验连接城市和非连接城市的移民在与高铁连接之前是否经历了月工资的平行趋势,其结果支持平行趋势假设。也就是说,在没有高铁的情况下,受影响和未受影响的农民工也会经历类似的变化。

识别因果影响的尝试面临重大挑战,这与Campante和Yanagizawa Drott(2018)的论点相似。因此,为了解决内生性,本书进行了两个进一步的测试。首先,本书使用随机产生的高铁开通时间进行安慰剂检验,以表明本书的结果不受其他混杂因素的影响。本书使用这个伪高铁开通年份确定高铁没有影响,从而支持本书结果的有效性。其次,本书采用两阶段最小二乘法(2SLS)估计和一个工具变量,进一步排除了内生性问题,即高铁布局可能与几个地区特征相关,如经济重要性和政治偏好,但其主要结果仍然有效。此外,当本书使用替代的高铁连接测量(高铁诱导的市场准入)并排除户籍放宽的混杂效应时,结果仍然是稳健的。

本书还进一步探讨了可能的机制。通过对2010年中国人口普查的数据的分析,本书发现高铁连接迫使低技能工人迁移到受影响的城市,促进了跨省和省内的非户籍迁移。因此,低技能员工供给的增加削弱了员工在讨价还价过程中的能力,从而降低了居住在高铁连接城市农民工的工资。

本书通过提供异质性的证据，横向验证了这种影响主要存在于对劳动力流动非常敏感的农民工中。高铁的开通对非公有制劳动者、以市场方式求职的流动人口和从事高劳动密集型产业的流动人口影响最大。

本节研究对现有文献做出了两方面补充。

首先，它增加了关于交通基础设施经济效果评估的内容。先前的研究分析了区域经济增长（Chandra 和 Thompson，2000；Qin，2017），知识溢出效应与劳动力市场（Ahlfeldt 和 Feddersen，2017；Charnoz 等，2018；Lin，2017；Mayer 和 Trevien，2017），市场整合与房价（Zheng and Kahn，2013），贸易成本（Faber，2014），以及地区不平等（Bosker 等，2018）。然而，很少有人关注城乡流动人口的收入。本书不同于先前的研究，本书使用微观层面调查数据来探讨中国高铁对农民工月工资的影响。此外，高铁对不同城市流动人口的影响存在很大的异质性。因此，本书的研究结果可能为现有文献提供微观证据，这类文献表明高铁开通导致了经济发展不均衡（Fingleton 和 Szumilo，2019）。

其次，本书进一步加深了对城乡流动人口工资决定因素的认识。现有的关于城乡人口流动经济后果的文献通常侧重于各区域的收入不平等、发展过程和流动所产生的问题（Card，2001；Borjas，2003；Juhn 和 Kim，1999；Ottaviano 和 Peri，2012），极少研究和探讨对现有农民工工资的影响。2018年，我国农民工17 266万人，约占大陆总人口的12.37%；据中国社科院统计，改革开放以来，农民工对GDP的贡献率达到21%，但农民工收入仅占GDP的6%左右。农民工是工业工人的主力军，因此，本书不能忽视农民工人力资本的地位。因此，本书研究了高铁开通对农村－城市移民工资的影响，进一步支持了Torfs 和 Zhao（2015）的调查结果，这些调查结果表明，郊区低技能工人在靠近中央商务区时可能收入下降。

此外，本书还为相关政府部门提供政策建议。城乡人口流动可能会引起许多问题。本书对中国高铁对城乡流动人口工资的影响以及对不同城乡流动人口的异质性影响的分析，应该引起关注平等问题的相关政府部门的兴趣。

二、高铁对农民工工资影响的模型

本书从交通运输部及中国铁路总公司网站收集了高铁信息，包括线路名称、开工日期、开通日期、线路长度、运营速度和高铁沿线站点。利用车站的信息来衡量一个城市是否与高铁网络相连。本书根据百度地图和其他在线资源，手动将每个高铁站与其所在城市进行匹配。如果至少有一个高铁车站，则城市被定义为连接到高铁网络，而城市的开通年份被定义为高铁线路经过的最早年份。

城乡流动人口家庭统计数据来源于国家统计局和北京师范大学"中国城乡流动人口研究"小组于2002年、2007年、2008年和2013年进行的中国家庭收入项目（CHIP）的城乡流动人口家庭调查。

为了估计高铁对受影响的城乡流动人口的影响，本书将高铁城市信息和基于流动人口位置的城乡流动人口个人信息相结合,并按照农民工流动的年份处理数据。

在样本期内,如果农民工所居住的城市连接到高铁网络,则将该农民工视为处理组,否则将其视为对照组。本书定义了一个虚拟变量 D,处理组在高铁开通年后为 1,开通年前为 0;对照组 D 值始终取 0。农民工工资是农民工月平均总收入的自然对数。

本书还控制了一些移民水平和城市水平的特征,这些特征对工资(Wage)产生重要影响(Combes 等,2008;Edo 和 Toubal,2017;Han 和 Li,2017;Munshi 和 Rosenzweig,2016;Li 等,2019)。流动人口层面的数据来自农村－城市流动人口家庭调查,城市层面的数据来自 Easy 专业的卓越中国数据(EPS 中国数据)平台。在流动人口层次特征上,控制流动人口的性别(Gender)、流动人口的年龄(Age)、流动人口的健康现状(Health)。然后进一步控制城市水平特征以及人口(Population)、人口增长率(Population Growth)、房价(House Price)、最低工资(Minimum Wage)、固定投资(Fixed Investments)、GDP(GDP)、GDP 增长率(GDP Growth)、第二产业增加值占国内生产总值的比重(Sec-Ind),其他基础设施变量由医院数量(Hospital)和公共图书馆馆藏数量(Library Collection)计算得出。采用虚拟变量 air 来控制航空运输的影响,如果农民工居住的城市至少有一个机场在使用中,则该值为 1,否则为 0。航空数据手工采集于各城市民用机场的网络资源。表 4.21 总结了实证检验中使用的各变量(包括工资和高铁连接)的定义。

表 4.21 变量定义

变量	定义
被解释变量	
Wage	农民工月平均总收入的自然对数
自变量	
D	虚拟变量,处理组在高铁开通年后为 1,开通年前为 0;对照组 D 常取 0
国有企业职工 SOE Workers	虚拟变量,如果是在政府机关或国有控股企业工作则为 1,否则为 0
市场来源工人 Market-source Workers	虚拟变量,通过民办商业性职业介绍所(含招聘会)、应聘广告招聘、直接应聘、用人单位招聘的在本市找到工作设为 1,否则取 0
劳动密集型产业 Labor-intensive Industry	虚拟变量,如果农民工属于某一行业,在某一特定年份内工人人数高于样本中值则取 1,否则取 0
控制变量	
Gender	虚拟变量,农民工是男性,则为 1,否则取 0
Age	农民工年龄的自然对数

续表4.21

变量	定义
Health	虚拟变量,农民工的当前健康状况良好则为1,否则取0
Air	虚拟变量,如果公司所在城市至少有一个机场在使用则取1,否则取0
Population	人口数量的自然对数
Population Growth	人口增长率
House Price	房价的自然对数
Minimum Wage	最低工资的自然对数
Fixed Investments	固定投资的自然对数
GDP	GDP的自然对数
GDP Growth	国内生产总值增长率
Sec-Ind	第二产业增加值占GDP的比重
Hospital	医院数量的自然对数
Library Collection	公共图书馆每百人藏书量自然对数
Year FE	年份固定效应
City FE	城市固定效应
Industry FE	产业固定效应
Indu * Year FE	产业与年限固定效应的相互作用
Indu * City FE	产业与城市固定效应的相互作用

为控制极端异常值,将分布在尾部1%水平上的连续变量值剔除。本书的匹配样本涵盖了2002年、2007年、2008年和2013年的11 123个农民工年观察数据。样本中的流动人口分别分布在中国大陆的14个省份和80个城市。具体而言,在2008～2013年期间,有34个城市连接到高铁网络(即处理组),而其他46个城市仍然没有连接高铁(即对照组)。本书不包括居住在北京、上海、广州和深圳的农民工,因为这些城市通常被视为中国的一线城市。这些城市拥有不同的政治、经济和社会资源,连接高铁可能不会给这四个城市带来较多边际效益。因此,本书将居住在北京、上海、广州和深圳的农民工排除在外,从而保障样本城市与高铁网络的连接可能是外生的。

表4.22报告了上述变量的基本统计结果。第一行报告了本书最感兴趣的变量即城乡流动人口的工资。Wage的平均数为7.081,中位数为7.092。因此,流动人口月平均工资为1 189.157元,与Wang等(2015)的研究结果基本一致。根据性别统计,大约60%的农村至城市的移民是男性。流动人口平均年龄为31.156岁,75%的城乡流动人口年龄在40岁以下。此外,85.5%的流动人口健康状况良好。样本中,只有9.8%的观测数据是与高铁网络相连的,而69.8%的观测数据受到航空公司的影响。

表 4.22 变量的基本统计量

变量	观测值	Mean	S.D.	Min	P25	Median	P75	Max
Wage	11 123	7.081	0.662	5.346	6.684	7.092	7.495	8.853
D	11 123	0.097	0.296	0	0	0	0	1
Gender	11 123	0.592	0.495	0	0	1	1	1
Age	11 123	3.439	0.313	2.707	3.176	3.464	3.663	4.303
Health	11 123	0.852	0.352	0	1	1	1	1
Air	11 123	0.694	0.461	0	0	1	1	1
Population	11 123	6.484	0.692	5.142	6.132	6.513	6.718	8.087
Population Growth	11 123	4.900	3.268	−0.742	2.494	3.900	7.562	15.000
House Price	11 123	8.180	0.521	6.725	7.862	8.274	8.545	9.351
Minimum Wage	11 123	6.423	0.392	5.560	6.214	6.475	6.744	7.30
Fixed Investments	11 123	16.132	1.137	12.654	15.663	16.632	16.800	18.062
GDP	11123	16.853	0.891	14.245	16.452	17.264	17.478	18.683
GDP Growth	11 123	13.498	2.804	5.353	11.801	14.301	15.601	18.201
Sec-Ind	11 123	49.094	5.866	23.921	45.903	48.943	52.863	61.082
Hospital	11 123	5.658	0.817	4.024	5.172	5.482	5.804	7.447
Library Collection	11 123	4.201	0.930	2.036	3.473	4.316	4.746	6.262

三、高铁对农民工工资的影响结果

为了估计高铁连接对农民工工资的影响,本书使用以下 DID 模型进行估计

$$\text{Wage}_{it} = \alpha_0 + \alpha_1 D_{it} + \alpha_2 \text{Controls}_{it} + \sigma_t + \gamma_{city} + \partial_{ind} + \delta_{ind*t} + \theta_{ind*city} + \varepsilon_{it} \tag{4.12}$$

其中,因变量 Wage_{it} 是第 t 年城乡流动人口平均月总收入的自然对数;虚拟变量 D 在高铁开通后处理组为 1,开通前为 0,对照组 D 常取 0。本书关注系数 α_1,因为它衡量了高铁连接对农民工工资的边际影响。向量 controls 包括前文中描述的一系列控制变量,这些变量包括其他相关的农民工和城市影响因素。本书还包括年度固定效应(σ_t)以消除共同的时间趋势,城市固定效应(γ_{city})控制时间不变的城市特定因素,以及行业固定效应(∂_{ind})控制时间不变的行业特定因素。借鉴 Combes 等(2020)的研究,本书还包括一个按年度的行业固定效应(δ_{ind*t})和按城市划分的产业固定效应($\theta_{ind*city}$),以控制产业层面可能的同期效应。ε 为误差项。

本书 DID 模型的确定假设是处理组中受高铁影响的农民工和对照组中未受影响的农民工之间的平行趋势。本书运行一个含有动态虚拟变量的公式(4.12),包括高铁实际开通前 3 年和开通后 6 年对平行趋势假说进行检验。

为了证明农民工工资降低主要来自高铁而不是其他混杂因素,本书使用随机生成的高铁开通时间进行安慰剂测试,仍然运用模型(4.12)进行估计。此外,本书采用了加入工具变量的 2SLS 以解决当前研究中的内生性问题,验证主要结果的有

效性。

（一）基准检验结果

基准估计式(4.12)探讨了高铁连接与城乡流动人口工资之间的关系。表 4.23 给出了 DID 估算结果。第(1)列报告了所有样本的估计结果，D 的系数约为 -0.123，在 1% 水平上具有统计显著性。第(2)列为高技能工人的估算结果，但在统计上不显著。第(3)列报告了低技能工人的结果，D 的系数约为 -0.127，在 1% 的水平上具有统计显著性。表 4.23 表明高铁连接对城乡流动人口的工资水平呈负显著性影响，但只对低技能流动人口有显著影响。高铁接轨对高、低技术农民工工资的不同影响，与农民工的教育分布密切相关。根据中国国家统计局的数据，2019 年，约 89.1% 的农民工为低技能劳动力。因此，高铁连接可以带动大量低技能农民工进入高铁网络连接的城市，进而影响现有低技能农民工的工资，而不是促进大量高技能农民工的迁移。

表 4.23　基本检验

变量	All	高技能农民工	低技能农民工
D	-0.123***	0.102	-0.127***
	(-5.03)	(0.89)	(-5.43)
Gender	0.219***	0.135**	0.218***
	(15.49)	(2.55)	(15.51)
Age	0.025	0.552***	0.034
	(1.34)	(3.51)	(1.29)
Health	0.075***	0.152	0.069***
	(4.41)	(1.48)	(3.97)
Air	-0.128	0.524	-0.080
	(-1.23)	(1.13)	(-0.76)
Population	0.376**	2.452***	0.332*
	(2.32)	(2.86)	(1.93)
Population Growth	0.007*	0.047***	0.004
	(1.67)	(3.62)	(0.92)
House Price	0.212**	-0.684	0.248**
	(2.01)	(-1.52)	(2.46)
Minimum Wage	-0.428***	-0.588	-0.384***
	(-4.01)	(-0.87)	(-3.82)
Fixed Investments	-0.025	-0.774***	-0.029
	(-0.36)	(-2.63)	(-0.35)
GDP	0.503***	1.404**	0.533***
	(3.12)	(2.03)	(3.32)
GDP Growth	-0.026***	-0.002	-0.027***
	(-3.76)	(-0.04)	(-3.52)

续表4.23

变量	All	高技能农民工	低技能农民工
Sec-Ind	−0.004	−0.021	−0.007
	(−0.86)	(−1.22)	(−1.18)
Hospital	0.067***	−0.169***	0.074***
	(6.62)	(−3.46)	(7.15)
Library Collection	−0.044	0.221	−0.054
	(−0.73)	(1.33)	(−0.91)
Constant	−2.292	−11.902	−2.926
	(−0.86)	(−0.69)	(−1.18)
Year FE	YES	YES	YES
City FE	YES	YES	YES
Industry FE	YES	YES	YES
Indu * Year FE	YES	YES	YES
Indu * City FE	YES	YES	YES
Observations	11123	544	10565
Adj. R-square	0.055 8	0.108 1	0.057 2

注:括号内为t统计量。*、**、*** 分别表示10%、5%、1%显著性水平。

控制变量中,性别Gender和健康Health的系数分别为0.219和0.075,均在1%水平上显著。因此,男性和健康的农民工比他们的同龄人挣得多。人口Population和人口增长Population Growth系数分别为0.376和0.007,分别在5%和10%水平上具有显著性。因此,居住在高人口总量和高人口增长率城市的农民工的工资更高。房价House Price系数为0.212,在5%的水平上具有统计学显著性,表明居住在房价较高城市的农民工可以获得更高的收入。最低工资Minimum Wage系数为−0.428,在1%的水平上具有统计显著性。变量GDP的系数为0.503,在1%水平上显著;GDP增长率GDP Growth的系数为−0.027,在1%水平上显著。医院Hospital系数为0.067,在1%水平上显著。因此,居住在医疗设施完善的城市的农民工可以获得更高工资。

(二)趋势前检查和动态DID

在本小节中,本书将测试居住在有或没有高铁连接的城市中的农民工在高铁连接之前是否经历了不同的工资Wage趋势。在动态的DID估计中,本书着重于初始连接年之前的三年和之后的六年来说明时变效应。D^k($k=−3,−2,−1,0,1,2,3,4,5$)是虚拟变量,如果是高铁开通前/后第k年流动且属于处理组,则等于1,否则等于0。例如,$D^1=1$表示高铁开通后的第一年,该农民工属于处理组,否则为0。

表4.24的A组报告了动态DID的估计系数。$D^{−3}$、$D^{−2}$和$D^{−1}$在所有规范中都不显著。因此,受影响和不受影响的农民工在高铁连接年前的工资Wage趋势是平行的。为了分析高铁开通对工资的影响,本书在高铁开通后的第一年对六个模型

进行了评估。D^0 和 D^5 的系数在统计上不显著,而 D^1、D^2、D^3 和 D^4 的系数为负,在 1% 水平上都是显著的。因此,高铁开通对农民工工资 Wage 的影响从开通后的第一年开始出现,统计显著性从开通后的第三年开始降低。

(三) 安慰剂检验

尽管本书检验表明高铁网络的连接与农民工的工资成负相关关系,但如果高铁建设决策是基于城市过去和预期的未来经济增长,本书的结果可能是由这种预先存在的经济增长趋势而不是实际的高铁连接驱动的(Faber,2014;Lin,2017)。为了将实际的高铁连接效应与这些预先存在的效应进行区分,需进行安慰剂检验,将 2002～2013 年之间的开放年份随机分配给样本中的每个连接高铁的城市。

使用随机生成的高铁开通年份来重新定义 DID 中的 D(用 D-p 表示),并重新运行表 4.23 中的回归结果。在表 4.24 的第(3)列和第(4)列中,设置了随机设置时间点。

在检验过程中对城乡流动人口水平和城市水平的特征及固定效应进行了控制。表 4.24 的面板 B 显示,所有 D-p 的系数从零开始都是不显著的,这表明缺乏一个预先存在的干扰因素来干扰本书的结果。这项安慰剂检验证实,城乡流动人口工资 Wage 下降是加入高铁网络的结果,而不是其他混杂因素的结果。

表 4.24 动态 DID 和安慰剂试验

	Panel A:Dynamic DID		Panel B:Placebo Test	
	All (1)	Low Skilled Workers (2)	All (3)	Low Skilled Workers (4)
D^{-3}	0.030	0.027		
	(0.54)	(0.51)		
D^{-2}	0.078	0.064		
	(1.18)	(0.97)		
D^{-1}	0.123	0.096		
	(1.54)	(1.20)		
D^0	0.097	0.055		
	(0.87)	(0.55)		
D^1	−0.572***	−0.573***		
	(−2.83)	(−2.70)		
D^2	−0.584***	−0.552***		
	(−4.01)	(−3.71)		
D^3	−0.343***	−0.345***		
	(−3.51)	(−3.27)		
D^4	−0.412***	−0.434***		
	(−3.11)	(−3.26)		
D^5	−0.213	−0.253		
	(−1.32)	(−1.51)		

续表4.24

	Panel A:Dynamic DID		Panel B:Placebo Test	
D-p			−0.054	−0.037
			(−1.31)	(−0.90)
Gender	0.219***	0.218***	0.218***	0.219***
	(15.99)	(15.57)	(15.96)	(15.58)
Age	0.037	0.033	0.035	0.032
	(1.37)	(1.28)	(1.33)	(1.24)
Health	0.075***	0.068***	0.074***	0.068***
	(4.42)	(4.02)	(4.31)	(3.91)
Air	−0.191**	−0.158*	−0.034	0.008
	(−2.20)	(−1.68)	(−0.32)	(0.07)
Population	−0.134	−0.204	0.426**	0.366
	(−0.47)	(−0.71)	(2.08)	(1.65)
Population Growth	0.012**	0.008	0.009*	0.007
	(2.11)	(1.34)	(1.73)	(1.11)
House Price	0.338**	0.359**	0.298***	0.333***
	(2.28)	(2.44)	(2.81)	(3.14)
Minimum Wage	−0.201	−0.192	−0.312***	−0.254**
	(−1.40)	(−1.41)	(−2.65)	(−2.31)
Fixed Investments	−0.182	−0.174	−0.054	−0.048
	(−1.43)	(−1.35)	(−0.82)	(−0.66)
GDP	0.841***	0.873***	0.463***	0.482***
	(2.87)	(3.01)	(2.90)	(3.03)
GDP Growth	−0.036***	−0.035***	−0.028***	−0.024***
	(−4.03)	(−3.93)	(−3.46)	(−3.02)
Sec-Ind	0.002	0.000	0.003	−0.002
	(0.34)	(0.04)	(0.34)	(−0.11)
Hospital	0.085***	0.087***	0.046**	0.047***
	(3.20)	(3.35)	(2.53)	(2.71)
Library Collection	−0.047	−0.059	−0.068	−0.075
	(−0.54)	(−0.71)	(−1.12)	(−1.21)
Constant	−4.888	−5.218	−3.012	−3.627
	(−1.34)	(−1.52)	(−1.08)	(−1.35)
Year FE	YES	YES	YES	YES
City FE	YES	YES	YES	YES
Industry FE	YES	YES	YES	YES
Indu*Year FE	YES	YES	YES	YES
Indu*City FE	YES	YES	YES	YES

续表 4.24

	Panel A:Dynamic DID		Panel B:Placebo Test	
Observations	11 123	10 565	11 123	10 565
Adj. R-square	0.056 9	0.056 5	0.054 7	0.054 2

注:括号内为 t 统计量。*、* *、* * * 分别表示 10%、5%、1% 显著性水平。

(四)2SLS 检验

检验中存在的另一个问题是,检验结果可能受到内生性问题的影响。OLS 规范的基本假设是城市间的高铁连接是随机分配的。如果实际的高铁在城市之间的位置不是随机分配的,或者估计模型忽略了任何可能影响高铁位置和农民工工资的变量,那么 OLS 回归的估计系数是有偏差的和不一致的。Faber(2014)认为中国的公路系统,往往覆盖政治上重要、经济上繁荣的地区,地方政府可预测未来的收入而负债为基础设施建设提供资金。因此区域特征,如经济发展水平和政治重要性,都能影响城市高铁的开通和农民工的工资。

为了进一步识别高铁对农民工工资的影响,本书根据 Faber(2014)提出的最低成本高铁网络假设,使用工具变量进行 2SLS 回归。该工具变量与 2004 年铁道部提出的中长期铁路发展规划相一致,计划在 2016 年底建成四条垂直和四条水平高铁线路。本书构造工具变量如下。首先,本书使用百度地图 API 将八条高铁规划线路上的节点城市与直线段连接起来,形成一个理论上成本最低的网络。其次,测量了各非节点城市到邻近高速铁路线段的最短垂直欧氏距离,并记录最近的高速铁路线路实际开通年份。此后,如果从本市到附近高铁线路的最短垂直距离在 50 千米以内,并且样本时间在高铁开通年份之后,则虚拟变量 D-IV 被定义为 1,否则 D-IV 为 0。

城市与高铁网络的连接是否与该城市到规划的高铁线路的实际地理距离密切相关,因此满足工具变量的相关性。虽然只有少数城市可能稍微改变实际的高铁路线,但理论上连接城市的最低成本网络是无法人为控制的。从施工过程可以看出,2004 年铁道部提出了八条计划高铁线路,显然不是由工资趋势决定的。此外,从本市到附近高铁线路的最短垂直距离是由具体城市的地理位置决定的,这也与工资走势无关。因此,本书的工具变量与农民工工资 Wage 和其他经济因素无关,满足工具变量条件。因此,预计 D-IV 仅通过其地理位置而不是通过其经济水平和政治重要性来影响城市的高铁连接。

表 4.25 报告了基于构造的工具变量的 2SLS 分析的估计结果。第(1)列和第(2)列显示了第一阶段的结果,即在控制其他农民工、城市水平特征以及所有固定效果的检验。D-IV 系数为正,在 1% 水平上显著。第(3)列和第(4)列显示了第二阶段的估计结果。D-hat 的系数约为 −108 和 −0.124,分别在 5% 和 1% 的水平上具有统计显著性。因此,本书确认了高铁对城乡流动人口工资影响的有效性。

表 4.25　两阶段工具变量法估计

变量	第一阶段 VAR:D		第二阶段 VAR:Wage	
	全部	低技能劳动力	全部	低技能劳动力
D-IV	0.935***	0.935***		
	(149.877)	(141.745)		
D-hat			−0.108**	−0.124***
			(−2.567)	(−2.802)
Gender	−0.005**	−0.005*	0.217**	0.218***
	(−2.326)	(−1.956)	(23.584)	(23.021)
Age	0.003	0.004	0.034**	0.035**
	(1.074)	(1.331)	(2.281)	(2.174)
Health	0.001	0.002	0.074***	0.069***
	(0.907)	(0.721)	(5.502)	(4.996)
Air	−0.098***	−0.088***	−0.114	−0.079
	(−3.660)	(−3.152)	(−0.982)	(−0.646)
Population	−0.312***	−0.327***	0.379	0.334
	(−3.486)	(−3.287)	(1.518)	(1.265)
Population Growth	−0.017***	−0.017***	0.007*	0.005
	(−14.168)	(−13.141)	(1.793)	(0.873)
House Price	0.228***	0.195***	0.222*	0.248*
	(5.296)	(4.301)	(1.799)	(1.931)
Minimum Wage	−0.793***	−0.778***	−0.411***	−0.384***
	(−20.711)	(−19.463)	(−3.104)	(−2.806)
Fixed Investments	0.429***	0.422***	−0.025	−0.027
	(18.548)	(17.702)	(−0.328)	(−0.342)
GDP	−0.241***	−0.248***	0.495***	0.527***
	(−5.037)	(−5.024)	(2.724)	(2.777)
GDP Growth	0.041***	0.036***	−0.026***	−0.024***
	(10.526)	(9.142)	(−3.652)	(−3.316)
Sec-Ind	−0.006*	−0.003	−0.004	−0.005
	(−1.766)	(−0.921)	(−0.853)	(−1.124)
Hospital	0.036***	0.037***	0.064**	0.073***
	(11.922)	(11.174)	(2.571)	(2.785)
Library Collection	0.062***	0.049***	−0.045	−0.054
	(4.626)	(3.755)	(−1.148)	(−1.346)
Year FE	YES	YES	YES	YES
City FE	YES	YES	YES	YES
Industry FE	YES	YES	YES	YES

续表4.25

变量	第一阶段		第二阶段	
Indu * Year FE	YES	YES	YES	YES
Indu * City FE	YES	YES	YES	YES
Observations	11 123	10 565	11 123	10 565
Adj. R-square	0.675 8	0.680 7	0.052 6	0.055 3

注：括号内为t统计量。*、* *、* * * 分别表示10%、5%、1%显著性水平。

(五) 稳健性检验

本书进一步进行了两个稳健性测试,以确认检验结果的有效性。

首先,将实验变量描述为两个相互作用的虚拟变量。第一个虚拟变量是农民工是否居住在至少有一个高铁车站的城市,第二个虚拟变量是第一条高铁线路通过城市的年份。然而,农民工的工资可能会受到整个高铁网络发展推动的市场准入变化的影响,而不仅仅是受城市第一次连接高铁时间的影响。鉴于新经济地理学理论长期以来一直承认市场准入在形成工资差距方面的作用(Tsivanidis,2018),继Donaldson和Hornbeck(2016)及Lin(2017)之后,本书使用市场准入来显示高铁连接的实际强度,市场准入在城市之间是具有异质性的。k市的市场准入由 $\mathrm{MA}_k = \sum_{j=1}^{N} \tau_{kj}^{-\theta} \mathrm{GDP}_j$ 计算。在式中 τ_{kj} 是城市j和k之间的旅行费用;MA被定义为高铁诱导市场准入的自然对数。

表4.26的A组报告了当本书使用市场准入来反映高铁连接的影响时的估计结果。MA的系数约为-0.006和-0.009,如第(1)列和第(2)列所述,在1%水平上具有统计显著性。当本书使用基于二分法指标的实验时,结果与本书在表4.25中的主要结果一致。

表4.26 稳健性检验

变量	Wage			
	A组:高铁诱导市场准入		B组:不包括其他解释	
	全部	低技能劳动力	全部	低技能劳动力
MA	-0.006***	-0.009***		
	(-3.44)	(-3.87)		
D-hat			-0.057***	-0.049**
			(-2.82)	(-2.54)
Gender	0.216**	0.217***	0.228***	0.228***
	(15.81)	(15.44)	(13.61)	(13.42)
Age	0.033	0.033	0.044	0.045
	(1.34)	(1.21)	(1.47)	(1.41)
Health	0.075***	0.069***	0.082***	0.075***
	(4.35)	(3.95)	(5.31)	(4.81)

续表4.26

变量	Wage			
	A组:高铁诱导市场准入		B组:不包括其他解释	
	全部	低技能劳动力	全部	低技能劳动力
Air	−0.104	−0.067	−0.368***	−0.332***
	(−1.03)	(−0.62)	(−4.28)	(−3.87)
Population	0.427**	0.385**	0.618**	0.693***
	(2.43)	(2.15)	(2.62)	(2.98)
Population Growth	0.008*	0.004	−0.002	0.002
	(1.81)	(1.12)	(−0.01)	(0.27)
House Price	0.218**	0.254**	0.103	0.172
	(2.01)	(2.51)	(0.75)	(1.37)
Minimum Wage	−0.381***	−0.341***	−0.133	−0.042
	(−3.27)	(−3.15)	(−1.22)	(−0.44)
Fixed Investments	0.034	0.035	−0.073	−0.012
	(0.43)	(0.44)	(−0.52)	(−0.12)
GDP	0.362**	0.388**	0.745**	0.608**
	(2.03)	(2.26)	(2.51)	(2.27)
GDP Growth	−0.023***	−0.023***	−0.038***	−0.038***
	(−3.07)	(−2.87)	(−3.84)	(−3.67)
Sec-Ind	−0.004	−0.005	−0.004	−0.008
	(−0.75)	(−1.13)	(−1.08)	(−1.42)
Hospital	0.057***	0.062***	0.055**	0.064***
	(4.56)	(5.14)	(6.67)	(7.86)
Library Collection	−0.045	−0.052	−0.132***	−0.127***
	(−0.72)	(−0.87)	(−3.96)	(−3.97)
Constant	−1.547	−2.201	−7.363***	−7.712***
	(−0.50)	(−0.78)	(−3.77)	(−4.39)
Year FE	YES	YES	YES	YES
City FE	YES	YES	YES	YES
Industry FE	YES	YES	YES	YES
Indu*Year FE	YES	YES	YES	YES
Indu*City FE	YES	YES	YES	YES
Observations	11 002	10 245	8 323	8 151
Adj. R-square	0.054 8	0.054 5	0.060 5	0.060 1

注:括号内为 t 统计量。*、**、*** 分别表示10%、5%、1%显著性水平。

其次,进一步尝试排除户籍放宽的混杂效应。在本书2002~2013年的样本期间,中国的户口制度经历了剧烈的变化。Chen等(2019)认为中国户籍制度的放宽可以促进农村家庭向城市流动。在这种情况下,本书将居住在户籍放宽城市的农民工排除在外,以排除户口制度改革的影响。

表4.26的B组报告了结果。D-hat的系数约为-0.057和-0.049,分别在1%和5%的水平上具有统计显著性,如第(3)列和第(4)列所述。结果表明,排除户籍放宽的混杂效应后,高铁衔接对工资的影响仍然存在。

四、高铁对农民工工资影响的可能机制与异质性

(一)可能机制

供给和需求因素会对工人的工资产生影响(Acemoglu等,2004;Edo和Toubal,2017;Johnson,1997;Juhn和Kim,1999;Katz和Murphy,1992)。因此,本书将对供给和需求因素进行分析。

在劳动力需求方面,Lin(2017)认为高铁连接可以促进劳动力跨城市流动,重塑城市就业模式,高铁开通后其连接城市的就业率增加了7%,其中非常规技能依赖程度较高的行业受益更大。同样,Martincus等(2017)研究发现,交通基础设施的改善对企业的就业增长具有积极影响。Mayer和Trevien(2017)的研究表明高速铁路的开通导致与高铁网相连城市的就业率上升了8.8%。因此,预计农民工工资的下降不会是就业需求下降的结果,因为城市在连接高铁线路后,就业通常会增加。

在劳动力供给因素方面,已有研究表明,劳动力供给增加通常会导致特定员工工资的下降。例如,De Silva等(2010)发现,与达拉斯的同一产业群相比,休斯敦的相对工资下降了0.7%。因此,本书预测,高铁建成后,可以增加城市间的劳动力流动,劳动力流动的增加可能会影响低技能农民工的流动。如果更多的低技能农民工在城市与高铁连接后流动到该城市,他们的工资将会下降,因为他们相对于雇主来说工资议价能力较小。

高铁连接城市和非高铁连接城市的低技能农民工数量的描述性统计数据如表4.27所示。表4.27中具体分析了省内和跨省非户籍流动两种情况。低技术工人的数量是指高中及以下的流动人口,人口是指城市总人口的数量。表4.27中的结果表明,高铁连接城市和非高铁连接城市之间的低技能移民数量差异显著,高铁连接城市通常会面临更多的农民工流入。

表 4.27　高铁和低技能工人的流动性

移民类型	变量	高铁连接（观测数:57）		没有高铁连接（观测数:262）		差异	
		平均数	中位数	平均数	中位数	平均数	中位数
省内	低技能工人人数（*10³）	84.782	47.404	35.342	22.328	49.432***	25.075***
	低技能工人人数/总人口数	0.014	0.012	0.015	0.009	0.003	0.004***
跨省	低技能工人人数（*10³）	38.688	11.555	10.278	3.032	28.409***	8.522***
	低技能工人人数/总人口数	0.007	0.003	0.004	0.002	0.004***	0.002**

注：10%、5%和1%水平的显著性分别用 *、**、*** 表示。

（二）低技能移民工资下降的横截面差异

1. 高铁开通对非公有制企业职工工资的影响

在中国，国有企业承担着大量的政策使命，应该努力实现政府的目标，这些目标体现在就业、职工福利、维护社会稳定等方面（Lin 和 Tan，1999；Fan 等，2007）。与非国有企业相比，国有企业对劳动力流动的敏感性较低，员工薪酬的调整速度也较低。因此，表 4.28 中估计了高铁连接对非国有企业工人和国有企业工人的不同影响。在政府机构或国有控股企业工作的城乡流动人口被定义为国有企业职工（SOE Workers），其他城乡流动人口被定义为非国有企业职工（Non-SOE Workers）。

表 4.28　高铁与薪酬差距

变量	被解释变量：公司薪酬差距	被解释变量：工资	
		员工	管理者
D	0.223***	−0.029*	0.018
	(2.951)	(−1.936)	(1.414)
Air	−0.052	0.033	0.012
	(−0.398)	(1.473)	(0.536)
Size	1.077***	0.098***	0.303***
	(21.532)	(14.654)	(40.524)
Leverage	−0.392*	−0.024	−0.193***
	(−1.882)	(−0.612)	(−5.597)
ROA	4.788***	0.816***	2.006***
	(7.213)	(6.248)	(17.246)

续表4.28

变量	被解释变量:公司薪酬差距	被解释变量:工资	
		员工	管理者
Q	0.087***	0.022***	0.026***
	(3.746)	(4.358)	(5.774)
Sale	−0.124**	0.004	−0.034***
	(−2.193)	(0.245)	(−3.561)
Cash	0.758*	0.125	0.251***
	(1.914)	(1.601)	(3.907)
Top10	−0.009***	0.001	−0.001
	(−2.736)	(0.924)	(−0.008)
Duality	−0.301***	0.022	−0.093***
	(−4.228)	(1.413)	(−7.058)
SOE	−0.553***	0.154***	0.043***
	(−5.678)	(8.418)	(2.793)
pc	0.071	−0.042***	−0.012
	(0.988)	(−3.593)	(−0.863)
Population	0.356	−0.126	−0.048
	(0.782)	(−1.336)	(−0.582)
Population Growth	−0.008	0.001	0.001
	(−0.597)	(0.812)	(0.297)
House Price	−0.208	0.134***	0.034
	(−0.851)	(3.014)	(0.761)
Minimum Wage	−0.123	0.224***	0.156***
	(−0.394)	(3.581)	(2.798)
Fixed Investments	−0.371**	0.098***	0.011
	(−2.129)	(3.109)	(0.304)
GDP	0.289	−0.199***	−0.083
	(0.876)	(−3.328)	(−1.444)
GDP Growth	0.023**	−0.007**	0.002
	(1.994)	(−2.343)	(1.287)
Sec-Ind	−0.001	0.005**	0.001
	(−0.076)	(2.054)	(1.454)
Hospital	−0.112	0.027	−0.001
	(−1.034)	(0.978)	(−0.007)
Library Collection	−0.033	0.009	−0.018
	(−0.506)	(0.475)	(−1.581)
Constant	−16.664***	8.407***	5.655***
	(−2.826)	(7.528)	(5.443)

续表 4.28

变量	被解释变量:公司薪酬差距	被解释变量:工资	
		员工	管理者
Year FE	YES	YES	YES
City FE	YES	YES	YES
Industry FE	YES	YES	YES
Indu * Year FE	YES	YES	YES
Indu * City FE	YES	YES	YES
Observations	11 031	11 031	11 031
Adj. R-square	0.107 8	0.052 8	0.273 1

注:括号内为 t 统计量。*、**、*** 分别表示 10%、5%、1% 显著性水平。Size 表示企业规模,Leverage 为经营杠杆率,ROA 为净资产收益,Q 为总产值,Sale 表示营业额,Cash 表示现金流量,Top10 表示企业是否为行业前十,Duality 表示企业的管理二重性,PC 表示企业的信息化水平。

表 4.29 中对于非国有企业工人,全样本工人和低技能工人的 D 系数分别为 -0.132 和 -0.137,如第(2)列和第(4)列所述,两者在 1% 的水平上都是显著的。结果表明,随着低技能劳动力供给的增加,非国有企业农民工的工资水平会下降。对于国有企业农民工,全样本和低技能工人的 D 系数分别为 0.081 和 0.119,但如第(1)列和第(3)列所述,两者均不显著。D 和国有企业工人之间的相互作用系数为 0.113,如第(6)列所述,在 10% 的水平上显著,这进一步证实了非国有企业工人的工资下降在连接高铁线路后加剧。

表 4.29 异质性:国有企业工人与非国有企业工人

变量	被解释变量:工资					
	全部			低技能工人		
	国有企业职工	非国有企业职工	农民工	国有企业职工	非国有企业职工	农民工
D	0.081	-0.132***	-0.133***	0.119	-0.137***	-0.138***
	(0.75)	(-5.12)	(-5.22)	(1.10)	(-5.43)	(-5.86)
D * SOE Workers			0.095			0.113*
			(1.54)			(1.77)
SOE Workers			-0.097***			-0.118***
			(-3.26)			(-3.53)
Gender	0.223***	0.217***	0.218***	0.222***	0.217***	0.218***
	(7.84)	(15.44)	(15.83)	(6.83)	(14.87)	(15.46)
Age	-0.151**	0.062**	0.036	-0.165***	0.061**	0.036
	(-2.64)	(2.27)	(1.44)	(-3.16)	(2.21)	(1.37)
Health	0.122***	0.068***	0.072***	0.090**	0.065***	0.066***
	(2.85)	(4.14)	(4.43)	(2.06)	(3.77)	(3.95)

续表4.29

变量	被解释变量:工资					
	全部			低技能工人		
	国有企业职工	非国有企业职工	农民工	国有企业职工	非国有企业职工	农民工
Air	0.912*	−0.102	−0.123	1.278***	−0.056	−0.077
	(1.83)	(−0.87)	(−1.29)	(2.84)	(−0.43)	(−0.75)
Population	−2.641*	0.564***	0.386***	−4.148	0.541***	0.326*
	(−1.74)	(2.91)	(2.34)	(−2.91)	(2.72)	(1.87)
Population Growth	0.024*	0.008	0.007*	0.011	0.003	0.003
	(1.81)	(1.51)	(1.68)	(0.97)	(0.76)	(0.85)
House Price	1.488***	0.121	0.209*	1.636***	0.154	0.245**
	(3.07)	(1.14)	(1.99)	(3.76)	(1.51)	(2.46)
Minimum Wage	−0.054	−0.478***	−0.433***	0.376	−0.441***	−0.388***
	(−0.11)	(−4.28)	(−4.05)	(0.78)	(−4.12)	(−3.93)
Fixed Investments	−0.592	−0.039	−0.031	−0.759**	−0.048	−0.034
	(−1.54)	(−0.51)	(−0.45)	(−2.21)	(−0.63)	(−0.48)
GDP	1.378	0.554***	0.518***	1.903**	0.602***	0.546***
	(1.55)	(3.05)	(3.26)	(2.30)	(3.31)	(3.46)
GDP Growth	0.028	−0.032***	−0.028***	0.015	−0.028***	−0.024***
	(0.83)	(−4.01)	(−3.71)	(0.47)	(−3.76)	(−3.46)
Sec-Ind	−0.002	−0.004	−0.004	−0.014	−0.005	−0.007
	(−0.04)	(−0.98)	(−0.93)	(−0.75)	(−1.12)	(−1.33)
Hospital	0.025	0.078***	0.068***	0.073**	0.081***	0.074***
	(0.74)	(8.00)	(6.65)	(2.09)	(8.13)	(7.21)
Library Collection	−0.278***	−0.028	−0.041	−0.425***	−0.035	−0.048
	(−2.94)	(−0.47)	(−0.65)	(−4.32)	(−0.61)	(−0.84)
Constant	−1.148	−3.243	−2.472	−0.597	−4.191	−3.036
	(−0.08)	(−1.02)	(−0.91)	(−0.05)	(−1.37)	(−1.24)
Year FE	YES	YES	YES	YES	YES	YES
City FE	YES	YES	YES	YES	YES	YES
Industry FE	YES	YES	YES	YES	YES	YES
Indu*Year FE	YES	YES	YES	YES	YES	YES
Indu*City FE	YES	YES	YES	YES	YES	YES
Observations	898	11 113	11 035	805	10 231	10 565
Adj. R-square	0.117 6	0.056 3	0.057 8	0.138 6	0.056 4	0.058 6

注:括号内为t统计量。*、**、***分别表示10%、5%、1%显著性水平。

2. 高铁开通后，市场来源工人的工资下降是否加剧

已有文献表明，与市场力量相比，非市场因素在促进中国农村流动人口从事非农就业方面具有重要作用（Cook，1998；Sato，1998）。

亲戚朋友的帮助对中国城乡人口流动通常很重要。例如，Wu等人（1990）指出，中国许多农村劳动力找到了亲戚或朋友介绍的非农业工作。与通过市场来源获得工作的农村流动人口相比，通过亲戚朋友介绍获得工作的农村流动人口对低技能劳动者流动性供给的敏感性普遍较低。因此，本书预期高铁对市场来源工人和非市场来源工人产生不同的影响。本书估计了高铁连接对两类农民工的不同影响，结果见表4.30。

表4.30 异质性：市场来源工人与非市场来源工人

变量	被解释变量：Wage					
	全部			低技能工人		
	市场来源	非市场来源	农民工	市场来源	非市场来源	农民工
D	-0.193***	-0.078***	-0.087***	-0.180***	-0.081***	-0.086***
	(-3.83)	(-3.11)	(-3.21)	(-3.76)	(-3.26)	(-3.31)
D * Market-source workers			-0.124***			-0.134***
			(-3.52)			(-3.82)
Market-source workers			0.066***			0.066***
			(3.04)			(3.04)
Gender	0.232***	0.201***	0.219***	0.233***	0.201***	0.216***
	(12.81)	(15.02)	(15.81)	(12.69)	(14.56)	(15.42)
Age	0.055	0.007	0.038	0.058	0.001	0.035
	(1.48)	(0.35)	(1.48)	(1.62)	(0.08)	(1.36)
Health	0.067**	0.077***	0.071***	0.067**	0.068***	0.066***
	(2.16)	(4.25)	(4.37)	(2.12)	(3.85)	(3.94)
Air	-0.374***	0.068	-0.114	-0.324**	0.046	-0.063
	(-2.66)	(0.55)	(-1.16)	(-2.43)	(0.37)	(-0.60)
Population	0.466	0.921**	0.476***	0.496	0.778	0.431**
	(1.44)	(2.46)	(2.93)	(1.56)	(1.63)	(2.51)
Population Growth	0.008	0.005	0.008*	0.002	0.002	0.004
	(1.08)	(1.01)	(1.96)	(0.41)	(0.54)	(1.22)
House Price	0.021	0.511***	0.192	0.094	0.524***	0.221**
	(0.08)	(4.41)	(1.78)	(0.44)	(4.47)	(2.21)
Minimum Wage	-0.638***	-0.247**	-0.474***	-0.458**	-0.253**	-0.433***
	(-2.72)	(-2.15)	(-4.45)	(-2.01)	(-2.05)	(-4.32)
Fixed Investments	-0.232**	0.094	-0.042	-0.259**	0.086	-0.044
	(-2.01)	(0.76)	(-0.58)	(-2.13)	(0.71)	(-0.62)

续表4.30

变量	被解释变量:Wage					
	全部			低技能工人		
	市场来源	非市场来源	农民工	市场来源	非市场来源	农民工
GDP	1.102***	0.036	0.523***	1.188***	0.045	0.551***
	(3.66)	(0.15)	(3.23)	(4.12)	(0.17)	(3.41)
GDP Growth	−0.038***	−0.027***	−0.027***	−0.033***	−0.025**	−0.026***
	(−2.97)	(−2.62)	(−3.96)	(−2.82)	(−2.51)	(−3.73)
Sec-Ind	−0.013	0.004	−0.002	−0.017**	0.003	−0.003
	(−1.41)	(0.62)	(−0.61)	(−2.51)	(0.51)	(−0.85)
Hospital	0.068***	0.103***	0.062***	0.058**	0.113***	0.066***
	(2.64)	(8.12)	(6.16)	(2.32)	(8.71)	(6.91)
Library Collection	−0.077	−0.058	−0.047	−0.082	−0.066	−0.055
	(−1.16)	(−0.62)	(−0.73)	(−1.46)	(−0.72)	(−0.94)
Constant	−5.966	−4.181	−2.631	−8.659*	−3.263	−3.202
	(−1.21)	(−1.12)	(−1.02)	(−1.82)	(−0.72)	(−1.27)
Year FE	YES	YES	YES	YES	YES	YES
City FE	YES	YES	YES	YES	YES	YES
Industry FE	YES	YES	YES	YES	YES	YES
Indu * year FE	YES	YES	YES	YES	YES	YES
Indu * City FE	YES	YES	YES	YES	YES	YES
Observations	5 076	6 127	10 135	4 145	6 093	10 565
Adj. R-square	0.068 2	0.053 7	0.059 9	0.068 6	0.052 3	0.059 4

注:括号内为 t 统计量。*、**、*** 分别表示10%、5%、1%显著性水平。

如果农民工是通过民办商业性职业介绍所(含招聘会)、应聘广告招聘、直接应聘、用人单位招聘以及其他非市场来源在城市找到工作的劳动者,本书定义为市场来源的农民工。对于全样本,市场来源工人和非市场来源工人的D系数分别为−0.193和−0.078,如第(1)列和第(2)列所述,这两个系数在1%的水平上都是显著的。从表4.30的第(3)列可以看出,D和市场来源工人之间的互动系数为−0.124,在1%的水平上显著,这表明对于通过市场来源获得工作的农民工来说,连接高铁对农民工工资下降的影响似乎更大。本书在第(4)、(5)和(6)列中发现了与低技能工人类似的结果。表4.30显示,高铁的开通主要降低了通过市场方法求职的农民工的工资,这与通过亲戚或朋友介绍获得工作的农民工对低技能工人流动性供给增加带来的工资降低敏感性普遍较低的假设是一致的。

3.高铁开通后,劳动密集型行业工人工资下降是否加剧

现有研究表明,中国农民工通常在制造业、采矿业、建筑业等劳动密集型行业

工作(Han 和 Li,2017)。

因此,本书估算了高铁连接对劳动密集型产业和非劳动密集型产业中的农民工工资的影响,并将结果报告在表 4.31 中。如果某一年某一行业的农民工数量高于样本中位数,本书就将其定义为属于劳动密集型行业的农民工;否则,本书将其定义为非劳动密集型行业的农民工。

表 4.31 异质性:劳动密集型产业工人与非劳动密集型产业工人

变量	被解释变量:Wage					
	全部			低技能工人		
	非劳动密集型	劳动密集型	农民工	非劳动密集型	劳动密集型	农民工
D	−0.076**	−0.161***	−0.088***	−0.082***	−0.164***	−0.093***
	(−2.45)	(−4.81)	(−3.11)	(−2.68)	(−5.23)	(−3.24)
D*Labor-Intensive Industry Workers			−0.069*			−0.058
			(−1.68)			(−1.37)
Labor-Intensive Industry Workers			0.064**			0.062*
			(2.01)			(1.92)
Gender	0.202***	0.233***	0.218***	0.201***	0.234***	0.218***
	(10.87)	(14.32)	(16.11)	(10.61)	(13.86)	(15.71)
Age	0.066*	−0.021	0.033	0.063	−0.024	0.028
	(1.72)	(−0.82)	(1.22)	(1.56)	(−0.95)	(1.12)
Health	0.087***	0.054***	0.073***	0.082***	0.043**	0.068***
	(4.23)	(2.73)	(4.35)	(4.12)	(2.26)	(3.96)
Air	−0.502***	0.044	−0.114	−0.469***	0.088	−0.076
	(−3.88)	(0.33)	(−1.21)	(−2.67)	(0.77)	(−0.73)
Population	0.776	0.672*	0.349**	0.772	0.736**	0.317*
	(1.24)	(1.93)	(2.16)	(1.42)	(2.45)	(1.80)
Population Growth	0.023***	0.002	0.011	0.019***	0.001	0.004
	(3.27)	(0.73)	(1.91)	(2.91)	(0.11)	(1.15)
House Price	0.172	0.225*	0.212**	0.246	0.265**	0.244**
	(0.81)	(1.92)	(2.05)	(1.32)	(2.61)	(2.54)
Minimum Wage	0.207	0.275*	0.386***	0.182	−0.214	−0.343***
	(1.07)	(−1.85)	(−3.70)	(1.03)	(−1.53)	(−3.46)
Fixed Investments	0.144	−0.092	−0.056	0.162	−0.106	−0.057
	(0.71)	(−0.98)	(−0.83)	(0.73)	(−1.16)	(−0.81)

续表4.31

变量	被解释变量：Wage					
	全部			低技能工人		
	非劳动密集型	劳动密集型	农民工	非劳动密集型	劳动密集型	农民工
GDP	0.342	0.297	0.527***	0.263	0.327	0.547***
	(0.74)	(1.40)	(3.22)	(0.62)	(1.63)	(3.41)
GDP Growth	−0.032***	−0.043***	−0.031***	−0.027**	−0.042***	−0.027***
	(−2.87)	(−4.01)	(−4.21)	(−2.38)	(−4.78)	(−3.92)
Sec-Ind	−0.002	0.001	−0.001	−0.009	0.002	−0.005
	(−0.32)	(0.24)	(−0.47)	(−0.94)	(0.45)	(−0.78)
Hospital	0.091***	0.108***	0.082***	0.092***	0.117***	0.085***
	(4.47)	(7.72)	(6.45)	(4.58)	(8.36)	(6.91)
Library Collection	−0.094	0.028	−0.044	−0.086	0.021	−0.058
	(−1.27)	(0.41)	(−0.81)	(−1.31)	(0.36)	(−1.01)
Constant	−8.364*	−1.436	−2.408	−7.576*	−2.971	−3.037
	(−1.83)	(−0.39)	(−0.91)	(−1.73)	(−0.80)	(−1.24)
Year FE	YES	YES	YES	YES	YES	YES
City FE	YES	YES	YES	YES	YES	YES
Industry FE	YES	YES	YES	YES	YES	YES
Indu*Year FE	YES	YES	YES	YES	YES	YES
Indu*City FE	YES	YES	YES	YES	YES	YES
Observations	6 002	5 650	11 123	5 823	5 473	10 565
Adj. R-square	0.049 8	0.064 9	0.057 8	0.047 9	0.066 5	0.056 9

注：括号内为 t 统计量。*、**、*** 分别表示10%、5%、1%显著性水平。

如第(1)和(2)列所述，全样本中非劳动密集型行业和劳动密集型行业的农民工，D 系数分别为−0.076和−0.161，分别在5%和1%水平上显著。由表4.31第(3)列可知，D 与劳动密集型产业工人的互动系数为−0.069，在10%的水平上显著，这表明对于劳动密集型行业的农民工来说，连接高铁对农民工工资下降的影响更大。低技能工人的调查结果与第(4)、(5)和(6)列中报告的全样本结果一致。从表4.31可以看出，高铁开通主要降低了在劳动密集型行业就业的农民工的工资，这证明了劳动密集型产业的农民工对低技能农民工供给增加相对更敏感。

总的来说，本节提供的证据证实了本书提出的机制。高铁开通后，对劳动力流动极为敏感的农民工在工资议价能力过程中的力量较弱，因此他们会受到高铁网络的显著影响。高铁开通通过促进更多的低技能劳动力进入高铁连接的城市，降低了农民工的工资水平，并导致低技能农民工相对于雇主的影响力降低。高铁主要影响了非公有制农民工、市场化求职农民工和劳动密集型产业就业的农民工的工资。

五、结论

本书提供了中国高铁与农民工工资之间联系的证据。利用城市与高铁网络连接的准随机性变化,引入DID方法分析高铁对农民工工资的影响,发现高铁连接可以显著降低农民工工资,其影响主要存在于低技能农民工中。本书研究结论在不同情况和解决内生性时都具有很强的稳健性。因此本书认为高铁通过促进劳动力流动降低农民工的工资。也就是说,高铁促进了更多的低技能劳动力转移到高铁联网城市,重塑了城市的就业结构,本书通过提供其他结果和异质性的证据进一步验证了这一机制。高铁开通对非国有企业的工人、通过市场方法寻找工作的农民工以及在劳动密集型行业工作的农民工工资的影响最大。

这项研究的结论为监管者提供了明确的启示。对于监管部门来说,基础设施投资在促进区域经济发展的同时,也带来了一些不利影响。本书表明,资本结构和人力资本结构的变化会降低农民工的工资水平。尽管薪酬差距有时会促进创新活动(Zhao和Wang,2019),但巨大的收入不平等往往会导致其他社会问题。因此,政府应该制定相应的政策来应对基础设施建设和经济发展带来的不平等问题。

第五章　高速铁路对城市知识密集型经济增长的影响

第一节　高速铁路对城市知识密集型经济增长的影响现状分析

高速铁路(HSR)不仅可以为大城市地区提供可靠和高质量的城际交通,且对环境的影响相对较小(Campos 和 de Rus,2009;Dalla Chiara,De Franco,Coviello 和 Pastrone,2017;Givoni 和 Banister,2012)。高铁在 200～800 千米左右的中长途旅行最具优势(Givoni,2006),因此许多国家投资高铁建设的主要动力是因为高铁增加了城市之间和区域内部连通性以及经济发展的额外溢出效应(Hall,2009)。

高铁效应具有两面性,高铁的发展产生的社会空间和经济影响,可能是积极的,也可能是消极的(Albalate 和 Bel,2012;Bellet 和 Urena,2017)。较早开通高铁国家的研究表明,高铁发展提高了区域可达性,扩大了高铁服务城市的潜在市场面积。因此,高铁服务产生了"生成效应"(Shaw 等,2014),促进了经济活动向中心城市集中。然而,高铁发展的这些积极集聚效应可能会被城市中心地区房价、生活成本和交通问题的上涨而抵消,也可能会促使一些企业和家庭迁移到附近的小城市(Zhao,Lu 和 de Roo,2011)。因此,高铁的发展也可以产生"扩散效应",促进经济活动向周边小城市的分散(Zheng 和 Kahn,2013)。

考虑到这两种高铁效应,Hall(2009)和 Vickerman(2015)认为,高铁网络在不同城市会产生不同的结果。一般而言,现有文献中有相当一部分支持高铁发展倾向于大城市,并可能损害小城市经济发展的观点(Banister 和 Givoni,2013;Garmendia 等,2012)。其中一个主要原因是,高铁服务使中心城市能够吸引和巩固生产要素和经济增长,如熟练劳动力和额外的经济投资;随着时间的推移,小城市可能会成为中心城市的附属城市,从而导致经济活力下降(UIC,2011)。

随着中国高铁网络的不断扩大,越来越多学者关注其影响,如高铁对城市和地区的整体经济发展、房价和服务业增长等问题(Chen,2012;Chen 和 Haynes,2015;Zheng 和 Kahn,2013)。尽管越来越多的实证研究检验了高铁发展的社会经济影响,但本书对这一基础设施如何塑造知识密集型经济(中国经济快速增长的关键来源之一)的理解仍然有限。此外,在中国,高铁的发展覆盖了广阔的地理区域,这意味着任何相关的影响都有一个重要的多尺度的维度,必须加以研究。然而,就本书对多个空间尺度上的主要城市不同行业（包括知识密集型经济）如何受到高铁发展的影响的理解而言，仍然存在重大差距。因此，本书的第一个贡献是通过考察高铁对中国33个主要城市知识密集型经济的影响，补充了文献中的上述差距。该研究根据Chen和Vickerman(2017)的定义，将知识密集型经济划分为七个生产性服务业部门，即信息传输、计算机和软件服务业，房地产，租赁和商业服务，科学研究，技术服务和地质勘探，教育、文化、体育和娱乐业。知识密集型经济增长的一个关键要求是高质量的运输服务。为此，本书追踪了2006～2019年14年间中国的就业增长和空间动态。基于这一初步分析，本书考察了中国33个主要城市的高铁对知识经济增长三方面的影响：(1)铁对知识密集型经济增长的影响。(2)高铁对知识密集型经济空间集聚的影响。(3)高铁对所选主要城市知识密集型经济专业化的影响。

高铁发展城市的选择也不是随机的。相反，如前所述，高铁投资往往更多地针对中国的大城市，而相对较小的城市则较少。这些大城市除了对国家和区域空间发展战略具有重要的战略意义外，还有潜力为高铁基础设施投资创造更大的回报。因此，在解决高铁发展如何改变较大中心城市及其区域腹地的经济状况这一更广泛的问题时，重要的是要考虑使这些较大城市优于相对较小城市的先决条件。这也意味着，无偏见地选择具有相似历史社会经济背景的样本城市对于评估高铁发展的总体影响至关重要。本书针对这一迫切需要，选取了33个样本大城市，采用无偏基准就高铁对知识密集型经济发展的影响进行了实证研究。

另外，已有研究将旅行时间的缩短作为主要指标来理解高铁的影响(Chen和Vickerman, 2017; Moyano和Dobruszkes, 2017)。除旅行时间外，列车服务频率是一个重要但较少使用的指标。使用列车服务频率作为一个额外的指标，可提高影响分析的真实性，因为列车服务频率能有效捕捉到旅客的等待时间，并显示了车站在整个铁路网中的重要性(Wang, Xu和He, 2013)。鉴于上述情况，本书也有助于通过旅行时间的缩短和列车服务频率来分析高铁发展的影响。

第二节　高速铁路对城市知识密集型经济增长的案例研究

一、主要城市高铁的分布状况

实证分析涵盖了中国33个副省级城市的高铁对知识密集型经济活动的影响。在过去的10余年中，这些主要城市得到了优先的高铁投资。此外，这些大城市在服务业和知识经济方面也经历了重大转变。北京、天津、上海和重庆四个城市由中央政府管理，并被指定为省级管理机构。本书所选择的其余主要城市是其各自省份的经济和政治中心，并被指定为副省级行政机构。

自2004年国务院发布《中长期铁路网规划》并于2016年进一步修订后，中国的铁路投资有所增加。中国政府投入巨额资金发展基础设施,也是由于高铁建设的相对较高的单位成本,比普速铁路高出 3 至 4 倍。中国对高铁的投资并不均衡。根据经济地理位置的差异,中国大陆被划分为三个区域(Shen,2016),即发达的东部、较发达的中部和最不发达的西部。本书所代表的主要城市分布在这三个地区。截至 2020 年,三个地区的高铁网络长度和车站数量存在较大的地区差异。在 3.8 万千米的高铁总长度中,东部、中部和西部分别占 38.7%、31.6% 和 29.7%。就高铁站点而言,绝大多数(355 个)的高铁站点位于东部地区,占所有高铁站点的 43.6%,而中部和西部地区分别占所有站点的 276 个(33.9%)和 183 个(22.5%)。因此,总体而言,东部地区高铁线路和站点密度最高,站点数量与高铁里程之比也最高。

如前所述,本书分析中使用的关键变量之一是选定案例研究城市的高铁服务频率。现有数据表明,在选定的城市中,高铁每天的服务频率存在显著差异。在选定的 33 个样本城市中,广州的高铁服务最频繁,每天有 818 列高铁列车,其次是上海(788)和北京(617),而呼和浩特最少只有 24 列高铁服务。正如 Yang 等(2018)所观察到的,高铁的服务频率反映了城市在城市体系中的重要程度,最大的人口和经济中心也拥有最频繁的高铁服务。此外,本书获得的服务频率数据显示,总体而言,2006~2019 年,中国三个地区的高铁和普速铁路平均服务量快速增长(图 5.1)。然而,高铁服务的地区差异也很显著,东部地区的平均频率最高,其次是中部和西部地区。对于普速铁路服务,平均频率保持相当稳定,在研究期间观察到的区域差异相对较低。平均而言,中部地区的普速铁路服务频率最高,其次是东部和西部地区。

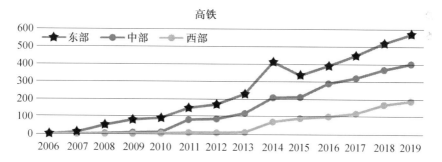

图 5.1 2006~2019 年中国三大区域内 33 个主要城市高铁和普速铁路的日均服务频率

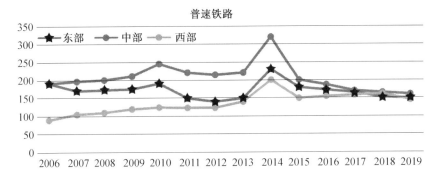

续图 5.1

二、知识密集型经济增长的衡量及其空间动态

考虑到当地环境的重要性,需构建高铁发展如何影响知识密集型经济动态发展的分析框架。与其他经济部门相比,知识密集型经济对高质量交通服务更为敏感,以往研究表明,高铁发展对大城市知识密集型经济增长发挥关键催化作用(Chen 和 Vickerman,2017;Garmendia 等,2012)。本书主要从多尺度、多部门的比较视角来理解高铁发展在科技动力中的作用。高铁发展预计将使某些城市和地区受益更多,在某些特定的工业部门受益更多。因此,高铁对经济活动的产生和再分配可能存在"空间选择性"和"部门选择性"效应。在这个框架中,结构因素是城市的产业结构,包括第一、第二和第三产业对 GDP 的贡献。位置和其他交通因素分别代表了 33 个选定城市所在的三个地区(即中国的东部、中部和西部地区)以及其他城际运输服务,如传统铁路和高速公路,它们在客运方面与高铁服务竞争。经济地理学文献中广泛使用的绝对增长、空间集中和区域专业化指标(Meliciani 和 Savona,2015;Wu 等,2019),被用来衡量主要城市的知识密集型经济增长和空间动态。

本书根据 Chen 和 Vickerman(2017)的定义衡量知识密集型经济。为了进行实证分析,并与构建的分析框架一致,每年观测一次知识密集型经济增长和空间动态指标,相关指标如下:(1)知识密集型经济的绝对就业(KEE)。(2)地区层面的知识密集型经济的就业份额(RshKEE)。(3)区域层面知识密集型经济的的就业区位商(LQKEE)。一个城市的知识经济区域份额的变化被用来检测知识经济在更广泛的区域内是否有集中或分散的趋势。区位商用于衡量地区范围内的国内专业化程度(O'Connor,Doyle 和 Doran,2018)。因此,这三个指标分别代表了知识密集型经济的绝对增长、空间集中和区域专业化。

本书将主要城市所在的省和特大城市区域作为宏观空间尺度进行分析。根据我国的"十二五"规划,这四个省级城市也是三个特大城市区域的中心城市,即京津冀(北京、天津和河北省)、长江三角洲(上海和江苏、浙江)和成渝(重庆和四川)。其他主要城市是省会城市或省级经济中心。因此,一旦这三个指标与各自的省份相匹配,就可以直接计算出主要城市在这三个指标中所占的区域份额。如果一个大城市的某一行业在该城市总就业人数中所占的比重大于该行业在该地区总就业人数中所占的比重,则该大城市在该行业中具有区域区位优势。地区层面的知识密集型经济的就业份额(RshKEE)并不保证自身的增长,如果知识密集型经济的集中度低于其他工业部门,知识密集型经济的就业区位商(LQKEE)就会有增长的趋势。这三个指标互补地代表了随着中国高铁的扩张,知识密集型经济在主要城市和区域范围内的发展情况。RshKEE 和 LQKEE 的定义如下

$$\text{RshKEE}_{it} = \text{KEE}_{it}/\text{KEE}_{pt} \tag{5.1}$$

$$\text{LQKEE}_{it} = \frac{\text{KEE}_{it}/\text{TE}_{it}}{\text{KEE}_{pt}/\text{TE}_{pt}} \tag{5.2}$$

其中,i 表示城市;p 表示城市所在地区;t 是时间指数。变量 KEE_{it} 和 KEE_{pt} 分别代表城市和地区的知识密集型经济就业;TE_{it} 和 TE_{pt} 代表相应的总就业水平。

三、高铁发展对知识密集型经济的影响模型:面板回归模型和变量定义

采用面板数据(2006～2019年)回归分析,研究高铁服务发展对知识密集型经济空间动态的影响。

面板数据回归因其有效性在经济地理学文献中得到了广泛应用(Hsiao,2014)。在本书中,回归模型中的因变量是三个知识经济增长指标:(1)相应大城市的绝对知识密集型经济就业(KEE)。(2)知识经济就业份额(RshKEE)。(3)区域范围内知识密集型经济就业的区位商(LQKEE)。面板数据回归的一般方程为

$$\boldsymbol{Y}_{it} = \sum \beta_i \boldsymbol{X}_{it} + \boldsymbol{\mu} + \varepsilon_t \tag{5.3}$$

其中,$\boldsymbol{Y}$ 是一个横截面中每个行政单位 $i(i=1,2,\cdots,33)$ 的因变量的 $N \cdot 1$ 向量;$t(t=1,2,\cdots,14)$ 表示时间;$\boldsymbol{X}$ 是自变量的 $N \cdot t$ 矩阵;β_i 和 $\boldsymbol{\mu}$ 为系数,ε 是误差项。

$\boldsymbol{\mu}$ 是在固定效应的情况下要估计的参数向量,通常假设在随机效应的情况下 $\boldsymbol{\mu} \sim N(0, \sigma\mu 2)$。为避免自变量间的多重共线性,运用了方差膨胀系数(variance inflation factor,VIF)对模型的多重共线性程度进行检验。Hausman 检验用于检验固定效应和随机效应是否能提供更有效的回归分析。用 F 检验检验面板回归模型的总体信度。

表 5.1 中报告了所需社会经济指标,这些指标被用作量化高铁对案例研究城市知识密集型经济增长和空间动态的净影响的控制因素。选定的控制因素反映了知识密集型经济发展的背景,并与经济结构设施和便利设施相关(Fageda 和 Gonzalez-Aregall,2017;Liu 等,2016)。以人均 GDP、外商直接投资(FDI)和第三产业比重为变量,分析了高铁对知识密集型经济就业机会的影响,并假设其具有正系数(Fageda 和 Gonzalez-Aregall,2017;Liu 等,2016)。最近,空气污染已成为主要城市的一个关键环境问题,也是中国企业和家庭选址决策的关键因素(Wu 等,

2019)。因此,高空气污染预计会对特定城市或地区的生态环境发展产生负面影响。教育资源在我国就业分布研究中得到了广泛的应用,并可能产生积极的影响。

表 5.1 变量定义和摘要统计信息

分类	变量名	定义	2006 年		2019 年	
			平均数	标准差	平均数	标准差
因变量	KEE	全市就业人数/万人	30.39	34.71	43.32	70.64
	RshKEE	城市在本地区就业中的份额	0.25	0.12	0.25	0.13
	LQKEE	城市 KEE 在区域中的区位商	1.03	0.19	1.06	0.22
列车服务变量	CRs	城市每日 CR 列车服务数量/(n·10⁻¹)	12.67	8.58	14.22	8.37
	HSRs	城市每日高铁列车服务数量/(n·10⁻¹)	0	0	28.41	21.36
区域交通变量	ProHSRL	区域内高铁线路长度/1 000 千米	0	0	1121	464
	ProCRL	该地区 CR 线路长度/1 000 千米	1597	3.99	3032	2.56
	ProMotorL	区域内高速公路长度/1 000 千米	1.83	1.12	5.04	2.05
城市经济结构	GDPPC	人均国内生产总值/万元	3.18	1.42	8.96	2.84
	Tertiary	第三产业占国内生产总值的比重	0.49	0.06	0.59	0.08
	FDI	外商直接投资/亿美元	12.62	12.76	32.69	41.51
城市设施和便利设施	Education	中小学师生比	0.061	0.008	0.072	0.008
	Pollution	年 PM2.5 浓度/(微克·立方米⁻¹)	41.96	17.14	40.48	16.07
暂时效应	Time	年份	0	0	10	0
	HSRsl	城市高铁服务与区域高铁长度的互动关系	0	0	36.76	38.41
	CRsl	城市 CR 服务与区域 CR 长度的互动关系研究	41.24	45.57	61.84	68.15

此外,回归模型中还包含高铁和常规铁路的列车服务频率作为变量。已有研究(Campa 等,2018;Chen 和 Haynes,2015)广泛使用高铁网络的区域长度作为主要变量,以衡量高铁发展的影响。然而,高铁基础设施的发展和列车服务的频率确实影响了城市间的可达性水平(Moyano 和 Dobruszkes,2017;Wang 等,2013)。例如,与大城市相比,其他城市的高铁服务频率要低得多,甚至倾向于拥有比以前更少的列车服务(Cao 和 Zhu,2017)。因此,小城市的旅客每天选择高铁出行的机

会较少。因此,相对较低的时间可达性可能导致高铁服务的发展对当地经济活动的影响降低。如33个主要城市高铁发展状况所示,高铁列车更频繁地服务于主要城市,但三个地区的高铁服务频率在这些城市之间存在较大差异。考虑到交通基础设施发展的多尺度效应(Banister 和 Thurstain-Goodwin, 2011; Bellet 和 Urena, 2017),将高铁、普速铁路及主要城市高速公路网的区域存量作为附加变量,以帮助从整体交通基础设施发展的角度分离高铁对知识密集型经济增长和空间动态的影响。最后,考虑到列车服务频率和铁路基础设施的区域存量是铁路可达性的两个维度,还研究了这些变量对知识密集型经济增长和随时间变化的空间动态的交互影响。

第三节 高速铁路对城市知识密集型经济增长的作用

一、知识密集型就业增长与空间集中

对知识密集型就业增长的分析表明,在过去14年(2006~2019年)中,33个主要城市的知识密集型就业绝对值大幅增长,从1 032万个就业岗位增至2 950万个就业岗位。按百分比计算,在国家层面上,知识密集型行业就业的比例仅从2006年的23.55%上升到2019年的25.65%。据全国经济统计,33个样本城市的知识密集型经济占全国总量的比重由同期的37.42%上升至48.42%。如图5.2所示,三个地区的样本主要城市的知识密集型就业人数都翻了一番。这些主要城市的知识密集型就业年平均增长率为9.56%,而全国知识密集型就业年平均增长率为5.44%。此外,33个主要城市的知识密集型经济就业的区位商LQKEE在过去几年都大于1,表明这些城市专门研究知识密集型经济。然而,随着时间的推移,中国东部、西部和中部地区的知识密集型经济空间协调存在明显的区域差异(图5.2(c))。根据这三个子图,中国东部的主要城市拥有最大的就业存量(图5.2(a))和区域专业化水平(图5.2(c)),但却具有最低的知识密集型经济区域份额(图5.2(b))。自2011年以来,东部主要城市的知识密集型经济专业化(LQKEE)显著增加(图5.2(c))。相比之下,中西部地区的主要城市在知识密集型经济专业化方面表现出非常相似的模式。可见,近几年东部和西部主要城市的知识密集型经济增长集中度较高,而中部主要城市的知识密集型经济增长集中度变化不明显。

二、高铁对大城市知识密集型经济增长的影响

本书基于城市的知识密集型经济就业增长及其在区域范围内的空间集中和专业化,建立了面板数据回归模型,以分析高铁发展的影响。在过去14年中,知识密集型经济就业与其区域份额呈5%显著性相关(相关系数为0.40~0.49, $n=33$)。根据检验多重共线性的经验法则(VIF < 4),得出列车服务频率和区域铁路存量

相互作用效应的指标与相应的两个分量显示出显著的多重共线性。因此,在不同的模型中采用了共线性变量。Hausman 检验表明,随机影响假设在 1% 的统计显著性水平上被拒绝。这有助于解释为什么固定效应被广泛应用于控制那些不被观察到的影响因变量的变量(Arbués, Baños 和 Mayor, 2015; Fageda 和 Gonzalez-Aregall, 2017)。此外,由于政策制定者并不是随机选择城市发展高铁服务,因此本书采用固定效应法进行回归分析比随机效应法更为合适。

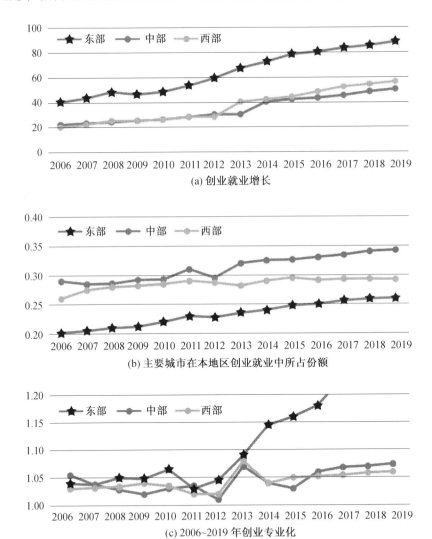

图 5.2　三个地区 2006～2019 年创业情况

注:数据来源于《中国城市统计年鉴》。

表 5.2 显示了 33 个主要城市高铁发展对知识密集型经济就业增长影响的估算结果。"全国模型"估计了高铁对整个中国知识密集型经济就业增长的影响,而"区

域模型"分别显示了三个区域的影响。在所有的估计模型中,高铁服务频率是知识密集型经济就业增长的一个积极并显著的因素。然而,普通铁路服务频率、高铁区域存量及普通铁路网仅在部分模型中显著(见表5.2)。高铁服务频率对知识密集型经济就业增长的影响系数随着混杂变量的增加而增大,这表明高铁服务的影响是由表5.1所示的其他交通方式、社会经济因素等变量所传导的。在控制其他指标后,模型3表明,每10%的高铁服务频率增加,将带来知识密集型经济就业平均0.229%的增长。模型4显示了面板回归结果,包括服务频率与区域普通铁路总量、高铁发展、其他社会经济变量之间相互作用。结果表明,高铁发展对知识密集型经济增长有显著的正向影响,而普通铁路发展对知识密集型经济增长有显著的负向影响。因此,高铁的发展促进了主要城市的经济增长。

表5.2 高铁对知识密集型经济就业增长的影响(对数)

全国模型	地区模型						
	模型1	模型2	模型3	模型4	东部	中部	西部
常数项	1.335***	1.339***	0.301*	0.345*	−0.467*	0.460	1.101***
年份效应	0.022***	0.016***	−0.004	0.001	−0.014	0.011	−0.005
CRs	0.001	0.001	0.0002		−0.001	0.006	0.005
HSRs	0.002***	0.002***	0.002***		0.002	0.001	0.022***
ProHSRL		0.003	0.017		0.014	0.069	0.063
ProCRL		−0.012**	−0.011*		−0.015***	0.017	−0.06**
ProMotorL		0.019***	0.015***	0.015***	−0.002	0.029***	0.054***
GDPPC(in log)			0.313***	0.297***	0.554***	0.129	0.368***
Tertiary			0.306***	0.230**	0.990***	−0.219	−1.175
FDI(in log)			0.032**	0.032**	0.019	−0.053	0.056**
Education			1.670*	1.588*	2.026**	4.294**	4.508
Pollution			0.096*	0.094*	0.197**	0.315*	1.075***
HSRsL				0.001***			
CRsL				−0.001			
N	363	363	363	363	176	88	99
R2	0.233	0.192	0.464	0.378	0.687	0.848	0.894
Prob>F	0.000	0.000	0.000	0.000	0.000	0.000	0.000

注:10%、5%和1%水平的显著性分别用*、**、***表示。

研究发现,人均GDP、FDI和教育水平对知识密集型经济增长具有显著的正向影响。结果进一步表明,在研究选择的城市中,知识密集型经济增长与经济发展水平和城市设施可用性(即教育)显著相关,受城市空气质量的因素(即污染水平)影响较小。

此外,中国东、中、西部地区高铁对知识密集型经济的增长存在差异。高铁服务频率对西部地区知识密集型经济增长的影响大于东部地区,而对中部地区影响不显著。高铁网络的区域存量对三个地区的知识密集型经济增长均无显著影响。

普通铁路网络的区域存量对东部和西部的知识密集型经济增长有显著的负向影响，而对中部地区的影响不显著。高速公路的区域存量是中西部地区知识密集型经济增长的一个积极而显著的影响因素。

三、高铁对大城市知识密集型经济空间集聚的影响

用固定效应模型检验高铁对知识密集型经济（即 RshKEE）空间集中度影响，相关结果见表5.3。在全国模型中，高铁服务频率对区域范围内主要城市知识密集型经济集中发展具有正向显著影响，而高铁网络区域存量是负向但不显著的影响因素。服务频率和高铁区域存量两个变量之间的交互作用也显示出显著的正向预测效果。然而，三个地区的效应关系各不相同。区域模型的结果表明，在东部和中部地区，高铁服务频率对知识密集型经济集聚有显著的正向影响，而西部地区的关系则相反。可变区域高铁长度对西部地区知识密集型经济集聚有显著的正向调节作用，而对中部和东部地区的影响为负并不显著。结果表明，高铁发展对不同地区主要城市知识密集型经济集聚的影响是有条件的。然而，普通铁路的发展是一个影响较小的因素。只有在中国西部地区，普通铁路服务对知识密集型经济的集聚有显著的正向影响，而普通铁路网络的区域存量显著促进了知识密集型经济在东部地区的分散。

表5.3 高铁对知识密集型经济集聚的影响

	全国模型				地区模型		
	模型1	模型2	模型3	模型4	东部	中部	西部
常数项	0.242***	0.256***	0.093	0.078	−0.134	2.014	1.833***
年份效应	0.003***	0.004***	0.001	0.001	−0.003	0.072***	0.029***
CRs	0.001	0.001	0.001		0.001	0.003	0.001***
HSRs	0.001***	0.001***	0.001***		0.001***	0.001***	0.002***
ProHSRL		−0.004	−0.003		−0.007	−0.044***	0.037***
ProCRL		−0.005***	−0.005***		−0.006***	0.0511	−0.033
ProMotorL		−0.001	−0.001	−0.001	−0.003	0.049***	−0.005
GDPPC(in log)			0.040**	0.047**	0.133***	−0.157*	0.349
Tertiary			0.070**	0.050*	0.169***	−0.768	−0.844
FDI(in log)			0.003	0.003	0.001	−0.020**	0.016**
Education			0.453*	0.465*	0.362	3.417***	2.449**
Pollution			0.017	0.018	0.024	0.053*	−0.284
HSRsl				0.001***			
CRsl				0.000			
N	363	363	363		176	88	99
R2	0.129	0.137	0.161		0.203	0.845	0.856
Prob > F	0.000	0.000	0.000		0.000	0.000	0.000

注：10%、5%和1%水平的显著性分别用 *、**、*** 表示。

四、高铁对大城市知识密集型经济专业化的影响

用固定效应模型估计了高铁对所选主要城市知识密集型经济专业化(即LQKEE)的影响,结果如表5.4所示,高铁服务频率在全国和地区模型中对主要城市的知识密集型经济专业化产生了积极而显著的影响。高铁网络的区域存量对国家和东部地区模型的知识密集型经济专业化有显著的负向影响,而对中西部地区的影响不显著。这表明,高铁服务的发展有助于促进主要城市的知识密集型经济专业化,但高铁网络的扩展在全国范围内,尤其是在东部地区产生了相反的影响。普通铁路服务频率仅在西部地区呈现出显著正向影响,而普通铁路网络的区域存量在除中部地区外的所有模型中都有显著的负向影响。服务频率与高铁区域存量的交互作用对知识密集型经济专业化有显著的正向影响,而服务频率与高铁区域存量的交互作用对知识密集型经济专业化有相反的影响。因此,对于知识密集型经济专业化而言,高铁服务频率的增加是一个重要因素,而区域铁路基础设施的扩张则起到了调节作用。在三种类型的陆路交通基础设施中,只有高速公路的区域存量在国家和区域范围内对主要城市的知识密集型经济专业化产生了显著的积极影响。在社会经济指标中,第三产业的份额是选定知识密集型经济专业化主要城市时最重要的预测指标。这可能是因为知识经济是服务经济的重要组成部分,与其他服务部门有着密切的联系。

表5.4 高铁对城市知识密集型经济专业化影响

全国模型	地区模型						
	模型1	模型2	模型3	模型4	东部	中部	西部
常数项	1.013***	1.029***	0.829***	0.568**	1.423***	1.404**	0.631**
年份效应	−0.004	−0.003	−0.005	−0.012	0.038***	0.035	−0.065
CRs	0.001	0.002	0.002		0.006	0.004	0.006***
HSRs	0.005***	0.005***	0.005***		0.005	0.004	−0.006
ProHSRL		−0.050	−0.061**		−0.146*	−0.061	0.210
ProCRL		−0.013*	−0.020**		−0.038*	0.029	−0.059***
ProMotorL		0.010*	0.010*	0.007*	0.025*	0.065*	0.019*
GDPPC(in log)			−0.008	0.163	−0.442	−0.482	−0.735
Tertiary			0.664***	0.587***	0.653**	0.289	0.312*
FDI(in log)			−0.021	−0.024	−0.035	0.052	0.077
Education			0.797	0.465	4.224	−0.061**	−1.709
Pollution			0.007	0.038	0.011	−0.066	−0.562
HSRsL				0.002***			
CRsL				−0.001			
N	363	363	363	363	176	88	99
R2	0.176	0.164	0.273	0.216	0.625	0.705	0.687
Prob > F	0.000	0.000	0.000	0.000	0.0000	0.0000	0.0000

注:10%、5%和1%水平的显著性分别用 *、**、*** 表示。

第四节　讨论调查结果及其影响

本书探讨了高铁发展对中国知识密集型经济增长、空间集聚和区域专业化的影响。最近的实证研究表明，高铁发展在区域可达性改善和潜在经济收益方面对主要城市有利。与以往侧重于基础设施发展的研究不同，本书将高铁网络的发展和服务频率纳入其外部效应的建模中，以探讨高铁对整体经济发展的影响。因此，相关结果进一步加深了本书对高铁服务的可用性和频率如何支撑知识密集型经济中关键活动的增长以及中国主要城市空间经济结构调整的理解。

结果表明，高速铁路服务和传统铁路网的发展对知识密集型经济的增长、集中度和专业化有不同的影响，而且这些影响在不同地区有所不同。首先，高铁服务的频率在绝对增长、空间集中和区域专业化方面对知识密集型经济发展的贡献不同。在中国较发达的东部地区，高铁服务对知识密集型经济增长和空间动态的这三个指标的积极影响尤其明显。这一积极影响表明，高铁服务促进了本书所选择的主要城市的知识密集型经济增长和集中度，以牺牲大都市地区的其他城市为代价。此外，高铁网络在区域尺度上的扩张对知识密集型经济增长和空间集中度有一定的影响。分析表明，这一效应在我国东部和中部地区的知识密集型经济专业化和知识密集型经济空间集中度上分别为负效应，而在西部地区的知识密集型经济空间集中度上为正效应。高铁网络的扩展与列车服务频率的交互作用在知识密集型经济动力学的三个指标中均为正。这些发现表明，迄今为止，高铁网络的发展在中国主要城市的知识密集型经济发展成果中所起的作用比单纯的高铁服务的发展更为多样化。相比之下，中国中部地区普通铁路服务对知识密集型经济增长和空间动态的影响不显著。在中国的东部和西部地区，普通铁路的扩张对知识密集型经济的增长和集中度的影响是负面的。

两种列车服务（即高铁和普速铁路）的不同结果可能是由于它们在运输市场上的分工不同。通过提供廉价和广泛的区域覆盖，传统铁路服务对倾向于在劳动密集型行业工作的农民工更有吸引力，因此有助于制造业企业和劳动密集型城市经济活动的发展。相比之下，高铁通过提供频繁和优质的列车服务，对商务旅客和通勤者更有吸引力，从而有助于服务经济的发展，包括知识密集型经济的活动（Zhen，Cao 和 Tang，2018）。研究结果进一步表明，高铁和普铁铁路服务对东部发达地区的经济增长的促进作用大于中西部欠发达地区。中部地区尤其如此，传统铁路发展对经济增长和空间动态的影响微乎其微。与东部地区相比，中部地区的列车开行频率较低，西部地区的铁路密度和覆盖率更低。事实上，中部地区长期以来一直是中国一个突出的外迁中心。中国东部的移民倾向于在服务业和制造业工作，而中国西部的移民倾向于在建筑业和农业工作。因此，与以往研究结果一致（Liu 和 Shen，2014；Shen 和 Liu，2016），高铁发展促进了高技能劳动力从历史欠发达地区的外流,从而使这些地区,尤其是中部地区劳动力和人才流失程度较大。

以前的研究(Chen 和 Vickerman,2017;Givoni,2006;Wang 等,2013)表明,城市和地区对高铁开放的反应不同,从消极到积极,因为城市和区域经济以及高铁服务在不同的发展阶段和部署模式中各不相同。Perl 和 Goetz(2015)总结了世界高铁服务网络的三种部署模式,即开放式走廊(如日本和英国)、混合网络(如法国和德国)和国家综合网络(如西班牙和中国)。此外,中国仍处于快速城市化进程中,高速、大规模地发展高铁网络,空间发展战略参差不齐,这使得中国的高铁效应不同于其他高铁先驱国家。此外,随着高铁服务在西欧国家的引入,高铁服务水平并未显著提高,而在中国的交通运输中,高铁服务仍在增长并发挥着关键作用。这是因为中国在东、中、西三大区域的铁路服务空间差异很大。总的来说,高铁服务被用作运输效率的解决方案,而铁路服务则用于运输平等。因此,协调高铁与高铁的服务网络,改善铁路服务供给的不均衡性,特别是在高铁密度远低于普通铁路密度的中西部地区,普通铁路服务可以作为高铁枢纽城市高铁服务的供给线。

分析结果表明,高铁对我国主要城市知识密集型经济的空间集聚和专业化的影响在三个地区存在差异。这从根本上与全国服务业发展格局不平衡有关。Zhong 和 Wei(2018)的研究表明,高端服务业增长总体上主要集中在东部沿海地区,特别是发达大城市。与此同时,中国西部大部分城市仍处于工业化进程中,该地区的主要城市主导了高质量服务的提供(Pan 等,2018;Zhao 等,2015)。从结果来看,通过促进中国东部沿海地区尤其是关键知识密集型经济活动的增长,高铁似乎有了进一步促进日益突出的西部地区服务业发展不平衡的问题。结果表明,除高铁发展外,社会经济因素(人均 GDP 和第三产业比重)对东部发达地区的知识密集型经济集聚具有最显著的正向作用,而对中西部地区的知识密集型经济集聚具有负向作用。因此,似乎现有的有利区域经济条件与高铁发展相结合,在已经繁荣的地区产生更多的增长。

本书的研究还证实了先前的结论(Campos 和 de Rus,2009;Yin,Bertolini 和 Duan,2015),即即使在主要城市中,城市经济活动的集中和分散都是高铁网络发展的合理结果。由于主要城市仍处于建成区扩大的过程中,高铁发展和城市增长动力也可能相互加强。在欧洲国家,高铁发展在区域内和区域间知识密集型经济活动的再分配中发挥了重要作用(Chen 等,2019)。这可能是因为其他发达的运输形式,即跨地区运输高技能劳动力,在发达的运输市场上与普通铁路服务竞争并补充高铁服务。然而,在中国,高铁服务除了与其他交通方式竞争外,还从快速城市化背景下不断增长的出行需求中获益。更重要的是,中国的高铁旅行成本相对较低,因此,高铁服务可以覆盖更多的旅客。因此,高铁不仅具有再分配效应,而且具有孵化器效应,因为它显著提高了区域可达性,有助于扩大主要城市服务经济的潜在市场面积。中国与其他国家在经济发展阶段和高铁发展模式上的巨大差异,导致了高铁效应的不同表现形式。

但重要的是,研究结果表明,大城市高铁服务的频率对就业增长、空间集中和区域专业化有显著影响。相反,高铁网络的区域扩张对绝对就业增长和空间集中度的影响微乎其微,对区域专业化的影响微乎其微。区域高铁长度与高铁服务频率之间的交互作用对本书所考虑的知识密集型经济增长和空间动态的三个指标都有正向影响。这意味着高铁网络总长度和服务频率是推动中国知识密集型经济活动增长和空间动态的互补因素。此外,三个区域内所选主要城市的知识密集型经济增长和空间动态对高铁发展的影响方式不同。具体而言,高铁服务频率对知识密集型经济空间集中度和专业化有正向影响,在东部发达地区影响最大,而高铁网络的扩展对三个地区的知识密集型经济增长、空间集中度和专业化有不同的影响。结果表明,高铁服务频率对知识密集型经济增长和空间动态的影响大于区域高铁存量。因此,研究结果强调了服务频率对高铁发展的经济影响的关键作用。

第五节　结论与进一步研究方向

基于高铁发展对大城市的促进作用大于对相对较小城市的论点(Chen 和 Vickerman,2017;Givoni,2006;Givoni 和 Banister,2012),这项研究促进了本书对高铁发展如何影响中国城市及其大都市圈的知识密集型经济增长和空间动态的理解。借鉴新经济地理学理论中的不完全竞争和集聚原理,本书有助于解释高铁等交通基础设施更广泛的经济效应。本书的研究论证了当地环境和现有传统铁路服务在调解高铁对知识密集型经济动态影响中的作用。最重要的是,本书的方法和贡献不同于以往的研究,这些研究将不同等级城市放在同一样本池中进行分析,并得出结论,高铁发展对主要城市的好处大于其他城市。相反,它特别关注主要城市,从而建立了一个公正的基准来检验高铁的影响。采用这种方法是至关重要的,因为在中国,高铁发展并非随机选择城市;相反,它们之所以被选中,是因为它们的经济发展水平和人口密度高,以及相关的高潜在旅游需求。因此,高铁网络和服务的发展优先考虑大城市,因此它们在这一过程中获得了比小城市更高的收益。本书的结果还显示,高铁效应在选定的主要城市之间存在差异,这取决于其独特的当地条件。

尽管本书做出了贡献,但仍有进一步研究的余地。未来的研究可以从企业和家庭的位置或迁移的角度来考察高铁的影响。例如,本书可以研究知识密集型经济部门的公司如何通过高铁网络开发组织商业网络,或者通勤者的家庭工作地点决策如何受到高铁服务的影响。未来的研究还可以解决企业(区域)总部如何应对主要城市之间网络连通性和可达性的增加的问题,以便为区域规划者提供更多的见解。由于发展阶段的相关因素,高铁对我国区域经济结构调整的影响可能存在制度性因素。很明显,等级制的城市体系整合了主要位于大城市的知识密集型公司。最先进的资源和服务(即教育、医疗和便利设施)也集中在知识密集型经济的主要城市。相比之下,中国的福利制度(即社会保险、住房补贴等)被城市隔离,这阻碍了劳动力在就业市场的自由流动。因此,在高铁发展的时代,这些制度因素如何调节区域产业组织和区域一体化的问题有待研究。此外,由于高铁发展也重组了一些城市的网络节点,因此在未来对这些特定城市的案例研究中,评估这些变化如何对城市和区域发展产生额外影响将是有益的。

第六章　要素流动视角下高速铁路对城市经济差距的影响

伴随现代化交通运输体系的发展,以高速铁路为代表的交通运输革命改变了城市间的时间距离和空间距离,城市间的时空距离被进一步缩小(Yin等,2015),城市体系的经济空间分布格局重新洗牌,这成为社会各界普遍关注的问题。但是,已有研究特别是关于高铁的早期研究中,注重分析高铁对城市经济发展的促进作用,未能充分考虑高铁对中小城市的虹吸效应,忽视了高铁对城市经济差距的影响,也没有考虑到要素流动在高铁效应中的作用,本章将对此做重点关注。

正如前文所述,已有研究未能充分考量高铁对城市经济发展的"双刃剑"效应,对高铁通过要素流动作用于城市经济发展的机理未能充分梳理,这势必将不利于综合考量考察高铁对城市经济增长的影响,也不利于科学制定相关经济发展策略和要素流动政策。因此,本章从要素流动视角出发,综合考察了高铁开通及对城市经济差距的影响和作用机理。在详细阐述高铁开通影响城市经济差距内在机理的基础上,基于2004~2019年中国333个地级市的数据,将高铁开通作为一项"准自然实验",采用倾向得分匹配倍差法(PSM-DID),实证检验高铁开通对城市经济差距的影响效应。

第一节　高速铁路联网下中国城市的经济差距

2008年以来,中国高速铁路建设保持高速进展,开通运营高铁的省区和城市数量不断增长,开通高铁的地级市数量由2008年的9个上升至2019年的333个。高铁开通提升了城市间资源和要素的流动便利程度,促进了技术交流,进而直接促进了城市经济发展。当然,高铁开通对城市带来的要素流动作用具有双面性,一些城市吸引要素流入的同时,一部分城市也正遭受要素流失的冲击。因此高铁开通带来的要素流动,影响了城市间的经济差距。以开通高铁城市与未开通高铁城市的人均GDP之差衡量城市间的经济差距,结果见图6.1。

如图6.1所示,全国和分地区的结果都表明,开通高铁城市和未开通高铁城市的人均GDP存在显著差异。就分地区的结果来看,东部地区城市间的经济差距高于全国水平,在各地区中最大。中部地区城市间经济差距相对较小,低于全国平均水平,但整体差距平稳,未见明显上升。西部地区城市间经济差距小于0,表明未开通高铁城市的人均GDP水平要高于开通高铁城市,学者认为这可能与当前中国"交通扶贫"政策有关(张光南等,2011),未开通高铁城市获得了大量扶贫资金。

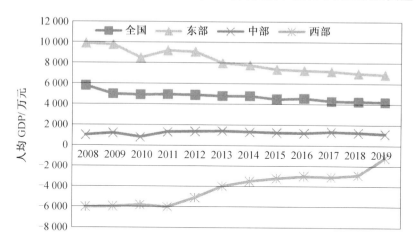

图6.1 2008～2019年分地区开通和未开通高铁城市的人均GDP的差距

第二节 高速铁路开通影响中国城市经济差距的内在机理

新经济地理学理论界认为,市场范围、地区之间劳动力的流动及运输成本决定了区域经济活动是向中心地区集聚还是向周边地区扩散(Krugman,1980)。交通基础建设和完善,降低了要素流动成本,进而影响了城市经济活动的发展方式(张克中和陶东杰,2016)。因此,交通基础设施与城市经济差距之间的关系可分为两方面:一方面,中心城市交通基础设施的发展,带动了要素由周边地区向中心城市的流动,不利于周边城市经济发展,导致中心城市和外围城市经济差距不断扩大;另一方面,交通基础设施促进中心城市发展的同时,也增加了中心城市的经济外溢,促进了周边城市的经济增长。

因此,中心城市和周边城市经济差距的大小,取决于这两方面量的大小博弈。

高铁作为重要的现代化快速交通运输工具,具有载客量大、速度快、准点率高、安全性好的优势,在压缩城市间时间距离的同时,增加了劳动力等要素的流动便利性,对城市间经济差距产生重要影响。

第一,高铁开通所引发的要素流动可能产生极化效应,导致城市间的经济差距增大。一方面,交通基础设施完善可能吸引生产要素集聚到中心城市,产生极化效应。生产要素的流动遵从帕累托改进原理,它们通常从边际产出低的地区流向边际产出高的地区,即从外围城市向经济环境较好的中心城市流动,导致中心城市更有能力集聚优势资源,加快经济发展。而另一方面,外围城市面临中心城市的快速发展,无力改变要素流失局面,可能陷入"流失 — 恶化 — 再流失"的恶性循环。因此,学者们认为高铁开通后,中心城市和外围城市会面临"强者愈强,弱者愈弱"的"马太效应",并产生"极化效应"。因此,中心城市和外围城市间的经济差距会进一步扩大。

第二,高铁开通促进要素流动,也可能产生中心城市向外围城市的扩散效应,促进城市经济差距的缩小。从世界交通基础设施发达国家的发展经历可以得出,交通基础设施的完善能促进外围城市的经济发展。交通基础设施直接提升外围城市的基础设施投资水平,降低了交易的运输成本。交通基础建设能够缩短中心城市和外围城市之间的时间距离,提高可达性。在中心城市发展过程中可能产生经济获得的外溢效应,外围城市承接中心城市的产业转移和技术外溢,促进经济差距缩小。新古典区域均衡发展理论认为,要素流动的逐利性特征会产生最终的平均收益均等化。依据这一理论,要素流动会最终使城市间的经济差距收敛。高铁主要以高技能劳动力为主要服务对象,高技能劳动力在城市间的流动,加快了中心城市与外围城市之间的技术交流,外围城市承接了更多的知识和技术外溢。内生增长理论指出,技术进步是经济增长提的不竭动力。因此,技术外溢有助于促进外围城市经济发展,减小与中心城市的经济差距。

第三,高铁带来的极化效应和扩散效应在不同时期具有不同的效应。首先,在高铁开通初期,高铁带来的时空压缩效应显著改善和提升了要素流动速度,外围城市承受的资源流失严重,城市间的经济差距快速加大。其次,伴随要素向中心城市的集聚,供给过多导致要素价格下降,要素的边际收益降低,要素的流动速度趋于放缓,中心城市表现出经济外溢效应。这一阶段中扩散效应促使城市经济差距缩小。

综上所述,高铁通过缩短城市间的时间距离,提高了要素的流动便利性,对城市经济产生了极化效应和扩散效应。极化效益和扩散效益之间的博弈,导致了城市经济差距的动态变动。在高铁开通初期,要素迅速向中心城市集聚,中心城市快速积累了大量优势资源,经济发展势头迅猛,而外围城市遭遇要素流失的冲击,城市间的经济差距进一步加大。伴随要素的集聚,要素价格均等化效应下,要素流动速度放缓,外围城市感受到来自中心城市的经济外溢,城市经济差距不断缩小。

第三节 要素流动视角下高速铁路对城市差距影响的定量分析

一、模型构建与变量选择

(一) 模型构建

高铁建设在国家发展改革委和中国铁路总公司等部门的综合规划下完成的,地方各级政府对高铁的话语权较小。当前中国的高铁网络中除了连接的少数中心城市外(直辖市、省会和副省级城市等),其他中小城市能否开通高铁,主要取决于是否位于两中心城市的连线上,因此沿途中小城市是否开通高铁并不受自身经济发展程度的直接影响(张克中、陶东杰,2016)。因此,可以将高铁开通作为一项"准自然实验"。借鉴董艳梅和朱英明(2016)的研究,将开通高铁的城市作为处理组,未开通高铁的城市作为对照组,采用倾向得分匹配与双重差分相结合的方法,考察高铁对城市经济差距的影响。双重差分模型估计中,样本必须满足"共同趋势",以避免处理组和对照组在选择过程中可能存在的"选择性偏误"(Khandker 等,2010)。因此本书首先采用倾向得分匹配法(PSM),将处理组和对照组样本进行匹配,保障研究样本在考察期内具有共同的时间趋势,以缓解样本选择偏差以及由此所产生的内生性问题。在此基础上,基于匹配后的处理组和对照组样本,采用双重差分模型(DID)可进一步降低遗漏变量问题所导致的内生性估计偏误。具体方法为通过选取若干特征变量 x,并构建一个二元择模型

$$p_i(x) = pr(d_i = 1 \mid x_i) = f[h(x_i)] \quad (6.1)$$

其中,d 为虚拟变量(处理组=1,对照组=0);f 为 Logistic 分布函数;$h(x)$ 表示第 i 个地区协变量 x 的线性函数。参考龙玉等(2017)、张俊(2017)的方法,倾向得分匹配中的协变量包括地理坡度、经济发展水平、对外开放水平、人口数量、城镇化水平、公路里程和政府财政支出规模。评估每一个样本为处理组的概率 p,并为每个确定为处理组的城市,匹配出与其发展最相近的地区作为其对照组。这需要处理组和对照组满足平衡性原则,即处理组和对照组的概率 p 值要尽可能接近,且各匹配变量在处理组和对照组之间不存在显著差异。由于各城市开通高铁的时间不同,在匹配过程中需按照高铁开通年份逐年匹配,按照最优1∶3的匹配比例构建对照组。为避免协变量受到高铁开通影响而导致错误估计,选取各协变量滞后1期的数据进行匹配。最后,使用 PSM 法找出处理组和对照组,采用匹配后的数据进行双重差分估计,本书所构建的双重差分模型为

$$\text{Eco\_gap}_{it} = \gamma_1 \text{City}_{it} + \gamma_2 \text{Year}_t + \gamma_3 \text{City}_{it} \times \text{Year}_{it} + \beta_j \sum x_{jit} + \varepsilon_{it} \quad (6.2)$$

式中,i 表示个体,t 表示时期;因变量 Eco_gap 表示城市经济差距;City 为城市虚拟变量(若 t 年份该城市开通高铁则为1,否则为0),γ_1 为其估计系数;Year 表示时间虚拟变量(高铁开通后为1,高铁开通前为0),γ_2 为其估计系数;City×Year 即为处理效应,表示高铁开通对处理组和对照组的影响差异,即高铁开通对城市经济差距的影响;x 表示本书所选取的 j 个控制变量,β 为相应的估计系数;ε 为随机误差项。

(二)数据和变量选择

2008年京津城际高铁开通标志着中国第一条高速铁路开始运营。为了检验高铁开通前与开通后对城市经济发展的影响,本书选取了高铁开通前的2004年为起始时间,截止时间为2019年底,样本为中国333个地级市。在样本城市的选择上,依据行政区划的调整,剔除了样本期间内地级市层面发生调整的城市,但未剔除地级市内部发生县区区划调整的城市以及撤地设市的情况。数据来自历年《中国城

市统计年鉴》《中国区域经济统计年鉴》《中国统计年鉴》等。

1. 核心解释变量：高铁开通

采用准自然实验的方法，设置了2004～2019年中国333个地级市是否开通高铁的一系列虚拟变量，包括高铁开通的城市虚拟变量(City)和时间虚拟变量(Year)，以及二者的交乘项(City×Year)。某一城市开通高铁可能存在两种情况，一种是高铁经过，一种是高铁停靠，只有当高铁在该城市车站停靠站时才会对城市的人口流动产生实质性作用，因此研究中关注高铁是否在该城市停靠站。当高铁在该城市的高铁站或普通站停靠时，City为1，否则为0。当样本城市中有多条高铁经过时，选取最早的高铁通车时间为研究的高铁开通时间。若高铁开通为某年的年底，则将高铁开通时间滞后一期处理。

2. 被解释变量：城市经济差距

城市经济差距为两城市之间的经济增长率的离差，记为Eco_gap。计算方法为：用人均地区生产总值（人均GDP）相对于上一年度的同比增长率表示经济增长率。分别计算各年度开通高铁城市与未开通高铁城市的经济增长率离差。离差等于该年度某一城市经济增长率的观测值减去该年度所有城市经济增长率的平均值。本书采用PSM-DID方法来估计高铁开通对城市经济差距的影响，若该系数为正，表示开通高铁城市经济增长率的离差要大于未开通高铁城市，则意味着高铁开通加大了城市间的经济差距。

3. 要素流动

中国高速铁路为客运专线，因此高铁的主要服务功能为旅客运输，因此本书的要素流动指劳动力要素的流动。白俊红等(2017)借鉴引力模型对要素流动进行测算，这一结果可反映各城市之间劳动力的流动情况。本书也借用引力模型来计算城市间的劳动力流动量。工资和房价（安虎森等，2011）被认为是影响劳动力流动的主要影响因素，本书选取这两个因素为影响劳动力要素流动的主要变量。本书所构建的引力模型为

$$\mathrm{Labor\_flow}_{ij} = \ln \mathrm{Labor}_i \times \ln(w_j - w_i) \times \ln(hp_j - hp_i) \times D_{ij}^{-2} \quad (6.3)$$

式中，$\mathrm{Labor\_flow}_{ij}$表示从i城市流动到j城市的劳动力数量，Labor_i表示i城市的劳动力数量；w表示相应城市城镇单位就业人员的平均工资；hp表示该城市的平均房价，用住宅平均销售价格进行衡量；D表示各城市间的地理距离，基于各地区经纬度数据测算得出。故i城市在某一年度内劳动力流动量可以表示为

$$\mathrm{Labor\_flow}_{ij} = \sum_{j=1}^{n} \mathrm{Labor\_flow}_{ij} \quad (6.4)$$

4. 协变量与控制变量

影响高铁开通的协变量主要包括地理坡度、经济发展水平、对外开放水平、人口数量、城镇化水平、公路里程和政府的财政支出规模。其中，地理坡度(Geo)主要基于中国90米分辨率数字高程数据，采用ArcGIS软件计算获得。经济发展水

平(GDP)，用去价格化处理的各地级市地区生产总值来衡量。对外开放水平(Open)为各地级市实际利用外资金额，以当年的人民币对美元实际汇率将其换算为人民币单位，并进行去价格化处理。城市的人口规模(Pop)用年末户籍人口数量来衡量。城镇化水平(Urban)为各地级市城镇人口占总人口的比例。公路里程(Road)为各地级市的公路里程。政府的财政支出规模(Fiscal)为各地级市政府预算内一般财政支出总额。

影响城市经济差距的控制变量主要包括：劳动力(Labor)，为各地级市年末16~64岁人口数。资本(Capital)，为以2004年为基期的各省区固定资产投资价格指数进行价格处理后的各地级市固定资产投资总额。基础设施建设(Facility)为各地级市公路里程长度。对外开放水平(Open)的设定与前文一致。技术进步(Technology)位各地级市的专利申请授权数。表6.1报告了以上各指标的描述性统计结果。

表6.1 变量描述性统计结果

变量名	单位	观测值	均值	标准差	最大值	最小值
Eco_gap	万元	5 328	2.082	2.305	29.479	0.007
Labor_flow	万人	5 328	37.824	21.604	196.004	12.555
Geo	—	5 328	2.144	1.784	10.465	0.016
GDP	万元	5 328	13 628 893.024	16 707 992.157	167 068 719.003	298 600.030
Open	万元	5 328	363 156.829	760 019.207	8 602 702.689	30.418
Pop	万人	5 328	412.669	244.836	1 238.505	17.612
Urban	—	5 328	8.599	9.843	97.183	0.021
Road	千米	5 328	11 575.878	18 863.326	917 239.003	563.003
Fiscal	万元	5 328	1 801 457.694	1 827 279.859	21 661 400.005	23 589.004
Labor	万人	5 328	412.678	244.838	1 238.506	17.611
Capital	万元	5 328	8 086 447.896	8 714 521.587	63 229 798.687	213 900.003
Facility	千米	5 328	11 575.897	18 863.326	917 239.008	563.004
Technology	件	5 328	2 486.679	7 411.178	128 298.008	1.002

注：以上变量在回归过程中均进行了对数化处理。

二、结果分析与讨论

(一)倾向得分匹配结果

为保障双重差分结果的有效性，需对匹配后处理组和对照组的协变量进行平行趋势检验，以保证两组数据之间不存在显著的差异。即在条件外生假设下，两组协变量之间不存在显著系统性差异。协变量的平行趋势检验结果如表6.2所示。

表 6.2 平行趋势检验结果

	2008	2009	2010	2011	2012	2013	2014	2015	2016	2017	2018	2019
Geo	−1.73	1.18	2.16	−1.21	−0.87	0.11*	3.18*	3.19*	3.16*	3.17*	3.16*	3.17*
GDP	0.76	−0.28	0.22	1.19	0.17	−0.46	−1.22	−1.24	−1.25	−1.20	−1.23	−1.23
Pop	−0.22	1.21	−0.51	−0.26	0.53	−0.08	0.77*	0.76*	0.79*	0.76*	0.77*	0.76*
Urban	1.72	−0.28	0.64	−0.34	0.34	1.77	−0.63	−0.63	−0.65	−0.62	−0.65	−0.62
Road	0.07	1.11*	0.12	−0.46	0.28	−0.13	0.64	0.62	0.63	0.61	0.64	0.61
Fiscal	1.05	1.63	0.13	0.93	0.18	−0.84	−0.46	−0.47	−0.47	−0.48	−0.46	−0.48
Open	0.66	0.15	0.61	1.14	0.12	−0.13	−1.67	−1.64	−1.65	−1.64	−1.68	−1.64

注：各协变量中的数值为 t 统计量。$***$、$**$、$*$ 分别表示 1%、5% 和 10% 显著性水平。

表 6.2 的检验结果表明，在倾向得分匹配后，处理组和对照组之间协变量不存在显著的系统性差异，基本满足平行趋势，符合检验要求。

（二）高铁开通影响区域经济差距的估计结果

接下来对式（6.2）计量模型依据匹配后的数据进行检验，结果见表 6.3。表中模型（1）报告了高铁开通对城市经济增长绝对水平的影响。模型（2）基于全国所有地级市样本检验高铁开通对城市经济差距的影响。模型（3）～（5）则分别为东部地区、中部地区、西部地区样本的估计结果。

表 6.3 高铁开通对城市经济差距影响的估计结果

	(1)	(2)	(3)	(4)	(5)
City × Year	0.081	0.153*	0.128***	0.182	0.166
	(0.053)	(0.076)	(0.034)	(0.121)	(0.195)
Labor	0.157**	0.265***	0.125*	0.389***	0.793***
	(0.072)	(0.082)	(0.063)	(0.142)	(0.196)
Capital	0.639***	0.189	0.112***	0.579***	0.089
	(0.040)	(0.143)	(0.013)	(0.152)	(0.185)
Facility	−0.057	0.198**	0.121***	0.159***	0.475***
	(0.060)	(0.073)	(0.013)	(0.052)	(0.041)
Open	0.048**	0.119***	0.079**	0.197**	0.053**
	(0.011)	(0.021)	(0.021)	(0.044)	(0.067)
Technology	0.096***	0.025***	0.141***	0.108*	0.115*
	(0.011)	(0.002)	(0.051)	(0.041)	(0.061)
R-square	0.80	0.34	0.28	0.29	0.29

注：（1）各变量中括号上方数值表示其估计系数，括号内数值为相应的聚类稳健标准误。

（2）$***$、$**$、$*$ 分别表示 1%、5% 和 10% 显著性水平。

由表中 City × Year 的系数可以得出，高铁开通显著扩大了城市经济差距。模型（1）结果表明高铁对城市经济增长绝对水平的影响并不显著，这验证了王垚、年猛（2014）的研究结果。但模型（2）结果显示，高铁开通显著促进了城市经济差距增大，高铁导致开通高铁城市与未开通高铁城市之间的经济差距越来越大。高铁促进了要素向中心城市集聚,扩大了中心城市的市场规模。未开通高铁城市面临人才、资金等要素资源向高铁城市的外流,因此城市经济差距不断加大。各地区的估计结果表明,东部地区高铁表现出显著的城市经济差距扩大作用,但这种高铁效应在中部地区和西部地区不显著。这种结果的原因有两方面:第一,这些地区开通高铁的城市相对于东部城市数量较少,高铁密度较低,开通高铁的时间晚于东部,高铁对城市经济差距的影响并未展现出来;第二,高铁开通后,大量的资源由中部和西部地区流向东部地区,但就中部和西部地区自身而言,区域内部的要素流动并不明显,因此高铁对城市经济差距的作用不显著。

劳动力、资本水平、基础设施建设、对外开放水平、技术进步变量的结果表明,其在全国范围内都对城市经济差距产生了显著扩大作用,但不同地区的影响有异质性。控制变量的检验结果表明,劳动力在西部地区的城市经济差距扩大作用最大,东部最小,表明西部地区的劳动力流失最为严重。资本水平在东部地区和中部地区也呈现显著正向作用,但在西部地区不显著,这可能是由于国家在西部大开发过程中注入的大量资金缓解了城市经济差距的扩大。基础设施建设在各个地区都显著拉大了城市经济差距,西部地区基础设施的作用更加突出。对外开放水平在东部地区和中部地区的结果与全国一致,但在西部地区中作用并不显著,这可能与西部地区的城市对外开放水平普遍较低有关。技术进步在各地区检验结果中都对城市经济差距具有显著的正向作用,在东部地区技术进步对经济差距的作用最大。

(三)高铁开通影响区域经济差距的机制检验

接下来将进一步考察高铁是如何通过要素流动作用于城市经济差距的。参考Qin(2014)、Faber(2014)、张克中和陶东杰(2016)等研究中的处理方法,在计量模型中加入劳动力要素流动(Labor_flow)变量,检验高铁开通影响城市经济差距的作用机制。估计结果见表6.4,其中,模型(6)为全国样本的估计结果,模型(7)~(9)分别为东部地区、中部地区和西部地区样本的估计结果。

表6.4 高铁开通影响城市经济差距机制检验的估计结果

	(6)	(7)	(8)	(9)
City×Year	0.049	0.127	0.186	0.156
	(0.064)	(0.132)	(0.128)	(0.194)
Labor_flow	0.228***	0.255**	0.067	0.244
	(0.071)	(0.104)	(0.152)	(0.193)
控制变量	yes	yes	yes	yes
R-square	0.34	0.45	0.34	0.38

注:(1)各变量中括号上方数值表示其估计系数,括号内数值为相应的聚类稳健标准误。

(2)***、**、*分别表示1%、5%和10%显著性水平。

高铁开通后,增加了城市间的可达性,便利了劳动力的流动,中部和西部地区的劳动力能更便捷地流动到能获取更高收入的东部地区,因此,中部和西部遭受劳动力流失。表6.4的影响机制检验结果中,以全国范围的样本进行检验的模型(6),在加入劳动力要素流动变量(Labor_flow)后,City×Year的估计系数不再显著,且 Labor_flow 的估计系数显著为正,表明要素流动是高铁影响城市经济差距的重要因素,高铁通过引导因素在各城市之间的流动,促使城市的经济发展水平产生变动,影响城市间的经济差距。从分地区的估计结果来看,东部地区的结果表明,要素流动也是东部地区高铁开通影响城市经济差距的主要机制。中部和西部地区高铁效应和要素流动变量都不显著,表明中部和西部地区为要素的流失地区,要素流动无法给区域内的城市经济差距带来显著差异。

(四)高铁开通影响区域经济差距的城市异质性

不同城市由于自身和区位等差异,高铁开通产生的效应存在异质性。例如,高铁最先开通的城市,通常是经济中心城市或是省会城市,这类城市吸引了大量的优质资源集聚。本部分将进一步考察高铁开通对省会城市和非省会城市经济差距的影响的不同之处,以此估计高铁开通影响城市经济差距的城市异质性。仍然采用PSM-DID方法对模型进行估计,估计结果见表6.5。模型(10)、(11)的估计样本为省会城市,分别以经济增长绝对水平和城市经济差距为因变量,模型(12)为影响机制的估计结果,模型(13)、(14)为非省会城市分别以经济增长绝对水平、城市经济差距为因变量的估计结果,模型(15)为考虑影响机制的估计结果。

表6.5 高铁开通对省会和非省会城市经济差距的估计结果

	(10)	(11)	(12)	(13)	(14)	(15)
City×Year	−0.236	0.274**	0.196	0.086*	0.012	0.007
	(0.181)	(0.121)	(0.256)	(0.042)	(0.086)	(0.086)
Labor_flow			0.142***			0.011
			(0.017)			(0.104)
控制变量	yes	yes	yes	yes	yes	yes
R-square	0.59	0.45	0.32	0.78	0.21	0.11

注:(1)各变量中括号上方数值表示其估计系数,括号内数值为相应的聚类稳健标准误。

(2)***、**、*分别表示1%、5%和10%显著性水平。

检验结果表明,在省会城市之间和非省会城市之间的经济差距中,高铁发挥的作用存在显著差异。表6.5的模型(10)和(13)表明省会城市的绝对经济增长中,高铁没有发挥显著作用;但在非省会城市的经济增长绝对水平中,高铁发挥了显著的促进作用。从模型(11)和(12)的结果可知,省会城市的经济差距中,高铁发挥了显著促进作用,即要素流动在省会城市经济差距中发挥重要作用。表明高铁加速了省会城市的要素流入,促进了城市间的经济差距。模型(14)和(15)所示的非省会城市的城市经济差距中,高铁并没有发挥显著作用。非省会城市中要素流动的作用也不显著。表明高铁一方面增加了非省会城市的可达性,但要素的流失作用抵消了高铁的经济带动作用,因此高铁对非省会城市间的经济差距不能产生显著差异。

(五) 稳健性检验

本部分从两方面对结果的稳健性进行检验。第一,前文中在进行倾向得分匹配中采用的是1:3的比例进行构建对照组。在此,将匹配比例设置为1:1,仍采用DID对匹配后的样本进行估计。第二,由于各城市开通高铁的时间不同,因此按照高铁开通的年份进行样本匹配,能更精确衡量高铁开通的作用。稳健性检验估计结果与前文的建议结果系数的符号一致,只是大小略有差异,由此判定结果具有稳健性。

(六) 高铁开通影响区域经济差距的时间效应

已有研究认为高铁通常需要一定时间后才能对城市经济产生作用。如刘生龙、胡鞍钢(2011)认为,交通基础设施在当年不能对经济增长产生作用。高铁作为现代化基础设施,其有可能经过一段时间才能对城市经济差距产生影响,本书也将对高铁效应的时效性进行分析。为保证城市经济差距不是由估计结果不稳健导致的,而是由高铁影响的,本书借鉴陈钊、熊瑞祥(2105)等学者的研究方法,通过设置高铁开通前第4年、第3年、第2年、第1年和高铁开通后第1年、第2年、第3年和第4年的年份虚拟变量,将其与是否开通高铁虚拟变量的交互项放入模型中进行估计,估计结果见表6.6。模型(16)~(19)分别表示全国、东部地区、中部地区和西部地区范围的估计结果。

表6.6 高铁开通影响城市经济差距时间效应的估计结果

	(16)	(17)	(18)	(19)
开通前第4年	0.275	0.573	−0.061	0.377
	(0.402)	(0.451)	(0.495)	(0.256)
开通前第3年	0.277	−0.522	0.056	0.245
	(0.164)	(0.349)	(0.064)	(0.184)
开通前第2年	0.396	0.160	0.002	0.076
	(0.412)	(0.105)	(0.085)	(0.185)
开通前第1年	−0.217	0.496	0.540	0.055
	(0.386)	(0.297)	(0.425)	(0.069)
开通后第1年	0.169**	0.218***	−0.484	0.084
	(0.071)	(0.055)	(0.305)	(0.189)
开通后第2年	0.217**	0.314***	−0.133	0.054
	(0.082)	(0.071)	(0.087)	(0.067)
开通后第3年	0.128***	0.173***	0.154	−0.445
	(0.035)	(0.042)	(0.103)	(0.321)
开通后第4年	0.085***	0.064***	0.292	−0.156
	(0.014)	(0.021)	(0.334)	(0.501)

注:(1) 各变量中括号上方数值表示其估计系数,括号内数值为相应的聚类稳健标准误。
(2) ***、**、*分别表示1%、5%和10%显著性水平。

高铁效应的系数在高铁开通后表现出先增加后减小的态势。表6.6结果显示,高铁开通前的第4年、第3年、第2年和第1年在全国范围样本检验中均不显著,说明高铁开通之前处理组和对照组城市在经济差距方面无显著差异。但值得关注的是,高铁开通后第1年、第2年、第3年和第4年,高铁效应系数均显著为正,并且在开通的前2年呈现出逐渐增大的效应,在第3年后效应逐渐减小。分地区估计结果中,东部地区的高铁效应也表现出先升后降趋势,中部和西部地区的高铁效应并没有表现出显著的时效性。

第四节 结论与启示

已有关于高铁对城市经济的影响的研究中,对城市间经济差距和相关形成机制没有予以足够重视。基于此,本书从要素流动视角出发,将高铁作为一项"准自然实验",采用2004~2019年中国333个地级市的数据,实证考察了高铁开通对城市经济差距的影响效应,并深入分析其作用机理。

首先,高铁对城市的绝对经济增长不具有显著的促进效应,高铁通过促进劳动力要素的流动,促进优质要素向高铁中心城市集聚,外围城市的要素流失不利于其经济发展,导致城市经济差距扩大。其次,高铁对城市经济差距的影响具有城市异质性,对省会城市经济差距具有显著促进作用,但对非省会城市间经济差距作用并不显著。最后,高铁对城市经济差距的影响在开通后的前2年逐年增加,从第3年起逐步缩小。

结论含有丰富的政策内涵:第一,城市间经济差距的主要机制为优质要素向高铁中心城市的集聚,因此,外围城市要多方施策,在完善自身营商环境的同时,优化人才政策,减少劳动力流失导致的一些要素流失。注重利用高铁中心城市的经济外溢和知识外溢,提高自身经济发展水平,减小经济差距。第二,高铁对城市经济发展具有区域不均衡性,因此带来城市经济差距的扩大。因此无法联通高铁城市可加强公路、水路及航空运输,通过构建综合立体交通网络加强与高铁城市的联系,通过各种交通的协调促进经济发展。

第七章　高速铁路对中心城市与腹地城市联动发展的影响
—— 以珠三角为例

运用区域联动发展的经典中心－外围理论(Core and Periphery Theory)分析中国城市经济体系格局,发现中国经济格局与世界格局相比,只存在衡量尺度的缩小问题,其他方面都相似,全国和区域范围内都存在着中心城市。当借鉴国外的理论分析中国城市体系格局时的适用性受到限制时,可从一个代表性分析对象入手进行分析(冯其云和周靖祥,2017)。中国是依赖于行政区划管理的国家,在代表性区域选取上选择珠三角区域,主要基于以下两点:第一,广东省呈现出显著的双核发展模型,广深两大中心城市发展并驾齐驱。第二,政府推动的高速铁路建设进入红利收获阶段,高铁已经打破了两个城市之间的藩篱,逐渐成为影响区域经济社会发展的关键因素。不断完善的高铁网络,缩短了城市间的时间距离,成为人们出行的主要方式之一,促进了城市间的空间联动关系。综观而论,城市发展和高铁建设共同推动了城市间联动发展。城市群发展大变奏时代,城市与高铁的关系识别难题越来越受到人们重视。高铁建设对城市发展是福还是祸?通盘考虑权衡利弊之后的城市发展之路何处寻?

综合已有研究发现,在高铁改变的城市格局中,城市之间通过竞争和合作关系的不断演变产生了新发展模式。中国未来城市间的发展关系和城市体系空间布局,伴随高铁带来的人口迁移和经济中心转移而产生巨大变化。因此,哑铃型双城共谋发展是大势所趋,城市间将从竞争中走向合作。识别高铁作用下城市间的联动关系,对于评估确定区域中心和腹地城市的经济扩展方向,把握企业的投资选址和劳动力流动方向都具有重要的实践意义和政策价值。为此,本书将以高铁带动城市区域发展为逻辑论证起点,测度珠三角城市群广深双城及其对腹地城市的带动效应,以及各城市间的联动关系。期望本书的研究结论为制定城市空间发展战略,促进城市发展体系合理发展,提供理论依据和现实借鉴。

第一节 高速铁路联网背景下珠三角城市竞争合作关系现状

一、珠三角城市竞争合作关系识别

本部分通过对引力模型进行修正,计算出珠三角各城市之间的经济联系程度指数,以此判定各城市间的竞争合作关系。Reilly(1929)最早将引力模型应用于分析地理学研究领域。其后,Zipf(1949)运用该模型分析城市间的空间关系,其后引力模型广泛应用于经济领域研究中。国内城市间空间格局关系研究中,引力模型也得以广泛应用。具体为

$$F_{ij} = \frac{\sqrt{P_i G_i} \sqrt{P_j G_j}}{D_{ij}^2} \frac{\delta y}{\delta x} \tag{7.1}$$

其中,F 为城市间经济联系量;i 和 j 分别为城市 i 和城市 j;P 为城市人口规模;G 代表城市地区生产总值;D 代表两城市间的空间距离。

随着现代经济的发展,城市群发展迅速,传统引力模型不能准确计算城市间的经济联系密切程度,因此需依据经济发展需要,对模型做出修正,以使其符合现代城市经济发展的需要。

本书根据城市群发展的主要要素来考量城市间经济联系密集度的主要影响因素。首先,伴随现代科技的发展,现代化交通基础设施体系不断完善,城市间的时间距离替代了空间距离。尤其是珠三角城市群,交通网络密集,将各城市紧密联系起来。其次,城市自身的建成区面积对城市在经济联系中的地位发挥重要作用。再次,城市自身发展的经济基础,是决定其在城市群中处于何种经济地位的重要指标。最后,城市的产业结构及其优化升级程度,在城市间的经济联系的产业转移和产业承接中发挥重要作用。

综合研判上述影响因素后,本书对传统引力模型进行修正和提高,以适应现代城市发展的需要。首先,交通是城市经济发展的先行官,因此需将衡量交通发展的变量引入模型:用城市间最短时间距离来衡量城市间的交通便利度。由于珠三角城市群铁路网络密集,尤其是高铁网络处于全国领先地位,因此用两城市间最短的铁路运输时间作为测量标准。其次,将各城市建成区面积引入模型,以衡量城市未来空间发展格局。再次,引入城市人口中的受教育水平变量,测度人口素质提高对城市间经济联系度的影响。最后,为测度产业优化升级程度对城市联系程度的影响,采用各城市三次产业就业人员分别占所有产业总就业人员数量的比例,计算克鲁格曼指数,然后将克鲁格曼指数代入引力模型中。修正后的公式为

$$F_{ij} = K_{ij} \frac{\sqrt[3]{S_i P_i G_i} \sqrt[3]{S_j P_j G_j}}{D_{ij} d_{ij}} \tag{7.2}$$

$$Z_{ij} = \frac{F_{ij}}{F_{\min}} \tag{7.3}$$

式中,F 为城市间经济密切度;i 和 j 分别为城市 i 和城市 j;K 为克鲁格曼指数;S 为城市建成区面积;P 为城市的"复合人口"数;G 为城市的 GDP;$\sqrt[3]{SPG}$ 衡量城市发展质量;D 为城市之间的空间距离;d 为实城市间的时间距离;Z_{ij} 为联动效应指数;$F_{\min}$ 为最小联动效应。

其中,克鲁格曼指数 K 为

$$K_{ij} = \sum_{t=1}^{n} \left| \frac{q_{ic}}{q_i} - \frac{q_{jc}}{q_j} \right| \tag{7.4}$$

式中,i 和 j 分别为城市 i 和城市 j;c 表示城市产业;q_{ic} 和 q_{jc} 表示城市 i 和城市 j 第 c 产业的从业人数;q_i 和 q_j 表示城市 i 和城市 j 所有产业部门总的就业人数;n 为全部产业数。

"综合人口"公式设定为

$$p = \sum_{\alpha=1}^{n} E_\alpha \times Q_\alpha \tag{7.5}$$

其中,p 为"综合人口数";E_α 是第 α 种学历的人口数;Q_α 为 E_α 权重;n 是总人口数。借鉴赵雪雁(2011)的做法,根据变异系数法并结合专家打分法,给不同学历程度的人口赋予权重,0.23、0.21、0.23、0.33 分别为受教育程度为小学及以下、初中、高中、大学及以上人口的权重。

参照苗长虹和王海红(2006)的做法,用城市联动效应占所考察范围内全部城市联动效应之和的比值,来测量城市间经济联系。设定经济联系隶属度公式为

$$R_{ij} = F_{ij} / \sum_{j=1}^{n} F_{ij} \tag{7.6}$$

式中,R 表示城市经济隶属度。

采用2019年度不同层次的受教育人口数、地区生产总值、城市中各产业从业人口数、市区建成面积等变量,分别利用式(7.3)和式(7.6)计算城市间联动效应指数和经济隶属度,数据来源于《中国城市统计年鉴》和《中国城市发展报告》。结果分别见表7.1和表7.2。由表7.1结果可知,广州与深圳之间的联动最为密切,广深双城表现出显著的双城联动效应。其他城市之间的经济联系指数基本符合"广佛肇""深莞惠""珠中江"经济圈的特征。表7.2中主要城市的隶属度关系值也验证了"广佛肇""深莞惠""珠中江"城市经济圈空间格局的存在性。表7.2中结果也充分表明了广州和深圳的中心城市地位,并且对各腹地城市在城市体系中的位序也有了定量测度。

表7.1 珠三角城市间联动效应指数及高铁日班次数

A市到B市	联动效应指数	班次/日	A市到B市	联动效应指数	班次/日
广州—深圳	2 534.037	165	东莞—珠海	6.484	0
广州—佛山	392.341	0	东莞—中山	3.223	0
广州—东莞	608.873	83	东莞—江门	14.124	0
广州—珠海	75.731	33	东莞—肇庆	92.063	3
广州—中山	363.521	32	东莞—惠州	52.333	25
广州—江门	223.146	19	东莞合计	908.826	190
广州—肇庆	117.151	0	珠海—中山	68.372	0
广州—惠州	85.267	11	珠海—江门	3.944	0
广州合计	4 400.067	338	珠海—肇庆	2.421	0
深圳—佛山	15.904	0	珠海—惠州	1.364	0
深圳—东莞	122.344	76	珠海合计	164.682	33
深圳—珠海	1.002	0	中山—江门	41.875	0
深圳—中山	18.943	0	中山—肇庆	8.416	0
深圳—江门	2.841	0	中山—惠州	4.117	0
深圳—肇庆	5.353	0	中山合计	511.725	32
深圳—惠州	17.804	52	江门—肇庆	10.214	0
深圳合计	2 718.228	288	江门—惠州	2.673	0
佛山—东莞	9.382	3	江门合计	339.711	19
佛山—珠海	5.364	0	肇庆—惠州	3.246	1
佛山—中山	3.258	0	肇庆合计	301.236	22
佛山—江门	40.894	0	惠州合计	171.458	90
佛山—肇庆	62.372	19			
佛山—惠州	4.654	1			
佛山合计	534.169	23			

为与表7.1的结果进行比较检验,参照周靖祥(2015)的做法,由各个城市间日发高铁班次,计算高铁交通便利程度与城市间联系强度的关系。经计算发现,二者之间的系数为0.86,表明城市间的经济联系强度与高铁的服务频次密切相关且成正向关系,也进一步证明修正后引力模型的计算结果能较准确描述城市间经济联系强度。经济隶属度计算结果得出:城市群中的要素(尤其是劳动力要素)主要想向广深聚集,因此这两个高铁中心城市的发展水平显著高于其他城市。处于高铁外围的惠州、中山、江门、肇庆等城市间经济联系密切程度较低。

表7.2 2019年珠三角各城市间的经济隶属度

城市	广州	深圳	佛山	东莞	珠海	中山	江门	肇庆	惠州
广州		8.759	57.758	13.887	1.709	8.287	5.099	2.656	1.859
深圳	78.038		2.647	21.364	0.179	3.189	0.486	0.957	3.158
佛山	94.724	0.559		0.353	0.204	0.124	1.534	2.338	0.177

续表7.2

城市	广州	深圳	佛山	东莞	珠海	中山	江门	肇庆	惠州
东莞	67.107	13.288	1.038		0.718	0.358	1.562	10.165	5.779
珠海	45.669	0.614	3.268	3.964		41.787	2.409	1.479	0.828
中山	71.127	3.525	0.639	0.635	13.415		8.218	1.654	0.812
江门	65.715	0.807	12.044	4.162	1.161	12.333		3.008	0.789
肇庆	38.694	1.786	20.776	30.672	0.808	2.806	3.403		1.082
惠州	48.537	10.634	2.794	31.256	0.815	2.457	1.597	1.937	

二、广州和深圳与珠三角其他城市的断裂点测算

测度中心城市辐射能力,需要明确城市的边界。1949年Converse在"零售引力法则"的基础上提出断裂点理论。该理论认为相邻两城市间吸附力的平衡点即为断裂点。断裂点理论被广泛应用于衡量城市的辐射能力。断裂点理论的公式为

$$D_A = \frac{D_{AB}}{1+\sqrt{P_B/P_A}}$$

或者

$$D_B = \frac{D_{AB}}{1+\sqrt{P_A/P_B}} \quad (7.7)$$

其中,D_A和D_B分别表示断裂点到城市A和到城市B的距离;D_{AB}是城市A与B的直线距离;P_A和P_B分别表示城市A和B的人口数量。

然而,传统的断裂点理论在测度现代城市的辐射效应时效果并不理想。首先,在交通基础快速发展的时代,尤其是高铁的时空压缩效应下,城市间的空间距离被时间距离替代[①]。因此,理论模型中采用城市间的直线距离进行计算已经不能反映现实情况。其次,伴随交通带来的人口流动性增强,采用城市人口规模也并不能说明一个城市的经济辐射能力。

鉴于传统模型中的局限性,需对断裂点理论公式进行修正。首先,用城市间最短交通时间距离替代城市间直线距离;其次,采用式(7.2)中的$\sqrt[3]{SPG}$表示城市综合质量。

修正后的公式为

$$d_A = \frac{d_{AB}}{1+\sqrt{p_B/p_A}}$$

或者

$$d_B = \frac{d_{AB}}{1+\sqrt{p_A/p_B}} \quad (7.8)$$

---

① 中山大学地理科学与规划学院教授袁奇峰接受《华夏时报》记者采访时的观点。

其中，d_A 和 d_B 分别表示断裂点到城市 A 和到城市 B 的时间距离；d_{AB} 是城市 A 与 B 之间的最短时间距离；p_A 和 p_B 分别表示城市 A 和城市 B 的综合质量。

本部分宏观数据，如 2019 年度不同层次受教育人口数、地区生产总值、城市各产业从业人口数、市区建成面积等均来自于《中国城市统计年鉴》或《中国城市发展报告》。在电子地图上直接量取城市间直线距离。高铁发车车次、时间等信息均取自中国铁路总公司 12306 网站。

根据修正的断裂点公式(7.8)，得出中心城市在不同方向上断裂点的时间距离，并据此确定城市辐射范围。广州和深圳的经济断裂点计算结果见表 7.3。

表 7.3　广州和深圳与珠三角其他城市的断裂点

城市	起点城市质量	终点城市质量	d_{AB}	d_A/d_{AB}
广州－深圳	301.014	219.513	29	0.538
广州－佛山	301.014	152.847	24	0.585
广州－东莞	301.014	93.435	27	0.643
广州－珠海	301.014	88.043	64	0.648
广州－中山	301.014	70.175	23	0.675
广州－江门	301.014	137.207	46	0.596
广州－肇庆	301.014	116.116	36	0.616
广州－惠州	301.014	162.313	104	0.576
深圳－广州	219.521	301.012	29	0.463
深圳－佛山	219.521	152.849	150	0.544
深圳－东莞	219.521	93.438	35	0.604
深圳－珠海	219.521	88.045	150	0.613
深圳－中山	219.521	70.176	120	0.638
深圳－江门	219.521	137.203	150	0.557
深圳－肇庆	219.521	116.118	210	0.578
深圳－惠州	219.521	162.314	81	0.539

注：表中第 4 列 d_{AB} 表示两城市间的时间距离(分钟)，第 5 列 d_A/d_{AB} 表示起点到断裂点的时间距离占两市时间距离的比值。

根据断裂点公式的计算结果，广深两中心城市间的断裂点更接近深圳。广州作为核心城市，其对中山、珠海两城市辐射力最大，这三个城市形成了以广州为首的核心都市区。深圳对中山、珠海的辐射力最大，组成了以深圳为核心的都市区。而江门、肇庆等城市处于外围区域，两大核心城市对这些城市的辐射力都比较弱。

第二节　广深双城联动效应及其对腹地城市的联动效应

一、中心城市与腹地城市联动关系的定量识别

（一）理论基础及计量模型

1. 双核理论及其修订

双核理论（陆玉麒，1998）指在某一区域内由中心城市和港口城市及其连线城市所组成的一种空间结构现象，或是由区域中心城市与外围城市形成的一种空间结构现象。"双核"空间结构包含中心城市的中心性和港口城市的边缘性，表现出互补空间结构关系，逐渐成为区域发展中的常见类型。

近年来，珠三角广州和深圳两市的"双核"结构日渐凸显。2019年广州地区生产总值23 600亿元，增长速度达到6.8%；深圳地区生产总值达26 927.09亿元，增速超过6.7%，高于全国全省平均增速。深圳各区全部为发达市区，居内地副省级以上城市首位。2019年广州和深圳地区生产总值占广东省的46.93%，表现出显著的极化效应。

2. 对双核理论的有益改进

传统双核结构通常由省会城市和港口城市组成。广州和深圳两城市满足省会与港口城市的同时，也是国内两大一线城市，由此这一双核结构具有特殊性。传统的双核城市中，省会城市为中心城市，港口城市为边缘城市，双核中关注中心城市对边缘城市的带动作用，对两个城市的联动效应关注不足。广州和深圳两个城市不再是传统的中心和边缘城市，今年来深圳大有超越广州的发展趋势，因此以广州和深圳双城为研究对象具有特殊实践价值。

交通基础设施不断完善，双核城市开始逐步出现在交通变量城市中。交通运输加快了城市的经济发展，占据交通便利地位的城市获得了快速发展机遇，交通成为双核城市形成的重要因素。本书中，高速铁路的开通，进一步加强了广州和深圳的交通优势，双核发展态势更加显著。高铁网络下，广深双城在资源流动和集聚中不仅实现着自身发展，也对周围城市产生了显著的辐射作用，带动边缘城市经济发展。因此，本部分在高铁网络作用下，通过对传统双核理论的拓展，重点关注高铁发展对广深双城联动效应，以及广深双城与腹地城市的联动关系。

结合图7.1的简单特征事实描述图，将做以下假设并给予论证：

假设1　高速铁路的开通强化了广州和深圳之间的双城联动效应。

假设2　高速铁路对广深双城腹地城市也起到极强的联动效应，尤其使得辐射效应增强。

（二）计量模型设定及数据说明

1. 计量模型构建

为估计高铁对城市间联动效应的影响，依据引力模型设定计量模型如下

$$\ln Z_{it} = \beta_{0i} + \beta_1 \ln em_{it} + \beta_2 \ln pop_{it} + \beta_3 \ln L.pop_{it} + \beta_4 \ln GDP_{it} + \beta_5 \ln invest_{it} +$$
$$\beta_6 \ln value_{it} + \beta_7 X_{it} + \beta_8 ydum_{it} + \beta_9 T + \varepsilon_{it} \tag{7.9}$$

式中，i 表示城市，即包括广东在内的 9 个城市；t 为时间，区间为 1990～2019 年；Z 为城市间的联动效应指数。模型的先决变量为第三产业就业人口 em。其中内生变量包括：人口总量（pop），城市地区生产总值（GDP），城市固定资产投资规模（invest），第二产业增加值（value）。X 为一系列控制变量，包括城市间高铁班次数（Gnum）、普通旅客列车班次（Pnum）、城市间的高速公路里程数（way）。设置高铁开通虚拟变量 ydum，2011 年 12 月 26 日广州与深圳间高铁通车，由于开通时间为年底，因此这一变量在 2011 年前为 0，自 2012 年起为 1。

在式（7.9）中，如果与城市联动效应相关的变量发生变动，则城市间的联动效应就会偏离稳态水平，为重新达到均衡状态，需在计量方程中引入城市联系指数的滞后项。

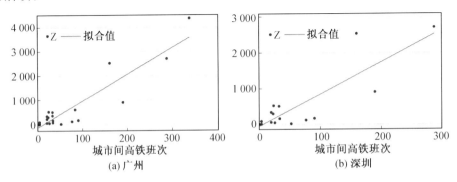

图 7.1 高铁和城市联系指数的关系

由于数据具有横截面和时间序列因素，城市联动效应模型的一般动态预测方程形式为

$$\ln Z_{it} = \beta_{0\ i} + \beta_1 \ln Z_{it-1} + \beta_2 \ln em_{it} + \beta_3 \ln pop_{it} + \beta_4 \ln L.pop_{it} + \beta_5 \ln GDP_{it} +$$
$$\beta_6 \ln invest_{it} + \beta_7 \ln value_{it} + \beta_8 X_{it} + \beta_9 ydum_{it} + \beta_{10} T + \varepsilon_{it} \tag{7.10}$$

需注意的是，式（7.10）假定解释变量对不同城市的影响是相同的。将式（7.10）中全部变量去除时间均值，去除时间趋势项，城市联动效应方程进行差分以去除各地区的固定效应特征，动态方程变为

$$\Delta \ln Z_{it} = \beta_1 \Delta \ln Z_{it-1} + \beta_2 \Delta \ln em_{it} + \beta_3 \Delta \ln pop_{it} + \beta_4 \Delta \ln L.pop_{it} + \beta_5 \Delta \ln GDP_{it} +$$
$$\beta_6 \Delta \ln invest_{it} + \beta_7 \Delta \ln value_{it} + \beta_8 \Delta X_{it} + \beta_9 \Delta ydum_{it} + \Delta \varepsilon_{it} \tag{7.11}$$

2. 数据说明

本书的城市社会经济面板数据变量来自各期《中国城市统计年鉴》和《中国城市统计公报》。由"去哪儿"网站和中国铁路总公司 12306 网站查询整理[①]，获得高

---

① 数据查询时间：2015 年 4 月 20 日至 5 月 20 日之间。

铁和普铁的车次信息、站点信息和线路信息。站点信息包括车站的始发、途径和终到车次。在统计城市站点和城市间客运车次数据时,依据不同车类型(G、C、D、Z、T、K 和其他字母开头)分类整理,以区分不同车次类型在城市联系中的作用。从广东省高速公路官方网站获得高速公路里程数,各变量的基本统计量见表 7.4。

表 7.4 变量基本统计量

变量	均值	标准差	最小值	最大值	样本数
ln Z	4.490	1.396	−3.331	7.425	270
ln em	2.956	0.663	1.943	4.891	270
ln pop	5.478	0.519	4.408	6.488	270
ln GDP	16.653	0.859	15.322	18.682	270
ln invest	15.565	0.734	13.954	16.959	270
ln value	6.824	0.890	4.732	8.657	270
Gnum	8.453	28.565	0	161	270
Pnum	8.126	7.656	0	21	270
ln way	8.201	0.795	6.889	9.438	270
ydumy	0.202	0.404	0	1	270
ln lag_z	4.399	1.397	−3.332	6.929	270
ln lag_pop	5.472	0.523	4.408	6.488	270

二、实证结果及解释

(一)广州和深圳以及广深与腹地联动关系初步回归结果分析

依据式(7.11),采用面板动态差分方法进行检验。在面板动态差分回归时,由于滞后因变量和残差项中不可观测的固定效应具有相关性,滞后因变量的系数会因差分而产生有偏估计。因此借鉴 Arellano 和 Bond(1991)的做法,用内生变量的滞后 1 期项和滞后 2 期项作为自身的工具变量。若差分方程的二阶和更高阶不存在序列相关问题,便可得出无偏一致估计结果。首先运用一阶差分 GMM 方法估计模型,以 Sargan/Hansen 检验判定工具变量是否存在过度识别问题。其次,检验模型中差分后的残差项之间是否存在二阶序列相关性,以确定工具变量选择的合理性。表 7.5 分别报告了广州(模型 ①)和深圳(模型 ②)的城市联动效应。由各估计结果可知,Sargan/Hansen 检验概率值为 1.000,工具变量的过度识别问题。残差项也不存在二阶自相关问题,工具变量的选择是合理的。

表7.5　一阶差分 GMM(two-step) 估计结果

解释变量	模型 ①	模型 ②
$\Delta \ln Z_{it-1}$	0.449***	1.032***
	(0.012)	(0.154)
$\Delta \ln em_{it}$	7.272**	1.695**
	(0.136)	(0.061)
$\Delta \ln pop_{it}$	0.025***	0.089***
	(0.022)	(0.071)
$\Delta \ln L.pop_{it}$	0.189***	0.767***
	(0.631)	(0.803)
$\Delta \ln GDP_{it}$	3.749***	3.215***
	(0.290)	(0.381)
$\Delta \ln invest_{it}$	−0.475**	−0.339**
	(0.071)	(0.151)
$\Delta \ln value_{it}$	3.536**	0.696**
	(0.106)	(0.221)
$\Delta Gnum_{it}$	0.027***	0.039***
	(0.037)	(0.004)
$\Delta Pnum_{it}$	0.002***	0.005***
	(0.031)	(0.021)
Δway_{it}	0.244***	0.299***
	(0.074)	(0.054)
$\Delta ydum_{it}$	0.197***	0.194***
	(0.661)	(0.651)
Sargan/Hansen 检验 p 值	1.000	1.000
二阶自相关检验 p 值	0.631	0.282
观测样本数	270	270

注:括号内为估计系数的标准差。*、**、*** 分别代表 10%、5%、1% 的显著性水平。

由表 7.5 检验结果可知,模型 ① 和模型 ② 中高铁班次系数分别为 0.027 和 0.039,且都在 1% 的水平下显著。高铁显著促进了广深双城的联动发展及其对腹地城市的联动效应。高铁开通年份虚拟变量、普通铁路班次、高速公路里程也显著促进了城市的联动效应。上述结果均表明以高铁为先锋的交通运输网络是广东省的城市联动发展的重要推动力。

由表 7.5 检验结果可知,上一期城市联系指数、第三产业就业人口、城市人口总量及其滞后项、地区生产总值、第二产业增加值均对城市联动发展发挥积极作用。上一期城市联系指数系数表明,前期联系越紧密的城市之间会呈现发展惯性,进而影响当期的经济联系程度。城市中第三产业的发展及就业人员的增加,表明城市就业人口的流动提升了城市的联动效应。城市人口总量及其滞后项都显著促进了城市联动效应,广州和深圳都是中国人口密度较大的城市,前期的人口积累是经济联系的基础。地区生产总值和第二产业增加值的正向效应,表明城市联动和城市的经济发展水平密切相关,且第二产业的主导作用显著。值得引起注意的是,城市投资规模发挥抑制作用。这是由于投资主要专注于自身建设,对其他城市的外溢效应较小。

然而,由于城市联动的惯性作用和模型中的潜在内生变量,会导致模型(7.11)可能产生有偏估计结果。如果采用 OLS 进行估计,会产生有偏和不一致的结果。因此,需借鉴 Blundell 和 Bond(1991)的方法,运用系统 GMM 方法进行估计。为解决内生性问题,本书引用人口、地区生产总值、固定资产投资和第二产业增加值的一期、二期和三期滞后项分别作为自身的工具变量。估计结果见表 7.6。

表 7.6 系统 GMM(one-step) 估计结果

解释变量	模型①	模型②
$\Delta \ln Z_{it-1}$	0.223***	1.138***
	(0.024)	(0.122)
$\Delta \ln em_{it}$	5.714**	1.338**
	(0.392)	(0.072)
$\Delta \ln pop_{it}$	0.479***	0.045***
	(0.071)	(0.074)
$\Delta \ln L.pop_{it}$	0.044***	0.078***
	(0.660)	(0.323)
$\Delta \ln GDP_{it}$	4.062***	6.117***
	(4.010)	(3.010)
$\Delta \ln invest_{it}$	−0.554**	−0.077**
	(0.080)	(0.671)
$\Delta \ln value_{it}$	3.928**	2.961**
	(0.241)	(0.832)
$\Delta Gnum_{it}$	0.032***	0.058***
	(0.073)	(0.011)
$\Delta Pnum_{it}$	0.004***	0.007***
	(0.021)	(0.042)
Δway_{it}	0.329***	1.778***
	(0.063)	(0.225)
$\Delta ydum_{it}$	0.168***	0.112***
	(0.410)	(0.213)
Sargan/Hansen 检验 p 值	0.963	0.167
二阶自相关检验 p 值	0.482	0.264
观测样本数	270	270

注:括号内为估计系数的标准差。*、**、*** 分别代表10%、5%、1%的显著性水平。

如表 7.6 所示,系统 GMM(one-step) 估计结果与表 7.5 一阶差分的结果符号一致,只是系数大小上略有差异。重点关注高铁对广州联动效应的影响系数由表

7.5 的 0.027 增加至 0.032,深圳市高铁的变量系数由表 7.5 的 0.039 增加至 0.058,表明表 7.5 低估了高铁变量。

(二)稳健性讨论

进一步借鉴周靖祥(2015)的方法,采用客运车次及相应权重构建城市联系指数作为因变量,检验上述计量估计结果的稳健性。表 7.7 和表 7.8 分别为一阶差分 GMM 检验和系统 GMM 检验的结果。

表 7.7 一阶差分 GMM(two-step) 稳健性检验估计结果

解释变量	模型①	模型②
$\Delta \ln Z_{it-1}$	0.455***	0.877***
	(0.021)	(0.360)
$\Delta \ln em_{it}$	1.626**	18.794**
	(0.092)	(10.311)
$\Delta \ln pop_{it}$	0.025***	2.322**
	(0.036)	(1.679)
$\Delta \ln L.pop_{it}$	1.443***	2.314**
	(0.880)	(1.167)
$\Delta \ln GDP_{it}$	3.962***	17.081***
	(0.659)	(9.271)
$\Delta \ln invest_{it}$	−3.792**	−0.945*
	(0.073)	(2.834)
$\Delta \ln value_{it}$	1.553**	8.019**
	(0.938)	(5.132)
$\Delta Gnum_{it}$	0.037***	0.059***
	(0.107)	(0.023)
$\Delta Pnum_{it}$	0.002***	0.004***
	(0.002)	(0.011)
Δway_{it}	0.211***	0.952***
	(0.017)	(0.081)
$\Delta ydum_{it}$	0.045***	1.046*
	(0.604)	(0.611)
Sargan/Hansen 检验 p 值	1.000	1.000
二阶自相关检验 p 值	0.451	0.762
观测样本数	270	270

注:括号内为估计系数的标准差。*、**、*** 分别代表 10%、5%、1% 的显著性水平。

表 7.7 中高铁变量系数比表 7.5 和表 7.6 中有显著增加。在表 7.7 中,高铁变量系数在广州模型中为 0.037,在深圳模型中为 0.059,且均在 1% 的水平下显著。表明在用交通衡量城市联动效应时,高铁的作用得到了充分体现。为增强城市间的联动效应,应加强交通网络的建设,尤其是高速铁路的建设。

表 7.8 系统 GMM(one-step) 稳健性检验估计结果

解释变量	模型 ①	模型 ②
$\Delta \ln Z_{it-1}$	0.582***	0.085***
	(0.021)	(0.203)
$\Delta \ln em_{it}$	4.079**	3.874**
	(0.804)	(0.963)
$\Delta \ln pop_{it}$	4.342**	1.407**
	(2.157)	(1.502)
$\Delta \ln L.pop_{it}$	1.943***	0.531**
	(0.452)	(1.022)
$\Delta \ln GDP_{it}$	3.173***	6.485***
	(0.282)	(4.124)
$\Delta \ln invest_{it}$	−0.173**	−0.666*
	(0.056)	(0.763)
$\Delta \ln value_{it}$	4.173**	2.674**
	(0.211)	(0.773)
$\Delta Gnum_{it}$	0.045***	0.069***
	(0.011)	(0.001)
$\Delta Pnum_{it}$	0.005***	0.004***
	(0.001)	(0.012)
Δway_{it}	1.307***	0.977***
	(1.601)	(0.064)
$\Delta ydum_{it}$	0.338***	0.298*
	(0.661)	(0.151)
Sargan/Hansen 检验 p 值	0.997	0.845
二阶自相关检验 p 值	0.555	0.761
观测样本数	270	270

注:括号内为估计系数的标准差。*、**、*** 分别代表 10%、5%、1% 的显著性水平。

表 7.8 中模型 ① 和模型 ② 高铁变量的系数比表 7.7 中均有增大,且均在 1% 的水平下显著。表明表 7.7 中一阶差分 GMM 估计方法下存在对变量的低估。

稳健性检验结果中其他各变量的符号与基本检验时一致,只是系数的大小存在变化,检验结果是稳健的。

第三节 结论与启示

高铁网络的完善重构了中国城市格局,本书将宏观社会经济数据与微观高铁运行数据进行匹配,考察高铁对城市联动发展的影响。通过对引力模型进行修正,继而扩展双核和断裂点理论,测度广深双城联动效应;并与采用铁路运行车次数据度量的结果相比较,发现不同测度方法下,城市间的联动关系一致。测算结果均显示,中心城市辐射效应表现为地域相邻指向性,腹地城市联系方向表现为中心城市指向性。进一步采用匹配后的1990～2019年面板数据,测度高铁驱动广深的联动效应及辐射效应。结果表明:高铁强化了珠三角城市间的联动效应,增强了广深辐射效应。普速铁路和高速公路的增长效应也十分明显,当使用铁路列车班次并赋予权重计算城市联系指数进行检验时结果稳健。其中,第三产业就业、人口规模、地区生产总值和第二产业增加值能够增强城市联动效应。以高铁为标志的现代交通网络,强化了城市间联动效应,中心城市对周围城市的辐射效应不断增强。

珠三角地区,除政治管辖、社会与经济发展区域属性差异,广深双城及其与腹地城市联动关系的研究和全国其他城市的联动发展有共通之处;然而,中国之大却不得不将其分离出来,这就是本书所关注的城市样本选取缩小在一省范围内的主要原因。将样本城市数放大到周边省区或是全国,会部分地改变双中心城市的影响范围,但不会改变腹地市与中心城市的联动关系测度结果。广东省城镇体系规划(2012—2020年)中的广东省城市体系格局,与本书的研究如出一辙。当然,此内容并非数据测度和战略制定的偶然与巧合,而是理论和实践融合的证据。如表7.9所示,纵向考察城市关联关系也证实了重塑广东城市体系新格局存有必然因素,也有实现之可能。

表7.9　按六个层次组织的广东省城镇职能等级结构表

华南地区中心城市		2个	广州、深圳(副中心)
省域中心城市		4个	广州、深圳 副中心:汕头、湛江—茂名
地区性中心城市	珠三角地区 粤东沿海地区 粤西沿海地区 北部山区	11个	广州、深圳、珠海 副中心:佛山、东莞、惠州 汕头 湛江、茂名 韶关、梅州
地方性中心城市	珠三角地区 粤东沿海地区 粤西沿海地区 北部山区	12个	中山、江门、肇庆 潮州、揭阳、汕尾 阳江 河源、云浮、清远、龙川、连州
县(市)域中心城市			县(市)中心城区(其中县级市中心城区20个左右)
中心镇			省政府确定的中心镇300个左右
一般镇			其他建制镇700个左右

立足于诸多经济格局假设,观摩区域与城市联动发展思路和实践行动,广东省城市体系联动发展有自身优势,但也并无太多特别之处。由于京津冀三地联动已经破题,并有切实有效的举措,结合广东省域城市经济发展优势加以借鉴,有利于打破僵局开始新征途。在具体做法上有两点思考:第一,借势改革大格局,创新区域发展体制机制,推动省域范围内和近邻省市主要城市之间的联动。第二,有序推

进广深双城协同发展、广深珠三城联动发展。构建城市布局和空间结构优化新机制,以广深双城为中心载体,统筹人口、产业、空间、土地利用等;充分利用现代化交通网络优势,以地面快速交通网络促成城市发展共谋新格局,撬动中国全域经济走向平衡发展才是长久之计。

第八章 高速铁路设站城市成长与城市联动发展动力机制

西方关于城市发展的相关研究中,主要围绕城市是什么,什么历史阶段出现的,城市发展的影响因素是什么等问题开展(张光直,1985)。19世纪以来,世界各国的城市发展几乎都遵循着人口和经济向一个区域集聚的成长和扩展模型。城市的空间分布中确实存在着某种起作用的规律(克里斯塔勒,1933、2011)。20世纪90年代,中国众多学者借助地方志与碑刻上的资料来探寻市镇发展轨迹,但由于资料的局限性,相关研究往往只能关注某个个体城市的发展和变迁史,无法从全局的宏观层面进行分析(赵冈,1992),所以这类研究无法对中国城市的形成机理和发展规律给予解答。学者分别从防御说、社会分工说、私有制说、集市说和地利说等不同视角研究了城市规模的扩张。时至今日,关于城市规模扩张的研究也没有形成统一的观点,但城市的发展与人口的流动方向和集聚程度有着密切关系已经成为不争的事实。

通过对中国近代城市的发展历史进行梳理,一个现象凸显出来,即中国的城市发展与交通发展紧密相连。将分布于不同空间格局的超大和特大城市纳入整体分析框架,发现正是把全国各地串联起来的铁路网络发挥了重要作用,城市的发展依赖于铁路网络带来的劳动力、资金等重要资源的流动(见表8.1)。但城市位序的发展变化是遭遇铁路建设的,中国的近200年历史中,城市的位序也存在变化,发展规模和速度也经历了不同变化。通过对上海市市镇变迁资料的整理,可以找到中国城市巨变的典型案例。1862~1937年的70余年时间里,有22个市镇伴随发展和行政调整而消失(黄宗智,1992)。当市镇的发展被更具潜力的大中型城市替代时,市镇就会趋于消失。总而言之,今天的中国,空间地域不同、等级规模不同的城市镇和乡村人口正处于流向扭转的拐点。

表8.1 铁路助力城市形成或发展的例证

城市	站点	起建铁路的年份	关键铁路	辖区面积/平方千米	2007年GDP/亿元	2019年GDP/亿元	开通高铁年份	途径铁路主干线	铁路干线/条	20世纪初市情
郑州	郑州站	1904	京汉铁路	7 446	2 421	11 589.7	2010	陇海线和京广线	14	1913年设郑县

续表8.1

城市	站点	起建铁路的年份	关键铁路	辖区面积/平方千米	2007年GDP/亿元	2019年GDP/亿元	开通高铁年份	途径铁路主干线	铁路干线/条	20世纪初市情
北京	北京站	1901	京沈铁路	16 410	9 847	35 371.3	2008	京广线和京九线	9	1912年设顺天府
上海	上海站	1908	京沪铁路	6 340	9 006	38 155.32	2011	京沪线和沪杭线、沪昆和京沪高铁	4	1914年沪海道
广州	广州站	1907	广九铁路	7 434	7 050	23 628.6	2012	京广线和京广高铁	4	1918年设市
武汉	汉口站	1898	卢汉铁路	8 494	3 142	16 223.21	2009	京广高铁和沪汉蓉铁路	4	1912年设武昌县
成都	成都站	1952	成渝铁路	14 314	3 324	17 012.65	2015	宝成线和成昆线	5	1914年设西川道
石家庄	振头站	1902	京汉铁路	15 848	2 393	5 809.90	2009	京广线和石太线	6	1902年设振头站
长沙	长沙站	1912	京广铁路	11 819	2 190	11 574.22	2009	京广线和沪昆线	3	1913年设长沙县
哈尔滨	哈尔滨站	1899	东清铁路	53 100	2 437	5 249.40	2012	京哈线和哈大线	1	1903年中东铁路开通成市
长春	长春站	1907	南满铁路	20 565	2 089	5 904.10	2012	京哈线和哈大线	2	1907年设长春府

续表8.1

城市	站点	起建铁路的年份	关键铁路	辖区面积/平方千米	2007年GDP/亿元	2019年GDP/亿元	开通高铁年份	途径铁路主干线	铁路干线/条	20世纪初市情
大连	旅顺站	1900	南满铁路	13 237	3 131	7 001.7	2012	京哈线和哈大线	2	1899年设达里尼（苏俄）
开封	开封站	1905	汴洛铁路	6 333	571	2 364.14	2016	陇海线和郑徐高铁	2	1914年设开封县
扬州	江都站	2001	宁启铁路	6 634	1 280	5 850.10	2016	宁启铁路	1	1912年并入江都县
黄石	黄石站	2003	武九铁路	4 583	467	1 767.19	2014	武石城际和武九铁路	2	1912年设大冶县
安顺	安顺站	1958	贵昆铁路	9 267	141	923.94	2016	沪昆铁路和沪昆高铁	2	1914年设安顺县
保定	保定站	1899	京广铁路	22 190	1 322	3 557	2012	京广铁路和京深高铁	4	1913年废保定府恢复清苑县
株洲	株洲站	1910	株萍铁路	11 262	710	3 003.13	2009	京广铁路和沪昆铁路	4	1908年设株洲厅
满洲里	满洲里站	1901	东清铁路	732	82.75	148.6	未开通	滨州铁路	1	1909年设胪滨府

资料来源：作者根据各城市简介、城市发展概况以及中国铁路网络变化等信息整理而成，满洲里市作为县级市例证。

综上所述，本书将对为什么人的流动最终决定城市发展这一学术问题进行解答。不断完善的现代交通网络,使城市在发展变迁中感受到人的重要性。但是,城市发展的优越的自然条件、便利的空间地理位置、较高的行政等级等因素同样不可或缺。一个城市若行政等级上具备优势,其对人口的吸引和城区规模的扩张速度会越快(周靖祥,2014)。中国城镇化进程中"政府主导+市场推动"的发展模式也会影响未来城市的发展进程。本书以高铁建设中高铁网络建设遇上2000年以来的城市规模扩张运动这一重大事件作为研究出发点,以途经城市为研究对象,构建新的城市增长理论框架,探究高铁作用下城市发展的内在动力机制。

第一节 高速铁路通行再造城市格局的事实与理论基础

一、中国城市规模扩张与区域空间格局再造的事实

(一)行政力量驱动下的中国城市规模扩张

国家相关部门通过法律、法规、政策等对城市发展规模进行管制。1980年,国家建委在《关于当前城市建设工作的情况和几个问题的报告》中对城市划定标准做出调整,将城市规模分为四个等级。1989年,《中华人民共和国城市规划法》出台,再次对城市规模划分标准进行了修改。2014年,国务院印发《关于调整城市规模划分标准的通知》(国发〔2014〕51号),对原有城市规模划分标准进行了第三次调整,通知规定,城区常住人口在500万以上1 000万以下的城市为特大城市,城区常住人口1 000万以上的城市为超大城市(以上包括本数,以下不包括本数)。可以看出相关政府职能部门会根据经济发展和人均集聚的变化,对城市规模的划定标准给予调整,在中国城市发展体系的形成过程中,行政力量发挥重要作用。

中国城市通常会表现出显著的行政层级结构特点。同一省级行政区域内,省会城市的人口数量和经济发展规模通常高于地级市,地级市又通常高于县级市。中国城市的发展还存在区别于其他西方国家的特色:首先,城市的发展规模与城市党政官员的行政级别相对应(周靖祥,2014)。其次,行政力量在城市发展过程中发挥重要作用,因此官员的治理能力对城市经济发展发挥重要领导力作用,高铁网络的完善促使要素的流动加速,市场的力量又弱化了行政力量(周靖祥,2018)。因此,研究中国城市发展问题,须纳入城市政府党政官员的任期因素。一方面,在全国空间范围内,高铁往往围绕高行政级别城市为中心进行建设,高铁网络中又包含了不同行政层级和发展水平的城市。另一方面,在较小空间尺度内,高铁建设也带动了城市的扩张,高铁站设站位置和高铁新城的建设无疑都是城市扩张的证据。总之,借助高铁建设这一准自然实验的力量,解释中国城市发展的动力机制,具有重要现实意义。

(二)高铁通行时代城市空间格局再造

地方政府的文件和发展规划中均特别重视高铁沿线的规划和发展。在高铁站

点的选择上,各地政府为发挥高铁对地方经济的促进作用,往往将高铁站设置在远离市中心的位置。受土地规划制度的制约,高铁站建设土地要向上级部门审批,因此高铁站建设也成为土地规划调整的重大机会。图 8.1 显示了 2019 年高铁站点的空间分布特征,根据分布图可以得出中国城市分别向西南和东北方向发展,对应于人口分布的高铁空间布局已形成。截至 2019 年底,高铁城市密集分布在东南区域,西北部基本是高铁的"空白"区域。高铁途经城市呈带状分布,中部和东部地区葫芦形高铁通行城市格局已经形成。伴随高铁网络越织越密,不同行政等级的城市(点要素)通过高铁(轴要素)连接而成的带状的城市空间体系逐步确立。

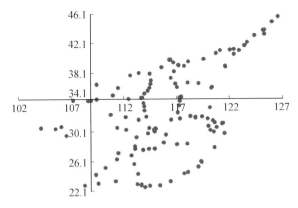

图 8.1　中国高铁站点空间分布图

注:数据来源于作者建立的"中国高铁城市发展研究数据库"(时间截至 2019 年),横坐标对应于经度,纵坐标对应于纬度。

二、中国城市规模扩张和城市群空间格局再造的理论基础

本书关注高铁空间格局中城市的发展机理。研究的理论依据为圈层结构理论。延续冯·杜能的经典理论,认为城市发展的主要动力源自于交通网络,城市在区域发展中发挥主导职能,以圈层结构的形式逐步扩展。设某一时点的城市(区)人口为 $P(t)$,当周边其他城市人口发生变化时,城市人口增长速度均会受到影响。给定一个概率 π,表示城市(区)人口按照原增长轨迹的概率。当新出现的城区融入到现有城市体系中的任何一个城市时,其概率为 $1-\pi$。因此城市人口的增长机理外生于城区规模扩张。城市体系的外生驱动力变化所遵循的规则是:$N=kS^{-\alpha}$,N 表示人口数大于或等于 S 的城市数量,k 表示扩张系数。标准化后城市规模的密度是:$n=\alpha k S^{-\alpha-1}$。

根据周伟林和严冀(2004)的研究假设,长期来看城市体系的规模分布趋向一个稳态,规模为 S 的城市数量 N_S,以及各个城市的人口 P 的比例收敛于常数。导致比例的变化的因素为:第一,其中某一个次一级规模为 S_{-1} 的城市可能因为增设新城区出现扩张。此类城市数为 N_S-1。某一个城市规模的扩张的可能性会达到

$(1-\pi)(S-1)/P$。第二,某一个规模为 S 的城市也可能因为新城的出现而得到扩张,不同规模层次类型数为 N_S。因讨论中不涉及一定规模的城市类型数,只关注同一规模类型的城市数量,因此 N_S 只是用来识别对象城市是否同质的基准参数。相应的规模扩张或缩小的概率为 $(1-\pi)S/P$,新城(因为高铁站点选址会向东西或南北扩延,并形成高铁新区)会使得 n_S 的值减小。第三,若城市人口的 P 值增大,从而使 n_S/P 减小。如果把 P 增大时 n_S/P 值的变化看成是对每一个离散的 P 充分有弹性,可得

$$\frac{E(n_s/P)}{\mathrm{d}P}=\frac{1}{P^2}[(1-\pi)(S-1)n_{s-1}-(1-\pi)Sn_s-n_s] \tag{8.1}$$

进一步假设城市体系趋向于某个稳态。这意味着长期中弹性值会趋近 0。因此,能得到稳态时 S 型城市和 $S-1$ 型城市的关系式

$$\frac{n_s}{n_{s-1}}=\frac{(1-\pi)(S-1)}{(1-\pi)S+1} \tag{8.2}$$

当然,式(8.2)还可改写成

$$\frac{n_s-n_{s-1}}{n_{s-1}}=\frac{\pi-2}{(1-\pi)S+1} \tag{8.3}$$

如果把上述思想汇集起来,用以描述城市体系子集的上半部分分布情况,即可以描摹 S 较大时城市人口的可能变化轨迹。在此条件下,可以构建一个连续的 $n(S)$ 分布函数,以近似描述离散型的城市分布状态

$$\frac{\mathrm{d}n}{\mathrm{d}s}\times\frac{S}{n}=\frac{\pi-2}{1-\pi+1/}\simeq\frac{\pi-2}{1-\pi} \tag{8.4}$$

因此,城市成长法则得出的是规模扩张的形态并非机理,可进一步推导得出 $\frac{\mathrm{d}n}{\mathrm{d}s}\times\frac{S}{n}$ 的等价表达式。综上可得出

$$\alpha=\frac{1}{1-\pi} \tag{8.5}$$

在此分析框架内,新城市(区)的出现并不是众多因素的长期剧烈变化的结果,而是某个更符合现实的概率设定(周伟林等,2004)。后续的一系列实证研究已证实 Simon(1955)关于紧邻老城市的空隙新城市会不断地出现的推断。局部区域扩延至更大区域形成大城市群的概率,伴随现有城市规模的扩张而不断地提高(Dobkins 等,1999)。按照自然选择或市场规律,城市人口增长轨迹为

$$P(t)=P_0\mathrm{e}^{at(t-t_0)-\frac{1}{2}(t-t_0)^2} \tag{8.6}$$

需借助克里斯塔勒中心地理论,讨论城市群相互制约下城市体系的发展问题。其中设定每一个中心地完全控制其从属的低一级的中心地,次一级中心地不能同时接受两个或两个以上高级中心地的影响。在行政力量下形成的中心地体系,是一种封闭体系,其不便于交通系统发展。城市与城市之间,类似于城市内部分布在市中心的各种规模、类型的次级中心城区,也会存在不同方向(向内收敛和向外扩散)的相互作用,将此表述为城市"吸附"力模型,即

$$F_{ij}^* = \sum_k E_k \cdot \frac{M_k \cdot M_{k,f}^*}{d_{i,k}^m} \tag{8.7}$$

式(8.7)是采用引力模型衡量城市联动的一般表达式,只有考虑到超大中心城市的"吸附"能力之后,它才能够成为刻画不同规模大小城市互动的基准模型。其中,F_{ij}^* 是城市 k 与城市 i 之间的相互吸引力;M_k 和 $M_{k,f}^*$ 分别是城市 k 与城市 i 的"质量";$d_{i,k}^m$ 是城市 k 与 i 之间的距离;E_k 为因根据城市规模而不同的引力常数,根据各城市所在省区取值。

依据克里斯塔勒关于市场(经济)、行政(政府)和交通三要素共同作用于城市等级体系(Urban Hierarchy)的形成机理,中国在理论上已经形成了 3 个 A 级城市,分别是行政中心北京,基于市场原则的上海市,基于交通原则的广州市[①]。随后的计量回归分析中,将超大城市设定为北京市、上海市和广州市。因此实证部分关注城市发展的内在动力机制。

第二节 高速铁路设站城市成长动力识别和城市扩张方向定量判断

一、计量模型设定与变量定义

(一)计量模型设定

接下来的分析中将高铁建设嵌入城市发展体系中,探寻城市发展和城市群扩张的动力机制。本书包括样本城市 120 个。在样本中拥有 2 个高铁站的城市有 6 个,有 3 个高铁站的城市为黄冈、上海、北京、天津。样本中共计高铁站 134 个,截至 2019 年只开通 D 字头(未开通 G 字头)动车组列车的站点数有 22 个。借鉴 Banerjee 等(2012)和 Faber(2014)的研究,构建计量模型如下

$$\ln GDP_{pct} = \beta dis\_cs_{i,p.k}^{m*} + \eta x_{ct} + \Gamma \beta_{pc} + \gamma_t + \rho_p + \varepsilon_{pct} \tag{8.8}$$

高铁站建立对城市经济发展产生影响,高铁开通前后城市经济也会产生变化。因此研究采用事件分析方法,引入高铁站和高铁开通虚拟变量扩展回归模型。用 station 表示是否建高铁站,HSR 表示是否开通高铁,模型为

$$\ln GDP_{pct} = \beta dis\_cs_{i,p.k}^{m} + \Gamma \beta_{pc} + \gamma_1 station_{cp} + \gamma_2 HSR_{cp} + \gamma_3 station_{cp} \times HSR_{cp} + \varepsilon_{2pct} \tag{8.9}$$

其中,ρ 表示省际固定效应。通过调查和数据统计分析发现,在现有中国城市政经合一治理体系约束下,中国各城市高铁站点的具体选址不是铁路部门给定的,各城

[①] 涉及中国的城市等级体系,作者以吸附能力指数测算,截至 2019 年,中国 36 个城市可以分为 5 个组别,第一梯队仅有广州 1 个;第二梯队有北京、上海、南京、武汉等 4 个城市;第三梯队有深圳、杭州、沈阳、石家庄、郑州、长沙、哈尔滨、长春等 8 个城市。

市政府有调整空间。因此将高铁站点的选择作为内生的决策结果,并且不同行政层级和发展水平的城市之间存在巨大差异。

(二)变量定义与统计描述

本部分主要借助两类数据进行实证分析。第一类为与高铁联通并设有高铁站点的城市横截面数据。地级以上城市横截面数据(参见表8.2),主要包含三类解释变量:城市政府党政官员个体特征变量、高铁车次数及城市的空间地理特征变量(到北上广的距离)。第二类,未开通高铁,隶属同一行政区的其他非高铁站点城市与开通高铁的城市构成的1990~2019年跨期面板数,主要包含城市社会经济特征变量。参数估计过程中,城市治理特征变量数据都是"截断"的,即关注高铁站动工时的党政官员(市长和市委书记),任期测度则是自上任以来到离任的整段时间,年龄变量对应时点为"高铁站动工"当年。考虑到城市治理特殊性,分析中并不包括西藏和新疆的城市。样本中共包括257个城市,其中12个城市设有2个或2个以上高铁站点,未开通高铁的有134个。开通高铁以来,作为始发站的高铁站有57个。156个城市有直通北上广的火车车次,未开通高铁仅开行普速列车至三大中心城市的城市有59个,其中省会和副省级城市就有28个。郑德高等(2007)的研究表明,交通的重要性主要体现在其对城市经济的促进作用。在高铁的经济效应方面,长沙市和武汉市可以被称为高铁经济促进效应的典型案例。

表8.2 地级以上城市主要横截面数据变量统计特征①

变量	注释	平均值	最大值	标准差	最小值	10%分位数	样本量
age_mayorcon	当任市长年龄	50.588	63.000	4.681	14.000	45.000	130
edu_mayor	当任市长受教育年限/年	18.912 8	22	2.252	12	16	131
tenue_mayor	当任市长任期/年	4.582	8	1.631	1	3	131
age_secretarycon	当任市委书记年龄	53.109	64	3.581	41	48	130
edu_secretary	当任市委书记受教育年限/年	18.581	22	2.119	14	16	131
tenue_secretary	当任市委书记任期/年	4.788	11	1.858	1	2	130
across_gno	高铁过站车次/次	35.842	221	41.467	0	0	221
departures_dno	高铁始发车次/次	7.143	141	16.713	0	0	131
Gno	高铁车次/次	68	249	53.754	0	6	131
dis_cs	高铁站到市中心的距离/千米	11.960	102.600	13.356	0	0	130

---

① 此表只列举了部分变量;距离变量取值"4 459"表示到北京市、广州市和上海市都没有直达车次;其他解释变量和被解释变量将在实证结果中进行详细说明。

续表8.2

变量	注释	平均值	最大值	标准差	最小值	10%分位数	样本量
dis_fb	到北京的普速铁路最短距离/千米	1 818	4 459	1 308.423	64	502	272
dis_fs	到上海的普速铁路最短距离/千米	2 033	4 459	1 404.672	80	504	272
dis_fg	到广州的普速铁路最短距离/千米	2 329	4 459	1 409.321	22	643	272

数据来源:城市特征和社会经济变量数据来自《中国城市统计年鉴》(历年),高铁站点及车次数据来自作者建立的"高铁研究数据库",其他依据调研、百度地图以及"去哪儿"网站等整理而得。

城市发展过程中,城市行政等级越高,城市就越具有发展优势,其对周边资源的吸引能力就越强,促进了要素向其集聚。城市的吸附力表现为两方面:一方面,行政中心城市可以凭借其行政优势,吸附周边地区的资源;另一方面,行政等级较高的城市拥有较高的社会基础设施,也吸引了周边地区的资源向其集聚。在研究中需要根据其高铁站特点进行分类。设置了下列控制变量:第一,高铁站点所在城市的行政层级特征:包括在中国城市体系中的地位(省会、地级市等)、市场或经济特征变量(辖区人均GDP、产业结构)、城区人口规模、城市辖区和建成区面积。第二,以城市建成区和城区经济规模为被解释变量,测度高铁站点和高铁开通对城市的影响。

二、实证结果及解释

(一) 高铁站点选址与城市经济增长

高铁作为一个外生政策冲击,对城市经济发展的影响机制是复杂的,并且高铁对经济产生作用需要经历一定的时间。因此在测定高铁的效应时,需要对其开通前和开通后进行对比分析。高铁对城市的冲击产生在下列两个时点。第一,高铁线路确定并动工时。第二,高铁开通运营。借助计量模型(8.8)还可测度交通枢纽型城市的经济增长轨迹。估计过程中,统一控制高铁站点到中心城区的距离影响,以测度高铁联通的城市经济效应,结果见表8.3。计量模型虽然是经济增长模型的扩展,但实质上包涵了城市经济生产函数和人口规模扩张函数。方程可以进行两方面的考量:一方面,在宏观社会环境中考量高铁的城市经济效应。另一方面,从微观角度衡量高铁对人口流动的影响。估计城市经济增长模型中,主要控制对数化的建成区面积(ln consqure)和辖区面积(landsqure)两个变量。为测度高铁的增长效应,引入建站(station)和开通(HSR)两个虚拟变量,以及各城市各高铁站实际或规划占地面积(ocusqus),2019年各城市火车站G高铁动车组列车过站停靠车次(across_gno)等。城市党政官员特征变量与前述一致,对建站前上任的市长和市委书记进行采样。

高铁设站和开通运营都会对城市经济产生促进作用。表 8.3 的结果表明,高铁建站和高铁开通前后均对城市经济增速产生显著影响。高铁建站以后,城市的经济增长会提高 1.48～1.67 个百分点。高铁开通后,城市的经济增长提高 0.33～0.35 个百分点。其他解释变量方面,城市建成区面积对城市经济发挥促进作用。建成区面积与高铁设站虚拟变量的交互项显著为负,表明高铁建站前后城市的经济发展会发生显著变化,规模越大的城市,其建高铁站的增长负效应越大。但这一结果只是衡量了高铁的直接效应,其间接效应未能得到测量。结果表明高铁的短期经济效应较显著。根据佩鲁的增长极理论,交通运输在经济发展中担当先行官作用,会在城市中形成交通资源聚集的运输中心,运输中心作为城市的增长极发挥经济带动作用。高铁发展对城市产生作用的方式是多种多样的,其中最为直观的是高铁新城的发展。通过高铁建站,吸引周围的经济资源向高铁新城集聚,带动城市规模扩展,对周围地区发挥辐射作用。在我国,高铁对设站城市及周边城市的经济效应,还与城市自身的行政层级、经济基础、劳动力资源流动等情况密切相关。

表 8.3　高铁站点建设的经济增长效应(被解释变量:对数化的产出 ln GDP)

	模型(1)	模型(2)	模型(3)	模型(4)	模型(5)	模型(6)
lnconsqure	0.081***	0.069***	0.072***	0.079***	0.068***	0.069***
	(0.014)	(0.014)	(0.014)	(0.014)	(0.016)	(0.016)
landsqure	0.000***	0.000***	0.000***	0.000***	0.000***	0.000***
	(0.000)	(0.000)	(0.000)	(0.000)	(0.000)	(0.000)
station	1.669***	1.606***	1.495***	1.596***	1.623***	1.487***
	(0.231)	(0.232)	(0.222)	(0.211)	(0.223)	(0.219)
Dstartusi	0.352***	0.332***	0.334***	0.357***	0.333***	0.339***
	(0.090)	(0.092)	(0.090)	(0.090)	(0.090)	(0.090)
c.station#c.ln consqure	−0.093**	−0.091**	−0.077**	−0.094**	−0.089**	−0.076*
	(0.040)	(0.041)	(0.042)	(0.040)	(0.040)	(0.042)
c.station#c.ocusqus	0.000	0.000*	0.000**	0.000	0.000*	0.000**
	(0.000)	(0.000)	(0.000)	(0.000)	(0.000)	(0.000)
c.dstartusi#c.across_gno	−0.000	0.000	0.000	−0.000	0.000	0.000
	(0.001)	(0.001)	(0.001)	(0.001)	(0.001)	(0.001)
c.station#c.tenue_mayor	−0.017					
	(0.013)					
c.station#c.tenue_secretary		−0.007			−0.015	
		(0.022)			(0.022)	
c.age_mayorcon#c.edu_mayor			0.005***			0.005***
			(0.001)			(0.001)

续表8.3

	模型(1)	模型(2)	模型(3)	模型(4)	模型(5)	模型(6)
tenue_secretary				−0.579***	0.146	0.045
				(0.048)	(0.146)	(0.149)
常数项	5.619***	4.386***	1.778***	8.505***	3.715***	1.166***
	(0.143)	(0.124)	(0.731)	(0.353)	(0.684)	(1.002)
样本量	2 110	2 092	2 092	2 092	2 092	2 074
城市数	119	118	118	118	118	117
拟合度	0.827	0.226	0.267	0.828	0.176	0.209

注:括号里的值是标准误。***、**、* 分别代表在1%、5%和10%的显著性水平下统计显著。模型(4)~模型(6)是工具变量(IV)估计结果,用市委书记出生年份作为任期的工具变量。

表8.3在宏观角度对高铁对城市经济发展的作用机理给予了阐释。但其微观作用机制则需要细致的调查研究数据为基础。在中观层面,高铁城市能吸引相关产业投资,促使城市产业优化升级,有利于外围城市进行产业承接。在微观层面,劳动力的流动和集聚发挥重要作用,且表现为长期效应。因为当城市联入高铁网络后,城市的劳动力会受到影响,会向收入更高的城市流动,从而对城市发展产生长期影响。在相关的微观研究方面,高速铁路建成通车后,南京及上海地区呈现人口集聚效应;沪宁城际高铁建成后,沿线居民出行频次显著增加,尤其是20~44岁的青壮年劳动力流动频次显著增加,这种人口流动现象不但表明了城市间经济联系加强,更是微观层面人力资本之间的融合(殷铭等,2013)。作者于2019年针对高铁是否会改变人的行为选择进行的微观调查表明,高铁开通后,处于18~45岁年龄段的劳动力更愿意选择高铁作为其出行方式,并且新生代农民工的高铁乘坐意愿也不断增强。

(二)高铁改变城市体系空间格局和城市规模扩张方向

伴随高铁网络不断发展和完善,中国城市群面临更多的发展可能性,其在空间格局中的地位面临重新洗牌。因此相关研究应当关注高铁对城市规模的影响。将城市建成区面积作为被解释变量,考察高铁对城市规模扩张的影响(表8.4)。依照高铁对城市经济的影响思路,主要的解释变量为高铁建站和开通两个虚拟变量,以及与其他控制变量的交叉项;控制变量为城市产出规模对数化(ln GDP)、官员受教育年限和任期等。

由结果得出,高铁设站城市和非设站城市间的规模没有显著差异,但是高铁的服务频次对城市规模产生显著影响。与表8.3的经济增长回归结果相对比,发现经济增长与城区扩张之间没有必然因果关系。这意味着,高铁站动工使城市的经济增长与扩张变得不协调,甚至为抑制效应。虽然短期内城区面积扩张必定促进经济增长,但城市经济增长并不一定促进城市规模的扩张。高铁站动工前后,城区规模扩张速度有明显差异。这一结果在加入市长任期解释变量后,变得不再显著。高铁开通对城市规模扩张速度无显著影响。但伴随城市高铁服务频次增加,城市会面临快速的扩张。中国高铁建设的初衷就是将客货分离,建成快速客运专线。因此将高铁车次作为主要的控制变量具有重要现实意义。在1%置信水平下,当任市长任期变量结果表明,市长任期越长,城区规模扩张越快。这表明当任市长长期管理一个城市的发展,该城市就会具备较强竞争力和扩展力。

表8.4 城区规模扩张与官员执政(被解释变量:对数化建成区面积 ln consqure)

	模型(7)	模型(8)	模型(9)	模型(10)	模型(11)	模型(12)
station	0.164**	0.554	0.472	0.481	0.840***	1.159***
	(0.071)	(0.347)	(0.314)	(0.312)	(0.301)	(0.322)
c.station#c.ocusqus	0.000***	0.000***	0.000***	0.000***	0.000***	0.000***
	(0.000)	(0.000)	(0.000)	(0.000)	(0.000)	(0.000)
HSR	−0.001	0.019	0.022	0.023	0.023	0.040
	(0.100)	(0.100)	(0.100)	(0.100)	(0.100)	(0.100)
ln GDP	0.031	0.043	0.047*	0.046*	0.046	0.047*
	(0.022)	(0.022)	(0.023)	(0.025)	(0.026)	(0.026)
c.station#c.ln GDP		−0.106**	−0.142***	−0.140***	−0.132**	−0.197**
		(0.042)	(0.047)	(0.046)	(0.043)	(0.043)
c.stationn#c.tenue_secretary		0.045				
		(0.032)				
c.station#c.tenue_mayor			0.114***	0.109***		
			(0.034)	(0.035)		
tenue_secretary			0.042			
			(0.027)			
c.station#c.across_gno					0.001	
					(0.001)	
c.station#c.gno 0.						0.005***
						(0.001)
常数项	4.782***	4.733***	4.717***	4.512***	4.723***	4.712***
	(0.141)	(0.141)	(0.141)	(0.201)	(0.142)	(0.141)
样本量	2 113	2 113	2 113	2 113	2 113	2 113
城市数	119	118	119	118	119	119
拟合度	0.006	0.010	0.017	0.019	0.023	0.025

注:括号里的值是标准误。***、**、*分别代表在1%、5%和10%的显著性水平下统计显著。

高铁时代,城市发展的不确定因素逐渐增多,城市未来的发展可能受到周围城市的辐射和虹吸效应的影响。克里斯塔勒指出,交通道路建设对城市的形成和发展发挥至关重要的作用,因此早期的中心城市是沿着交通路线分布的。依据城市的交通路线分布模式,通常次一级中心城市分布在三个高一级(北京、上海和广州)的中心城市连线的中间位置,地图上则位于连接两个高一级中心地的道路干线上的中点位置。中国城市体系空间分布结构与这一理论一致。交通布局决定了高级中心城市的分布,在高级中心城市的成长过程中行政力量发挥重要作用,而次一级中心城市的发展中市场的力量往往更重要。高铁在建设之初,成为连接各大中心城市的重要命脉;高铁通车后,沿线城市的发展受到高铁中心城市辐射和虹吸力量的共同作用,沿线城市在城市体系中的地位将发生改变。因此,高铁建设对中国城市体系格局演变和城市发展产生了新的"磁石效应",只是磁场力的最终作用方向尚不能识别。

(三) 高铁可能强化行政力和市场力的作用强度

中国城市体系构成中,地理、经济、政治的中心地区分别位于中部、东部、北部。大部分城市在高铁站建设地点的选择上,是想更多地发挥高铁站的经济带动作用,形成新的经济次中心。高铁建设为找寻城市规模发展内生决定论中的外生冲击提供了可能。在传统的城市发展因素作用下,高铁如何在城市发展中发挥动力作用,需进一步实证证明。在全国空间范围内,高铁自东向西建设,使东部地区获得先发优势。如果以城市的高铁吸附能力为基础,分析城市间的联动发展关系,则发展高铁建设赋予了超大城市超强的吸附能力(周靖祥,2015)。例如中国的北京、上海、广州三个中心城市的发展速度和方向对全国的城市体系格局变动发挥决定性影响。因此在测度高铁的经济效应时,还应考虑城市经济发展是否受到北、上、广三大城市在城市空间格局中发挥的决定性影响。

表8.5检验了城市规模的扩展空间方向。结果表明,高铁站建设显著影响了城市的扩张方向,城市是否会向着高铁路线方向发展,或者离中心城区较远的地方建立高铁站,与高铁站规模和当任市长的任期密切相关。高铁站动工后,城市城区的扩张规模受到抑制性影响。如果高铁建设时,该城市市长已就任且任期较长,将对城市规范发展发挥显著促进作用,数据还表明城市规模发展速度快的市长有更大的机会获得晋升。即高铁站建设后,城区的扩展规模会受到抑制,但是其经济发展能获得显著积极影响。检验中控制了距离的作用时,各因素的系数仍显著。由于控制变量本身不显著,短期内各城市与北上广之间的距离具有不确定性。北上广未能有效影响全国腹地城市的发展。从高铁的长期效应来看,城市规模扩张的决定因素为经济、政治、政策等内源动力。从理论层面看,人力资本的集聚和知识溢出是城市扩张的内生动力(Glaeser和Resseger,2010)。从城市发展的路径上看是集聚和分散博弈的结果(Henderson,1974)。高铁对中心城市的集聚力发挥重要作用,但对其分散力的作用具有不确定性。高铁对城市分散力的发挥还取决于城市体系调整的力量,其中行政力量是重要因素。实践表明,中国大城市规模的发展似乎已经形成了一种"滚雪球"效应,对周围城市形成了强大的吸附力,随着优势资源向各大城市集聚,高铁的市场调整力度逐步增强,成为影响城市发展的重要驱动力。

表 8.5 城市规模扩张动力与区域空间中心定位(被解释变量:对数化的建成区面积 ln consqure)

	北京市	上海市	广州市	上广	北广	北上弧形
station	0.486	0.482	0.463	0.478	0.476	0.483
	(0.311)	(0.312)	(0.314)	(0.312)	(0.314)	(0.313)
c.station#c.ocusqus	0.000 6**	0.000 6**	0.000 6**	0.000 6**	0.000 6**	0.000 6***
	(0.000)	(0.000)	(0.000)	(0.000)	(0.000)	(0.000)
ln GDP	0.048*	0.049*	0.052*	0.049*	0.049*	0.049*
	(0.026)	(0.026)	(0.026)	(0.026)	(0.026)	(0.026)
c.station#c.ln GDP	−0.138***	−0.138***	−0.137***	−0.137***	−0.137***	−0.138***
	(0.042)	(0.042)	(0.042)	(0.042)	(0.042)	(0.042)
c.station#c.tenue_mayor	0.107***	0.108***	0.108***	0.109***	0.108***	0.108***
	(0.022)	(0.022)	(0.022)	(0.022)	(0.022)	(0.022)
tenue_secretary	0.041	0.043	0.045	0.046	0.044	0.044
	(0.023)	(0.024)	(0.023)	(0.023)	(0.022)	(0.024)
dis_fb	−0.000				0.000	0.000
	(0.001)				(0.000)	(0.000)
dis_fb2	0.206					
	(0.282)					
dis_fb3	−0.032					
	(0.041)					
dis_fs		0.000		0.000		0.000
		(0.000)		(0.000)		(0.000)
dis_fs2		−0.100				
		(0.276)				
dis_fs3		0.013				
		(0.021)				
dis_fg			0.000	−0.000	−0.000	
			(0.000)	(0.000)	(0.000)	
dis_fg2			−0.107			
			(0.224)			
dis_fg3			0.018			
			(0.033)			
常数项	4.681***	4.387***	4.586***	4.597***	4.486***	4.459***
	(0.305)	(0.326)	(0.314)	(0.231)	(0.234)	(0.225)
样本量	2 113	2 113	2 113	2 113	2 113	2 113
城市数	118	118	118	118	118	118
拟合度	0.019	0.017	0.018	0.019	0.019	0.021

注:括号里的值是标准误。***、**、*分别代表在1%、5%和10%的显著性水平下统计显著。

城市规模的分布规律为,一定规模城市的数量是与其规模等级密切相关的。

规模等级越高的城市数量越少,逐步形成金字塔式的结构。中国城市规模的分布呈现出"尖峰厚尾分布"格局。城市结构中中等城市的规模扩张远落后于大城市。但是,中国的城市规模分布并未严格遵循首位分布和位序规模分布特征,因此,中国城市的规模变动和城市空间体系调整方向具有不确定性。高铁作为一种新生驱动力,对城市规模产生影响,因此中国城市规模的扩张受到高铁的影响,城市的空间体系不断发生变化并实现结构优化。城市规模的含义是广泛的,除城市建成区之外,人口规模、用地规模、经济规模等都是其内容的组成部分。通常而言,用地规模和经济规模都是人口规模的象征,因此各因素之间存在密切的联系,GDP是各经济因素的表现。空间距离变量对研究城市间的联动作用具有重要作用,以往的城市经济研究中,往往关注单个城市个体而不是城市间的关系。如果用同一城市生产函数来估计其他城市最优规模,不能获得可靠的结果。毕竟,仅根据城市功能与体系结构进行测度,会对个体城市的规模产生有偏估计(Richardson,1973)。有鉴于此,本书对城市规模扩张动力的分析,将个体城市放置于城市体系格局大环境下,探索中国城市规模可能的扩张方向和扩展边际。

高铁网络背景下,中国的城市体系格局正经历结构重组。高铁联通作用下,区域内中心城市和腹地城市强强联合抱团发展的态势日渐显著。高铁为城市联动发展发挥了驱动作用,各级政府应正确认识高铁的驱动作用,为不同城市量身定制发展战略,促进城市在体系重构中占据优势地位。高铁建设的进程在各个区域不尽相同,便形成了中国城市格局演变中的复杂变化。高铁将中国的各城市联入快速交通网络,促使市场、地理、空间等因素在城市发展中的作用更具效率,行政的力量相对被减弱。

中国城市空间经济格局虽不会发生根本性改变,但高铁带来的城市群内部的发展和调整作用不容忽视。高铁促使劳动力的流动更加便利,劳动力的流动范围进一步拓宽。现代城市体系格局中,京沪穗三中心城市的格局已形成,中心城市也与各自的腹地城市建立了紧密的联系。城市间的联动发展关系正在被日趋完善的高铁网络改变。充分调动各城市发展因素的积极性,在重构的城市体系格局中谋求发展,要充分重视高铁在城市联动发展中的驱动功能。

第三节　结论与讨论

高铁作为一项准自然实验,对中国经济产生了强烈的外生冲击,中国的城市体系空间结构实现了重构。本书的研究结果为高铁对中国城市体系格局的改变和城市联动发展提供了实证证据。高铁连接的中心城市将会集聚更多的优势资源,规模越来越壮大。中心城市高铁连线上的次中心城市也获得了更多发展可能。在高铁网络快速发展下(图8.2),劳动力、资金等要素的流向给城市的发展带来了未知结果。依据前文的研究结果,得出如下结论:高铁站的位置对城市经济发展和城区规模并没有发挥显著作用,而城市市长任期对城市经济发展具有重要影响,因此得出政府因素在新城建设选址中的作用显著。高铁站点建设为城市联动发展从微观角度提供了支持。中国城市体系的空间格局与北上广对腹地城市的辐射力和虹吸力密切相关。本书关注高铁对城市联动发展的动力机制的作用,将高铁作为一项准自然实验,考察这种外生政策冲击给城市变革和联动发展带来的影响。

高铁通过回流和扩散两种效应作用于城市的联动发展。一方面,回流效应主要体现为,劳动力等要素从报酬较低的不发达地区流向获得更高报酬的发达地区。这种效应会加剧城市间的经济差距。另一方面,扩展效应中发达城市产生外溢效应,部分生产要素流向不发达地区,城市经济差距得以缩小。因此,高铁建设应最终以促进社会资源最优配置为目标。各城市政府在加入高铁网络后,应清晰认知自身与周围城市的竞争及合作关系。因此城市政府应该将高铁对城市发展带来的影响放置于整体城市联动效应中通盘考虑。高铁中心城市通过高铁的连接,便利了生产要素的流动,城市获得更多的优质资源和发展机遇。中等城市或小城市(城镇)联入高铁网络后,高铁产生了"通道效应",在便利了与大城市和超大城市联系的同时,可能面临巨大的资源流失。

梳理中国高铁建设以来经济社会的变革发现,中国城市体系格局正在因高铁驱动的经济发展而重构。高铁作用下城市之间的空间联系因缩短的时间距离而更加频繁和密切。中国城市发展扩张中,高铁、政府、市场等各方力量共同发挥作用。中国城市体系的重构是受内生因素决定的,高铁作为一种外生政策冲击担当了催化剂作用。2008年,全国仅有10个高铁站投入使用,2010年超过100个,2012年接近200个,2015年突破400个,2019年底投入使用的高铁站点达到505个(图8.2)。仅2014年全国就有97个高铁站启用,其中省会和副省级城市6个,地级市有26个,县级城市和市辖区55个,乡镇5个,村庄或旅游景区共有5个。

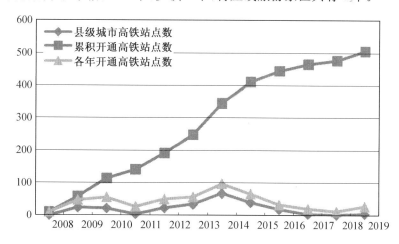

图 8.2　中国高铁站点建设进程

第九章　结论及政策建议

本书基于圈层结构理论,延续冯·杜能的经典思想,利用空间经济学、城市经济学、地理学、工具变量法以及高铁、城市经济数据等多种前沿的研究方法和数据,考察了高铁发展对城市经济影响的特征、经济差距、联动发展及动力机制等四方面的影响。

第一节　研究结论

一、高铁驱动要素流动作用于城市经济发展

知识经济时代,高铁促进城市经济增长的微观机制在于:通过扩大市场规模进而促进企业降低经营成本、提高经营效率、创造市场潜能,从而导致企业的数量增加和已有企业的规模变大,吸引高级人才流入开通了高铁的城市,以企业为平台发挥才能,引导一个城市的创新和经济发展。高技能劳动力的聚集反过来吸引更多生产要素和资源的聚集,促进市场规模进一步地扩大。因此,交通基础设施的完善是经济发展的催化剂。

二、高铁对高技能劳动力流动的影响具有异质性

中国不同区域之间的经济发展差距较大,通过高铁的建设强化区域间的经济溢出,协调各个区域的经济发展,是发挥高铁对全国经济发展增长效应的主要内容之一。然而,目前高铁在中国各个地区的发展相对不平衡,中部、西部及东北地区已开通高铁的城市数量远远低于东部地区。研究结果表明,高铁的开通能够为东部地区的发展输送高级人才,但并不利于中部地区、西部及东北老工业区吸引和留住人才。鉴于中西部落后地区的地方政府往往财力有限,中央政府在高铁设施建设方面应当对其有所倾斜。对于东北老工业区,则还需要配套产业结构的转型升级,以增加城市对人才的吸引力。

对高铁和民航这两种快速交通工具的交互作用的分析表明,二者之间存在一定程度的竞争关系,在尚未建立机场的城市开通高铁会产生更大的边际贡献。公路、铁路、航空和高铁运输各有其优缺点,政策制定者需要兼顾每个城市或经济区的特点,组合利用好各种交通方式,才能以最小的成本建立便捷、有效的交通网络。此外,目前高铁的开通主要是加快了人才、信息的流动,尤其是出差频率较高

的高管。因此,城市建设还需要以高铁为依托,配套完善其他各方面的公共服务,打破人才流动的壁垒,才能真正地留住人才。

三、高铁促进农村劳动力流动的同时降低了其工资水平

农村劳动力务工与务农行为选择受诸多因素的综合影响,其中既有高铁和农业补贴的外生冲击,又有农村劳动力个体和家庭因素、务工与务农收入差距的影响。整体来看,伴随我国高铁网络的不断完善,城市化进程的不断推进,第二、第三产业高速发展,农业收入受生产成本和生产方式的影响逐步下降。也促使农村劳动力从农村流动到城市从事非农产业。

但值得引起注意的是,高铁在促进劳动力流动的同时,会显著降低技能农民工工资水平。研究结果对不同的情况和在解决内生性问题时都具有很强的稳健性。也就是说,高铁促进了更多的低技能劳动力转移到互联城市,从而重塑了城市的就业结构。本书通过提供其他结果和异质性的证据进一步验证了这一机制。高铁的开放对非国有企业的工人、通过市场方法寻找工作的移民以及在劳动密集型行业工作的移民的影响最大。

四、高铁促进了城市知识密集型经济增长

大城市高铁服务的频率对就业增长、空间集中和区域专业化有显著影响。相反,高铁网络的区域扩张对绝对就业增长和空间集中度及区域专业化的影响微乎其微。此外,区域高铁长度与高铁服务频率之间的交互作用对本书所考虑的知识密集型经济增长和空间动态的三个指标都有正向影响。这意味着高铁网络总长度和服务频率是推动中国知识密集型经济活动增长和空间动态的互补因素。此外,三个区域内所选主要城市的知识密集型经济增长和空间动态对高铁发展的影响方式不同。具体而言,高铁服务频率对知识密集型经济空间集中度和专业化有正向影响,在东部发达地区影响最大。高铁网络的扩展对三个地区的知识密集型经济增长、空间集中度和专业化有不同的影响。结果表明,高铁服务频率对知识密集型经济增长和空间动态的影响大于区域高铁存量。因此,研究结果强调了服务频率对高铁发展的经济影响的关键作用。特别是,任何不考虑列车服务频率的无障碍改善措施都可能导致对高铁发展影响的实质性误述。

高速铁路服务和传统铁路网的发展对知识密集型经济的增长、集中度和专业化有不同的影响,而且这些影响在不同地区有所不同。首先,高铁服务的频率在绝对增长、空间集中和区域专业化方面对知识密集型经济发展的贡献不同。在较发达的东部地区,高铁服务对知识密集型经济增长和空间动态的这三个指标的积极影响尤其明显。这一积极影响表明,高铁服务促进了本书所代表的主要城市的知识密集型经济增长和集中度,但以牺牲大都市地区的其他城市为代价。其次,高铁网络在区域尺度上的扩张对知识密集型经济增长和空间集中度有一定的影响。分

析表明,这一效应在我国东部和中部地区的知识密集型经济专业化和知识密集型经济空间集中度上分别为负效应,而在西部地区的知识密集型经济空间集中度上为正效应。高铁网络的扩张与列车服务频率的交互作用在知识密集型经济动力学的三个指标中均为正。这些发现表明,迄今为止,高铁网络的发展在中国主要城市的知识密集型经济发展成果中所起的作用比单纯的高铁服务的发展更为多样化。相比之下,中国中部地区普通铁路服务对知识密集型经济增长和空间动态的影响不显著。在中国的东部和西部地区,普通铁路的扩张对知识密集型经济的增长和集中度的影响是负面的。

高铁和普速铁路服务对东部发达地区的经济增长的促进作用大于中西部欠发达地区。中部地区尤其如此,传统铁路发展对经济增长和空间动态的影响微乎其微。与东部地区相比,中部地区的列车开行频率较低,西部地区的铁路密度和覆盖率更低。事实上,中部地区长期以来一直是中国一个突出的外迁中心。中国东部的移民倾向于在服务业和制造业工作,而中国西部的移民倾向于在建筑业和农业工作。因此,与以往研究结果一致(Liu 和 Shen,2014;Shen 和 Liu,2016),高铁发展促进了高技能劳动力从历史欠发达地区的外流,从而使这些地区,尤其是中部地区,从长期来看人才流失情况严重。

高铁对我国主要城市知识密集型经济的空间集聚和专业化的影响在三个地区存在差异。这从根本上与全国服务业发展格局不平衡有关。Zhong 和 Wei(2018)报告,高端服务业增长总体上主要集中在东部沿海地区,特别是发达大城市。与此同时,中国西部大部分城市仍处于工业化进程中,该地区的主要城市主导了高质量服务的提供(Pan 等,2018;Zhao 等,2015)。从结果来看,通过促进中国东部沿海地区尤其是关键知识密集型经济活动的增长,高铁似乎有了进一步促进日益突出的西部地区服务业发展不平衡的问题。结果表明,除高铁发展外,社会经济因素(人均 GDP 和第三产业比重)对东部发达地区的知识密集型经济集聚具有最显著的正向作用,而对中西部地区的知识密集型经济集聚具有负向作用。因此,似乎现有的有利区域经济条件与高铁发展相结合,在已经繁荣的地区产生更多的增长。

五、高铁驱动城市经济发展

高铁的建成通车对地方经济发展具有明显的带动作用,其带动作用在沿海地区略强于内陆地区,同时这种带动从高铁建成通车起就有明显的体现,不存在一般基础设施存在的滞后性。高铁的建设对地方财政收入提升、人口集聚、城市空间扩展具有明显的拉动作用,对于产业结构调整、城市的开放性也有促进作用,但以人均教育为代表的公共服务发展则滞后于经济发展。在高铁的建设期,虽然基础设施投资对经济发展有带动作用,但从全局角度观察,高铁建设投资对地方经济发展的影响并不显著。

本书的研究结果初步证明,高速铁路的建设是对地方经济发展的重大利好,对地方经济的发展具有深远的影响。这种利好主要体现在高铁建成通车后带来的城市可达性的提升及区域发展的同城效应,来自于高铁带来的客流、资金流、信息流的发展,而非来自投资的拉动作用。这导致高铁效应见效快、发展带动能力较为持久,将对地方经济产生深远的影响。高铁经济对地方的影响是多方面的,除在城市扩展、人口集聚、财政收入方面产生明显的促进作用外,对城市开放水平的提升也颇具影响,在提倡开放的当下,特别是对于内陆地区,这一影响具有深远的意义。

六、高铁对城市间经济差距的影响具有异质性

首先,考察期内,虽然开通高铁对区域经济增长的绝对水平不具有显著的影响效应,但是,其能够通过促进劳动力等要素流动而对区域经济差距产生显著的正向影响,高铁开通进一步密切了中心区域和外围区域之间的联系,这使得中心区域能够进一步吸引落后区域的优质要素,进而可以促进本地区的经济增长;而落后地区自身的经济发展环境相对较差,伴随着高铁的开通,其生产要素可能会进一步流失,产生"马太陷阱",因而高铁开通拉大了地区之间经济增长的差距。其次,在对城市异质性的分析中,发现高铁开通对省会城市的经济差距具有显著的正向影响,而要素流动也是高铁开通影响省会城市经济差距扩大的重要因素,但是高铁开通对非省会城市经济差距的影响效应是不显著的。最后,伴随着开通时间的不断扩大,高铁开通对区域经济差距的极化效应呈现出从显著扩大到显著缩小的态势。

七、高铁驱动中心城市与腹地城市联动发展

中国高铁的快速发展改变了城市格局,本书采用城市宏观数据与高铁微观数据考察了广州和深圳双城联动效应及其对腹地城市的辐射效应,重点关注高铁的作用。在修正引力模型基础上,通过扩展双核理论和断裂点理论,借助城市经济数据测算广深双城联动效应;基于铁路运行车次数据的测算结果进行比对,虽采取不同算法城市间关系及位序法则却保持着一致性。测算结果证实,中心城市辐射效应表现为地域相邻指向性,腹地城市联系方向表现为中心城市指向性。进一步将1990～2019年城市面板数据与高铁通行微观数据进行匹配,测度高铁驱动广深的联动效应及辐射效应。结果表明:高铁强化了珠三角城市间的联动效应,并且使得广深辐射效应逐步增强,普速铁路和高速公路的增长效应也十分明显,当使用铁路列车班次并赋予权重计算城市联系指数进行再检验时,该实证结果仍然稳健。其中,能够增强城市联动效应的其他因素包括:第三产业就业、人口规模、地区生产总值和第二产业增加值,而齐头并进的城市投资规模扩张并不利于城市间联动和协同发展格局的形成。可见,以高铁为标志的现代交通网络的形成,促进了城市间联动效应,增加了中心城市对周围城市的辐射力。

第二节 政策建议

高铁以驱动劳动力要素流动带动其他要素的流向,最终作用于城市经济发展,但高铁对劳动力等要素的流动影响是具有异质性的,在高铁主要城市吸引了劳动力尤其是高技能劳动力、资金等要素的同时,其他中心城市正在经历要素资源的流失,低技能劳动力也正遭受工资水平的降低。此外,高铁驱动要素流动的不均衡也导致了城市经济发展的失衡现象,高铁城市与非高铁城市之间,高铁主要城市和高铁中小城市等多维度的城市经济发展差距也在不断凸显,因此本书的研究结果为相关政策制度制定提供了思路和方向。

一、城市精准化施策引导劳动力合理流动

高铁不仅是驱动地级市经济发展的强劲动力,也是促进劳动力流动的重要力量。高铁显著促进了城市对高技能劳动力的吸引,提高了农村劳动力的务工选择概率,但降低了低技能农民工的工资。因此,从高铁网络完善角度看,根据中国高铁建设情况和实际需要,高铁仍不能满足人民需求,高铁建设还需要加强。

其一,吸引劳动力最多的高铁重要枢纽城市,要充分利用其交通枢纽的优势地位,增加高铁的要素流动效应,不断吸纳高技能劳动力,同时为农民工提供更多就业岗位,促进城市高铁经济对农村经济发展的辐射效应,提高农民收入。

其二,重要高铁沿线地级市,要充分发挥高铁设站优势,利用高铁站带来的经济要素流动,促进城市化发展。

其三,第三类地级市即新设站不久的城市,相对高铁设站较晚,所在地级市的高技能劳动力和农民工通常已选择到较发达的高铁枢纽或高铁沿线城市就业,高铁发展带来了这类城市产业结构升级,也吸引了一部分劳动力向本地级市的回流,劳动力的务工流动方向得到了调整。

其四,第四类地级市是至今未能开通高铁的城市,这类地级市往往是劳动力主要流出地,应加快高铁网络建设,使这些城市联入高铁网络,带动周边农村经济发展,引导劳动力流动均衡发展。

二、地方政府多方施策,应对人才流失问题

中国不同区域之间的经济发展差距较大,通过高铁的建设强化区域间的经济溢出,协调各个区域的经济发展,是发挥高铁对全国经济发展增长效应的主要内容之一。然而,目前高铁在中国各个地区的发展相对不平衡,中部、西部及东北地区已开通高铁的城市数量远远低于东部地区。研究结果表明,高铁的开通能够为东部地区的发展输送高级人才,但并不利于中部地区、西部及东北老工业区吸引和留住人才。

政府应该制定相应的政策来应对基础设施建设和经济发展带来的不平等。首先,鉴于中西部落后地区的地方政府往往财力有限,中央政府在高铁设施建设方面应当对其有所倾斜。对于东北老工业区,则还需要配套产业结构的转型升级,以增加城市对人才的吸引力。其次,城市建设还需要以高铁为依托,配套完善其他各方面的公共服务,打破人才流动的壁垒,才能真正地留住人才。再次,政府应首先从人才政策方面入手,通过出台各类引才政策,吸纳人才,吸引高技能劳动力回流。最后,鼓励创新创业,引导高技能劳动力和农民工回乡创业。

三、构建一体化的高铁运输网络,促进城市经济协调发展

发挥高铁对区域经济增长的影响还需要构建一体化的高铁运输网络。虽然部分地区暂时可能无法修建高铁,但是其可以通过完善公路、水路等客运体系,加速融入高铁运输网络,这也有利于进一步增强其与发达地区的联系,发挥高铁在促进区域经济协调发展方面的重要作用。从政策层面来说,要进一步强化交通基础设施建设,特别是高速铁路建设,探索多元化的融资机制,发挥中央财政、地方财政和社会资本的作用。对于落后地区或外围区域来说,要进一步发挥高铁开通对本地区经济增长的促进作用,通过不断优化本地区的经济发展环境,减少优质资源和要素的流失;在此基础上,通过与发达地区或中心区域的交流和学习,不断汲取发达地区先进的技术和知识,从而促进本地区的经济增长,缩小与发达地区的发展差距。

四、加强城市公务服务建设

是否开通高铁已经成为地方城市跨越经济发展门槛的重要影响因素。但从短期来看,高铁发展带来的人口集聚和城市扩张,也引发了城市公共服务设施滞后、配套不足的问题。经济发展的最终目标是提升人民的福利水平。因此各地政府应及时调整公共服务政策,确保城市居民,特别是农村转移人口能够及时得到优质公共服务的保障。

五、创新城市发展提质机制

一方面,借势改革大格局,创新区域发展体制机制,推动省域范围内和近邻省市主要城市之间的联动。另一方面,有序推进城市协同联动发展。构建城市布局和空间结构优化新机制,以高铁城市为中心载体,统筹人口、产业、空间、土地利用等;充分利用现代化交通网络优势,以地面快速交通网络促成城市发展共谋新格局,撬动中国全域经济走向平衡发展才是长久之计。

六、高铁建设要"量身定点,量力而建"

政府在做出与高铁线(网)相连接的决策之时应当"量身定点,量力而建",审慎

决定高铁站点建设的适宜距离。从经济发展效率角度讲,高铁站点建设更应该以提高经济与社会资源空间配置效益为首要目标。与此同时,还应当综合考虑与近邻超大城市和大城市的竞争与合作关系,高铁建设城市应当把高铁新城或新区放置于整个城市体系、省份乃至区域、全国层面进行科学规划,与现有产业布局、城市功能相协调。对大城市或交通枢纽城市而言,高铁通行确实通过增强资源流动的便利性强化了城际之间的市场联系,加速了信息、技术、人才流动,对经济发展更多地表现为正的增长效应;对中等城市、小城市(城镇)而言,高铁则催生了"通道效应",更好地加强了与大城市和超大城市的联结。

第三节 后续研究工作

本书表明了高速铁路驱动要素流动对城市经济产生影响,但随之而来的问题是:高铁建设对城市经济发展的影响长远且持续,是不是可以说已经开通高铁的城市与未开通高铁的城市之间产生了难以逾越的发展鸿沟?未来开通的高铁线对地方经济发展的效果与前期开通的高铁线对经济发展的带动效果是否一致?这种发展是否会进一步引发区域发展的失衡?这都需要下一步进行更加细致的研究。

未来的研究可从以下方面开展。一是在城市规模扩张和经济增长产生的内外部成因解释方面,外因还应当考虑与邻近城市的差异及互补性;通过实际调研应该可以找到某种门槛指标,找到形成规模扩张滚雪球效应和双城联动式发展逻辑的实证证据。二是更深入考察高速铁路驱动要素流动影响城市经济的微观机理。从企业和家庭的位置或迁移的角度来考察高铁对要素流动的影响。例如,可以研究知识密集型经济部门的公司如何通过高铁网络开发组织商业网络,或者通勤者的家庭工作地点决策如何受到高铁服务的影响。三是,未来的研究可以解决企业(区域)总部如何应对主要城市之间高铁网络连通性和可达性的增加问题,以便为区域规划者提供更多的参考。四是,在高铁发展的时代,制度因素如何调节城市产业组织和区域一体化的问题有待研究。由于发展阶段的相关因素,高铁对我国城市经济结构调整的影响可能存在制度性因素。很明显,等级制的城市体系整合了主要位于大城市的知识密集型公司。最先进的资源和服务(即教育、医疗和便利设施)也集中在知识密集型经济的主要城市。相比之下,中国的福利制度(即社会保险、住房补贴等)被城市隔离,这阻碍了劳动力在就业市场的自由流动。最后,由于高铁发展也重组了一些城市的网络节点,因此在未来对这些特定城市的案例研究中,评估这些变化如何对城市和区域发展产生额外影响将是有益的。

参考文献

[1] 埃比尼泽·霍华德.明日的田园城市[M].金经元,译.北京:商务印书馆,2000.

[2] 包群,邵敏,侯维忠.出口改善了员工收入吗?[J].经济研究,2011(9):41-54.

[3] 陈建军,郑广建.集聚视角下高速铁路与城市发展[J].江淮论坛,2014(2):37-44.

[4] 陈利,黄金辉.中国农村财政性公共服务投入与农民收入关系的计量分析[J].经济问题探索,2020(7):123-134.

[5] 邓力源,唐代盛,余驰晨.我国农村居民健康人力资本对其非农就业收入影响的实证研究[J].人口学刊,2018,40(1):104-114.

[6] 邓涛涛,赵磊,马木兰.长三角高速铁路网对城市旅游业发展的影响研究[J].经济管理,2016(1):137-146.

[7] 董艳梅,朱英明.高铁建设的就业效应研究——基于中国285个城市倾向匹配倍差法的证据[J].经济管理,2016(11):26-44.

[8] 董艳梅,朱英明.高铁建设能否重塑中国的经济空间布局——基于就业、工资和经济增长的区域异质性视角[J].中国工业经济,2016(10):92-108.

[9] 范晓菲,王千,高铁梅.预期城乡收入差距及其对我国农村劳动力转移的影响[J].数量经济技术研究,2013(7):20-35.

[10] 方超,黄斌.教育扩张与农村劳动力的教育收益率——基于分位数处理效应的异质性估计[J].经济评论,2020(4):81-96.

[11] 方大春,孙明月.高速铁路对长三角城市群经济发展影响评估——基于DID模型的实证研究[J].华东经济管理,2016,30(2):42-47.

[12] 方大春,孙明月.高铁时代下长三角城市群空间结构重构——基于社会网络分析[J].经济地理,2015,35(10):50-56.

[13] 冯其云,姜振煜.务工与务农行为选择比较研究:来自村庄的证据[J].重庆大学学报(社会科学版),2016,22(4):26-41.

[14] 冯其云,周靖祥.高铁时代广深双城及其与腹地城市联动关系识别的证据[J].重庆大学学报(社会科学版),2017,23(2):15-29.

[15] 高越,侯在坤.我国农村基础设施对农民收入的影响——基于中国家庭追踪调查数据[J].农林经济管理学报,2019,18(6):733-741.

[16] 龚斌磊,郭红东,唐颖.影响农民工务工收入的因素分析——基于浙江省杭州市部分农民工的调查[J].中国农村经济,2010(9):38-47.

[17] 管永昊,吴佳敏,贺伊琦.企业创新类型、非农就业与农民收入[J].财经问题研究,2020(1):121-129.

[19] 国家发改委国地所课题组,肖金成.我国城市群的发展阶段与十大城市群的功能定位[J].改革,2009(9):5-23.

[20] 韩会然,焦华富,李俊峰,等.皖江城市带空间经济联系变化特征的网络分析及机理研究[J].经济地理,2011,31(3):384-389.

[21] 黄枫,孙世龙.让市场配置农地资源:劳动力转移与农地使用权市场发育[J].管理世界,2015(7):71-81.

[22] 黄泰,席建超,葛全胜.高铁对长三角区域旅游一体化影响计量研究[J].长江流域资源与环境,2017,26(9):1311-1322.

[23] 黄宗智.长江三角洲小农家庭与农村发展[M].北京:中华书局,1992.

[24] 贾善铭,覃成林.高速铁路对中国区域经济格局均衡性的影响[J].地域研究与开发,2015,34(2):13-20.

[25] 姜博,初楠臣,王媛,等.高速铁路影响下的城市可达性测度及其空间格局模拟分析——以哈大高铁为例[J].经济地理,2014,34(11):58-62.

[26] 姜博,初楠臣,修春亮,等.高速铁路对欠发达地区可达性影响的空间差异——以哈大与郑西高铁为例[J].人文地理,2015(2):94-100.

[27] 蒋华雄,蔡宏钰,孟晓晨.高速铁路对中国城市产业结构的影响研究[J].人文地理,2017(5):132-138.

[28] 蒋茂荣,范英,夏炎,等.中国高铁建设投资对国民经济和环境的短期效应综合评估[J].中国人口·资源与环境,2017,27(2):75-83.

[29] 来逢波,刘春梅,荣朝和.高速铁路对区域经济发展的影响效应及实证检验[J].东岳论丛,2016,37(6):120-127.

[30] 李超,罗润东.老龄化、隔代抚育与农村劳动力迁移——基于微观家庭决策视角的研究[J].经济社会体制比较,2017(2):135-146.

[31] 李红昌,郝璐璐,刘李红.高速铁路对沿线城市可达性影响的实证分析[J].长安大学学报(社会科学版),2017,19(3):38-44.

[32] 李祥妹,刘亚洲,曹丽萍.高速铁路建设对人口流动空间的影响研究[J].中国人口·资源与环境,2014,24(6):140-147.

[33] 李欣泽,纪小乐,周灵灵.高铁能改善企业资源配置吗?——来自中国工业企业数据库和高铁地理数据的微观证据[J].经济评论,2017(6):3-21.

[34] 李雪松,孙博文.高铁开通促进了地区制造业集聚吗?——基于京广高铁的准自然试验研究[J].中国软科学,2017(7):81-90.

[35] 廖开妍,杨锦秀,曾建霞.农业技术进步、粮食安全与农民收入——基于中国31个省份的面板数据分析[J]农村经济,2020(4):60-67.

[36] 刘军辉,张古.户籍制度改革对农村劳动力流动影响模拟研究——基于新经济地理学视角[J].财经研究,2016(10):80-93.

[37] 刘莉文,张明.高速铁路对中国城市可达性和区域经济的影响[J].国际城市规

划,2017,32(4):76-81.

[38] 刘玉萍,郭郡郡.农民享受到高铁红利了么——基于中国区县数据的实证检验[J].山西财经大学学报,2019(12):1-13.

[39] 柳建平,魏雷.两代农民工职业流动的影响因素及差异分析[J].软科学,2017,31(2):38-43.

[40] 龙茂乾,孟晓晨.高速铁路城市联系职能研究——基于京广高铁调研数据的实证[J].人文地理,2015(3):89-96.

[41] 龙玉,赵海龙,张新德,等.时空压缩下的风险投资——高铁通车与风险投资区域变化[J].经济研究,2017(4):197-210.

[42] 鲁万波,贾婧.高速铁路、城市发展与区域经济发展不平等——来自中国的经验数据[J].华东经济管理,2018,32(02):5-14+2.

[43] 陆铭.建设用地使用权跨区域再配置:中国经济增长的新动力[J].世界经济,2011(1):107-125.

[44] 陆玉麒.双核型空间结构模式的探讨[J].地域研究与开发,1998,17(4):44-47.

[45] 罗明忠,雷显凯.非农就业经历对新型职业农民农业经营性收入的影响[J].广东财经大学学报,2020(4):103-112.

[46] 罗燊,林晓言.高铁对我国经济影响评价的实证研究[J].经济问题探索,2013(11):78-82.

[47] 罗小锋,段成荣.新生代农民工愿意留在打工城市吗——家庭、户籍与人力资本的作用[J].农业经济问题,2013(9):67-73,113.

[48] 吕屹云,蔡晓琳.农业科技投入、区域经济增长与农民收入关系研究——以广东省4个区域为例[J].农业技术经济,2020(4):127-133.

[49] 苗长虹,王海江.河南省城市的经济联系方向与强度——兼论中原城市群的形成与对外联系[J].地理研究,2006,25(2):222-230.

[50] 倪维秋,廖茂林.高速铁路对中国省会城市旅游经济联系的空间影响[J].中国人口·资源与环境,2018,28(03):160-168.

[51] 潘泽瀚,王桂新.中国农村劳动力转移与农村家庭收入——对山区和非山区的比较研究[J].人口研究,2018(1):44-59.

[52] 任平,王志良.中国城市带:实践与理论模型研究[J].苏州大学学报,1992(4):23-27.

[53] 宋家泰.城市—区域与城市区域调查研究——城市发展的区域经济基础调查研究[J].地理学报,1980(4):277-287.

[54] 宋文杰,朱青,朱月梅,等.高铁对不同规模城市发展的影响[J].经济地理,2015,35(10):57-63.

[55] 孙顶强,冯紫曦.健康对我国农村家庭非农就业的影响:效率效应与配置效

[56] 覃成林,黄小雅.高速铁路与沿线城市经济联系变化[J].经济经纬,2014, 31(4):1-6.

[57] 覃成林,刘万琪,贾善铭.中国铁路交通发展对沿线城市经济增长趋同的影响[J].技术经济,2015,34(3):51-57.

[58] 覃成林,杨晴晴.高速铁路发展与城市生产性服务业集聚[J].经济经纬, 2016(3):1-6.

[59] 覃成林,张华,毛超.区域经济协调发展:概念辨析、判断标准与评价方法[J]. 经济体制改革,2011(4):34-38.

[60] 覃成林,种照辉.高速铁路发展与铁路沿线城市经济集聚[J].经济问题探索, 2014(5):163-169.

[61] 覃成林,朱永磊,种照辉.高速铁路网络对中国城市化格局的影响[J].城市问题,2014(9):9-15.

[62] 汪德根.武广高铁对沿线都市圈可达性影响及旅游空间优化[J].城市发展研究,2014,21(9):110-117.

[63] 汪建丰,李志刚.沪杭高铁对沿线区域经济发展影响的实证分析[J].经济问题探索,2014(9):74-77.

[64] 汪建丰,翟帅.高铁经济效应对区域发展机制转型的影响研究[J].华东经济管理,2015(11):76-80.

[65] 汪宇明,刘高,施加仓,等.中国城乡一体化水平的省区分异[J].中国人口.资源与环境,2012,22(4):137-142.

[66] 王姣娥,丁金学.高速铁路对中国城市空间结构的影响研究[J].国际城市规划,2011,12(6):42-47.

[67] 王姣娥,焦敬娟,金凤君.高速铁路对中国城市空间相互作用强度的影响[J]. 地理学报,2014,69(12):1833-1846.

[68] 王列辉,夏伟,宁越敏.中国高铁城市分布格局非均衡性分析——基于与普通铁路对比的视角[J].城市发展研究,2017,24(7):68-78.

[69] 王垚,年猛.高速铁路带动了区域经济发展吗?[J].上海经济研究, 2014(2):82-91.

[70] 王雨飞,倪鹏飞.高速铁路影响下的经济增长溢出与区域空间优化[J].中国工业经济,2016(2):21-36.

[71] 文婧,韩旭.高铁对中国城市可达性和区域经济空间格局的影响[J].人文地理,2017(1):99-108.

[72] 沃尔特·克里斯塔勒.德国南部中心地原理[M].常正文,王兴中,译.北京:商务印书馆,2010.

[73] 吴康,方创琳,赵渺希,等. 京津城际高速铁路影响下的跨城流动空间特征[J]. 地理学报,2013,68(2):159-174.

[74] 吴旗韬,张虹鸥,孙威,等. 基于矢量—栅格集成法的厦深高铁影响空间分布——以广东东部地区为例[J]. 地理科学进展,2015,34(6):707-715.

[75] 肖旭,傅盈,张利艳,等. 中国铁路提速前后规模经济浅析[J]. 大连交通大学学报,2010,31(2):104-107.

[76] 肖雁飞,张琼,曹休宁. 武广高铁对湖南生产性服务业发展的影响[J]. 经济地理,2013,33(10):103-107.

[77] 谢涵,林光华,方萍萍. 家庭负担对农村劳动力非农就业稳定性的影响——基于 CFPS 2014—2016 的分析[J]. 江苏农业科学,2020,48(11):42—46.

[78] 谢贤良. 世界高速铁路现状及其社会经济效益[J]. 中国铁路,2003,11:60-64.

[79] 徐现祥,王贤彬. 晋升激励与经济增长:来自中国省级官员的证据[J]. 世界经济 2010(2):17-38.

[80] 徐增海. 我国农民工资性收入波动及其环境因素的实证研究[J]. 中国软科学,2011,000(006):186-192..

[81] 许传新,王俊丹. 新生代农民工工作-家庭关系及其对离职倾向的影响[J]. 人口与经济,2014(2):22-29.

[82] 许庆,刘进,钱有飞. 劳动力流动、农地确权与农地流转[J]. 农业技术经济,2017(5):4-16.

[83] 杨昕. 二元户籍制度下农村劳动力转移对劳动收入占比变动的影响[J]. 人口研究,2015,39(5):100-112.

[84] 杨园争. 农民工资性收入流动的解构与影响因素——来自我国8省的微观证据[J]. 调研世界,2019(7):15-22.

[85] 姚士谋,朱英明. 中国城市群[M]. 2版. 合肥:中国科学技术大学出版社,2001.

[86] 殷铭,汤晋,段进. 站点地区开发与城市空间的协同发展[J]. 国际城市规划,2013,28(3):70-77.

[87] 殷平,何赢,袁园. 城际高铁背景下区域旅游产业的深度融合发展[J]. 新视野,2016(1):81-85.

[88] 余志刚,胡雪琨,王亚. 我国农民工资性收入结构演变的省际比较——基于偏离-份额分析[J]. 农业经济与管理,2019(6):62-72.

[89] 袁俊,谭传凤,常旭. 城市带及我国沿海城市带的培育[J]. 经济管理,2007,29(15):85-90.

[90] 曾旭晖,郑莉. 教育如何影响农村劳动力转移——基于年龄与世代效应的分析[J]. 人口与经济,2016(6):29-30.

[91] 张光直. 关于中国初期"城市"这个概念[J]. 文物,1985(2):61-67.

[92] 张汉江,魏艳丽,陈晓红,等.基础设施建设投资推动城市经济增长的测算[J].系统工程,2012,30(11):59-65.

[93] 张浩然,衣保中.基础设施、空间溢出与区域全要素生产率[J].经济学家,2012(2):61-67.

[94] 张弘,游聚祥,潘君牧,等.我国发展高速铁路途径的探讨[J].铁道运输与经济,1980(1):59-64.

[95] 张景娜,朱俊丰.互联网使用与农村劳动力转移程度——兼论对家庭分工模响[J].财经科学,2020(1):93-105.

[96] 张俊.高铁建设与县域经济发展——基于卫星灯光数据的研究[J].经济学(季刊),2017,16(4):1533-1562.

[97] 张克中,陶东杰.交通基础设施的经济分布效应——来自高铁开通的证据[J].经济学动态,2016(6):62-73.

[98] 张丽琼,朱宇,林李月.家庭化流动对流动人口就业率和就业稳定性的影响及其性别差异——基于2013年全国流动人口动态监测数据的分析[J].南方人口,2017,32(2):1-12.

[99] 张铭洪,张清源,梁若冰.高铁对城市房价的非线性及异质性影响研究[J].当代财经,2017(9):3-13.

[100] 赵冈.论中国历史上的市镇[J].中国社会经济史研究,1992(2):5-18.

[101] 郑德高,杜宝东.寻求节点交通价值与城市功能价值的平衡——探讨国内外高铁车站与机场等交通枢纽地区发展的理论与实践[J].国际城市规划,2007(1):72-76.

[102] 中华人民共和国国家统计局.中国统计年鉴:2016[M].北京,中国统计出版社,2016.

[103] 钟宁桦.农村工业化还能走多远?[J].经济研究,2011(1):18-27.

[104] 周浩,郑筱婷.交通基础设施质量与经济增长:来自中国铁路提速的证据[J].世界经济,2012(1):78-97.

[105] 周靖祥.测度中国高铁的城市吸附能力[N].中国社会科学报,2015-04-14(4).

[106] 周靖祥.土地非农化与城市规模扩张:来自15个副省级城市的例证[J].经济社会体制比较,2014(6):43-57.

[107] 周靖祥.高铁设站城市成长与区域联动发展动力学研究[J].经济社会体制比较,2018,197(3):36-49.

[108] 周伟林,严冀.城市经济学[M].上海:复旦大学出版社,2004.

[109] 朱青,卢成.财政支农政策与农民收入的实证研究——基于农业补贴的视角[J].暨南学报(哲学社会科学版),2020(3):67-82.

[110] ACEMOGLU D, AUTOR D H, LYLE D. Women, war and wages:

The effect of female labor supply on the wage structure at mid-century[J]. Journal of Political Economy, 2004, 112(3):497-551.

[111] AHLFELDT G M, FEDDERSEN A. From periphery to core: Measuring agglomeration effects using high-speed rail[J]. Serc Discussion Papers, 2017, 18(2):355-390.

[112] ALBALATE D., BEL G. High-speed rail: Lessons for policy makers from experiences abroad[J]. Public Administration Review, 2012(72): 336-349.

[113] ANDERSON J E., WINCOOP E V. Gravity with gravitas: a solution to the border puzzle[J]. The American Economic Review, 2003, 93(1):170-192.

[114] ARBUES P, BANOS J F, MAYOR M. The spatial productivity of transportation infrastructure[J]. Transportation Research Part A: Policy and Practice, 2015(75): 166-177.

[115] ARELLANO M, BOND S. Some tests of specification for panel data: Monte Carlo evidence and an application to employment equations [J]. Review of Economic Studies, 1991, 22(58):277-297.

[116] BALLOT G, FAKHFAKH F, TAYMAZ E. Firms' human capital, R&D and performance: A study on French and Swedish firms. [J]. Labour Economics, 2001, 8(4):443-462.

[117] BANERJEE A, DUFLO E, QIAN N. On the road: access to transportation infrastructure and economic growth in China[J]. Cepr Discussion Papers, 2012, 11(1):1-53.

[118] BANISTER D, BERECHMAN Y. Transport investment and the promotion of economic growth[J]. Journal of Transport Geography, 2001, 9(3): 209-218.

[119] BANISTER D, GIVONI M. High-speed rail in the EU27: Trends, time, accessibility and principles[J]. Built Environment, 2013(39):: 324-338.

[120] BANISTER D, THURSTAIN-GOODWIN M. Quantification of the non-transport benefits resulting from rail investment[J]. Journal of Transport Geography, 2011, 19(2):212-223.

[121] BAUM-SNOW N. Changes in transportation infrastructure and commuting patterns in US metropolitan areas, 1960—2000[J]. American Economic Review, 2010, 100(2):378-382.

[122] BAUM-SNOW N. Did highways cause suburbanization? [J]. The Quarterly Journal of Economics, 2007, 122(2): 775-805.

[123] BAUM-SNOW N, BRANDT L., HENDERSON J V., et al. Roads, railroads and decentralization of Chinese cities. [J]. Review of Economics & Statistics, 2017, 99(3):435-448.

[124] BAZIN S, BECKERICH C, DELAPLACE M., et al. Lignes ferroviaires à grande vitesse et dynamiques locales: une analyse comparée de la littérature[J]. Post-Print, 2011,155(3): 241-246.

[125] BECKERICH C, BENOIT-BAZIN S, DELAPLACE M. Does high speed rail affect the behaviour of firms located in districts around central stations? The results of two surveys conducted in reims in 2008 and 2014[J]. Transportation Research Procedia, 2017(25):3021-3038.

[126] BELLET C, URENA J M. Editorial: High-speed rail transport and its implications for different types of cities and territories[J]. The Open Transportation Journal,2017 (M1): 1-6.

[127] BENJAMIN F. Trade integration, market size, and industrialization: Evidence from China's national trunk highway system[J]. Review of Economic Studies, 2014,81(3):1046-1070.

[128] BERTOLINI L. Nodes and places:Complexities of railway station redevelopment[J]. European Planning Studies, 2006,3(4):331-334.

[129] BLUM U, HAYNES K E, KARLSSON C. Introduction to the special issue the regional and urban effects of high-speed trains[J]. Annals of Regional Science,1997,31(1), 1-20.

[130] BLUNDELL R, BOND S. Initial conditions and moment restrictions in dynamic panel data models[J]. Journal of Econometrics, 1998, 64(87):115-144.

[131] BORJAS G J. The labor demand curve is downward sloping: Reexamining the impact of immigration on the labor market[J]. Quarterly Journal of Economics ,2003, 118 (4):1335-1374.

[132] BOSKER M, DEICHMANN U, ROBERTS M. Hukou and highways: The impact of China's spatial development policies on urbanization and regional inequality[J]. Regional Science and Urban Economics, 2018 (71): 91-109.

[133] CAMPA J L, ARCE R, LOPEZ-LAMBAS M E, et al. Can HSR improve the mobility of international tourists visiting Spain? Territorial evidence derived from the Spanish experience[J]. Journal of Transport Geography, 2018(73):94-10.

[134] CAMPANTE F, YANAGIZAWA-DROTT D. Long-range growth:

Economic development in the global network of air links[J]. Quarterly Journal of Economics, 2018, 133 (3): 1395-1458.

[135] CAMPOS J, RUS G D. Some stylized facts about high-speed rail: A review of HSR experiences around the world[J]. Transport Policy, 2009, 16(1):19-28.

[136] CARD D. Immigrant inflows, native outflows, and the local labor market impacts of higher immigration[J]. Journal of Labor Economics, 2001,19 (1): 22-64.

[137] CHANDRA A, THOMPSON E. Does public infrastructure affect economic activity? Evidence from the rural interstate highway system[J]. Regional Science and Urban Economics, 2000, 30(4):457-490.

[138] CHARNOZ P, LELARGE C, TREVIEN C. Communication costs and the internal organization of multi-plant businesses: Evidence from the impact of the French high-Speed rail. [J]. Economic Journal, 2018, 128 (610): 949-994.

[139] CHEN C L, HALL P. The impacts of high-speed trains on British economic geography: A study of the UK's Intercity 125/225 and its effects[J]. Journal of Transport Geography, 2011, 19(4):689-704.

[140] CHEN X. Assessing the impacts of high speed rail development in China's Yangtze River Delta Megaregion[J]. Journal of Transportation Technologies, 2013,3(2):113-122.

[141] CHEN Z, XUE J, ROSE A Z, et al. The impact of high-speedrail investment on economic and environ-mental change in China:A dynamic CGE analysis[J]. Transportation Research Part A: Policy & Practice, 2016(92): 232-245.

[142] CHEN Z, HAYNES K E. Impact of high-speed rail on regional economic disparity in China[J]. Journal of Transport Geography, 2017, 65(dec.):80-91.

[143] CHEN C L. Reshaping Chinese space-economy through high-speed trains: Opportunities and challenges[J]. Journal of Transport Geography, 2012(22): 312-316.

[144] CHEN C, VICKERMAN R. Can transport infrastructure change regions economic fortunes? Some evidence from Europe and China[J]. Regional Studies, 2017, 51(1):144-160.

[145] CHEN C L, WEI B. High-speed rail and urban transformation in China:

The case of Hangzhou East rail station[J]. Built Environment, 2013(39): 385-398.

[146]CHEN Z, HAYNES K. Impact of high speed railon housing values: An observation from the Beijing-Shanghai line[J]. Journal of Transport Geography, 2015, 43(feb.):91-100.

[147]CHEN Z, HAYNES K. Chinese railways in the era of high-speed[M]. Bingley, UK:Emerald Group Publishing Limited,2015.

[148]CHEN Z, HAYNES K, ZHOU Y, et al. High-speed rail and China's new economic geography: Impact assessment from the regional science perspective[M]. Cheltenham, UK: Edward Elgar Publishing,2019.

[149]CHENG Y S, LOO B, VICKERMAN R. High-speed rail networks, economic integration andregional specialisation in China and Europe[J]. Travel Behaviour & Society, 2015, 2(1):1-14.

[150]CHENG Y H. High-speed rail in Taiwan: New experience and issues for future development[J]. Transport Policy, 2009,17(2): 51-63

[151]CHONG Z, QIN C, CHEN Z. Estimating the economic benefits of high-speed rail in China: A new perspective from the connectivity improvement[J]. Journal of Transport and Land Use,2019, 12(1): 287-302.

[152]COOK S. Who gets what jobs in China's countryside? A multinomial logit analysis [J]. Oxford Development Studies,1998, 26(2): 171-190.

[153]COTO-MILLÁN P,INGLADA V,REY B. Effects of network economies in high-speed rail:The Spanish case[J]. Annals of Regional Science, 2007, 41(4):911-925.

[154]DONALDSON D, HORNBECK R. Railroads and American economic growth: A "market access" approach[J]. The Quarterly Journal of Economics, 2016, 131(2):799-858.

[155]DALGIC B, FAZLIOGLU B, KARAOGLAN D. Entry to foreign markets and productivity: Evidence from a matched sample of Turkish manufacturing firms[J]. Journal of International Trade & Economic Development, 2015, 24(5-6):638-659.

[156]DALLA C B, DE FRANCO D, COVIELLO N, et al. Comparative specific energy consumption between air transport and high-speed rail transport: A practical assessment[J]. Transportation Research Part D: Transport and Environment, 2017(52): 227-243.

[157]DANIELS P W. The locational geography of advanced producer services

firms in the United Kingdom[J]. Progress in Planning, 1995, 43(2):123-138.

[158]DARCHEN S, TREMBLAY D G. What attracts and retains knowledge workers/students: the quality of place or career opportunities? The cases of Montral and Ottawa[J]. Cities,2010,27(4):225-233.

[159]DAVIS J C, HENDERSON J V. Evidence on the political economy of the urbanization process[J]. Journal of Urban Economics,2004, 53(1):98-125.

[160]DE SILVA D G, MCCOMB R P, MOH Y K, et al. The effect of migration on wages: evidence from a natural experiment[J]. American. Economic Review,2010, 100 (2):321-326.

[161]DIAO M. Does growth follow the rail? The potential impact of high-speed rail on the economic geography of China[J]. Transportation Research Part A: Policy and Practice, 2018,113(July): 279-290.

[162]DIAO M, ZHU Y, ZHU J. Intra-city access to inter-city transport nodes: The implications of high-speed-rail station locations for the urban development of Chinese cities[J]. Urban Studies, 2017(54): 2249-2267.

[163]DOBRUSZKES F. High-speed rail and air transport competition in western europe: A supply-oriented perspective[J]. Transport Policy,2011, 18(6), 870-879.

[164]DURANTON G,. MORROW P M, TURNER M A. Roads and trade: Evidence from the US[J]. Review of Economic Studies, 2014, 81(2), 681-724.

[165]DURANTON G, PUGA D. From sectoral to functional urban specialization[J]. Journal of Urban Econnmics, 2005,57 (2): 343-370.

[166]EDO A , TOUBAL F. Immigration and the Gender Wage Gap[J]. European Economic Review, 2017(92): 196-214.

[167]FABER B. Trade integration, market size, and industrialization: evidence from China's national trunk highway system[J]. Review of Economic Studies, 2014(3): 1046-1070.

[168]FACCHINETTI-MANNONE V. Les nouvelles gares TGV périphériques: Des instruments au service du développement économique des territoires? [J]. Géotransports, 2010(1-2): 51-66

[169]FAGEDA X, GONZALEZ-AREGALL M. Do all transport modes impact on industrial employment? Empirical evidence from the Spanish regions[J]. Transport Policy, 2017, 55(Apr.):70-78.

[170] FINGLETON B, SZUMILO N. Simulating the impact of transport infrastructure investment on wages: A dynamic spatial panel model approach[J]. Regional Science and Urban Economics, 2019(75): 148-164..

[171] FU X, ZHANG A, LEI Z. Will China's airline industry survive the entry of high-speed rail? [J]. Research in Transportation Economics, 2012, 35(1): 13-25.

[172] GARMENDÍA M, ROMERO V, URENA J. High-speed rail opportunities around metropolitan regions: Madrid and London[J]. Journal of Infrastructure Systems, 2012(18): 305-313.

[173] GIBBONS S, LYYTIKINEN T, OVERMAN H, et al. New road infrastructure: The effects on firms[J]. Journal of Urban Economics, 2019,1(110): 35-50.

[174] GIVONI M. Development and impact of the modern high-speed train: A review[J]. Transport Reviews, 2006, 26(5):593-611.

[175] GIVONI M, BANISTER D. Speed: The less important element of the high-speed train[J]. Journal of Transport Geography, 2012(22): 306-307.

[176] GLAESER E L, RESSEGER M G. The complementarity between cities and skills [J]. Journal of Regional Science,2010,50(1): 221-244.

[177] GOTTMANN J. Megalopolis: Or the urbanization of the Northeastern Seaboard[J]. Economic Geography ,1957,33 (7): 189-200.

[178] GUIRAO B, CASADO-SANZ N, CAMPA J L. Labour opportunities provided by Spanish high-speed rail (HSR) commuting services in a period of financial crisis: An approach based on regional wage disparities and housing rental prices[J]. Regional Studies, 2018,54(4), 539-549.

[179] GUIRAO B, LARA-GALERA A, CAMPA J L. High speed rail commuting impacts on labour migration: The case of the concentration of metropolis in the madrid functional area[J]. Land Use Policy, 2017(66): 131-140.

[180] HAAS A, OSLAND L. Commuting, migration, housing and labour markets: Complex interactions[J]. Urban Studies, 2014,51(3): 463-476.

[181] HALL P. Magic carpets and seamless webs: Opportunities and constraints for high speed trains in Europe[J]. Built Environment, 2009(35): 59-69.

[182] HAN J, LI S. Internal migration and external benefit: The impact of labor migration on the wage structure in urban China[J]. China

Economic Review, 2017(46): 67-86.

[183] HARTWELL R H, HIGGS R M, LANDES D S. The unbound prometheus: Technological change and industrial development in western Europe from 1750 to the present[J]. Military Review, 2004, 84(2): 150-151.

[184] HAYNES K E. Labor markets and regional transportation improvements: The case of highspeed train, An introduction and review[J]. The Annals of Regional Science, 1997, 31(1): 57-76.

[185] HECKMAN J. Sample selection bias as a specification error[J]. Econometrica: Journal of the Econometric Society, 1979(1): 153-161.

[186] HENDERSON J V. Optimum city size: The external diseconomy question[J]. The Journal of Political Economy, 1974, 82(2): 373-88.

[187] HODGSON C. The effect of transport infrastructure on the location of economic activity: Railroads and post offices in the American West[J]. Journal of Urban Economics, 2018, 104(MAR.): 59-76.

[188] HOLL A. Manufacturing location and impacts of road transport infrastructure: Empirical evidence from Spain[J]. Regional Science and Urban Economics, 2004, 34(3): 341-363.

[189] HUNT J, GAUTHIER-LOISELLE M., How much does immigration boost innovation? [J]. American Economic Journal—Macroeconomics, 2010(2): 31-56.

[190] IREDALE R. The migration of professionals: theories and typologies[J]. International Migration, 2001, 39(5): 7-26.

[191] JIANG B. Head tail breaks for visualization of city structure and dynamics[J]. Cities, 2015, 43(3): 69-77.

[192] JIAO J, WANG J, JIN F. Impacts of high-speed rail lines on the city network in China[J]. Journal of Transport Geography, 2017(60): 257-266.

[193] JIN F J. Infrastructure and spatial organization of economic society[M]. Beijing: Science Press, 2012.

[194] JOHNSON G E. Changes in earnings inequality: The role of demand shifts[J]. The Journal of Economic Perspectives, 1997, 11(2): 41-54.

[195] FAN J P H. Politically connected CEOs, corporate governance, and Post-IPO performance of China's newly partially privatized firms[J]. Journal of Financial Economics, 2007, 84(2): 330-357.

[196] KIM J. The effects of rising female labor supply on male wages[J].

Journal of Labor Econnmic,1999, 17(1): 23-48.

[197] KE X, CHEN H, HONG Y, et al. Do China's high-speed-rail projects promote local economy? New evidence from a panel data approach[J]. China Economic Review, 2017(44): 203-226.

[198] KHANDKER S R, KOOLWAL G B, SAMAD H A. Handbook on impact evaluation: Quantitative methods and practices[J]. World Bank Publications, 2010,25(5): 441-441.

[199] KIM K S. High-speed rail developments and spatial restructuring: A case study of the capital region in South Korea[J]. Cities, 2000, 17(4): 251-262.

[200] KIVIET J F. On bias, inconsistency, and efficiency of various estimators in dynamic panel data models [J]. Journal of Econometrics, 1995, 53(68): 53-78.

[201] KONG D, LIU L, YANG Z. High-speed rails and rural-urban migrants' wages[J]. Economic Modelling,2021(94): 1030-1042.

[202] KRUGMAN P. Increasing returns and economic geography[J]. Journal of Political Economy, 1991,99(3): 483-499.

[203] LI X J, HUANG B, LI R R, et al. Exploring the impact of high speed railways on the spatial redistribution of economic activities—Yangtze River Delta urban agglomeration as a case study[J]. Journal of Transport Geography,2016(57): 194-206.

[204] LI Y, KANBUR R, LIN C. Minimum wage competition between local governments in China[J]. Journal of Development Studies,2019,55(12): 2479-2494.

[205] LIN J Y, TAN G. Policy burdens, accountability, and the soft budget constraint[J]. The American Economic Review, 1999, 89(2): 426-431.

[206] LIN Y. Travel costs and urban specialization patterns: Evidence from China's high speed railway system[J]. Journal of Urban Economics, 2016, 98(Mar.): 98-123.

[207] LIU Y, SHEN J F. Jobs or amenities? Location choices of interprovincial skilled migrants in China, 2000—2005[J]. Population, Space and Place, 2013, 20(7):592-605.

[208] LIU Y, XU W, SHEN J, et al. Market expansion, state intervention and wage differentials between economic sectors in urban China: A multilevel Analysis[J]. Urban Studies, 2016(54): 2631-2651.

[209] MA L. Urban administrative restructuring, changing scale relations and

local economic development in China[J]. Political Geography, 2005, 24(4):477-497.

[210]MARTINCUS C V, CARBALLO J, CUSOLITO A. Roads, exports and employment: Evidence from a developing country[J]. Journal of Development Economics, 2017, (125): 21-39.

[211]MAYER T, TREVIEN C. The impact of urban public transportation evidence from the Paris region[J]. Journal of Urban Economics, 2017(102): 1-21.

[212]MELICIANI V, SAVONA M. The determinants of regional specialisation in business services: Agglomeration economies, vertical linkages and innovation[J]. Journal of Economic Geography, 2015, 15(2): 387-416.

[213]MICHAELS G. The effect of trade on the demand for skill: Evidence from the interstate highway system[J]. The Review of Economics and Statistics, 2008, 90(4), 683-701.

[214]MONTE F, REDDING S J, ROSSI-HANSBERG E. Commuting, migration, and local employment elasticities[J]. American Economic Review, 2018, 108(12): 3855-3890.

[215]GIVONI M. Development and impact of the modern high-speed train: A review[J]. Transport Reviews, 2006, 26(5):593-611.

[216]MZOYANO A, DOBRUSZKES F. Mind the services! High-speed rail cities bypassed by high-speed trains[J]. Case Studies on Transport Policy, 2017,5(4): 537-548.

[217]MUNSHI K, ROSENZWEIG M. Networks and misallocation: Insurance, migration,and the rural-urban wage gap[J]. American. Econnmic. Review,2016 ,106 (1): 46-98.

[218]MURPHY K M, ANDREI S, VISHNY R W. The allocation of talent: Implications for growth[J]. Quarterly Journal of Economics, 1991, 106(2):503-530.

[219]NIFO A, VECCHIONE G. Do institutions play a role in skilled migration? The case of Italy[J]. Regional Studies, 2014, 48(10):1628-1649.

[220]O'CONNOR S, DOYLE E., DORAN J. Diversity, employment growth and spatial spillovers amongst Irish regions[J]. Regional Science and Urban Economics,2018(68): 260-267.

[221]OIL ASIA GROUP. First ever installation of deck by float over method in ONGC[J]. Oil Asia, 2013, 1(33):1-5.

[222] OTTAVIANO G, PERI G. Rethinking the effect of immigration on wages[J]. Journal of the European Economic Association, 2012, 10(1):152-197.

[223] PAN H, LI J, SHEN Q, et al. What determines rail transit passenger volume? Implications for transit oriented development planning[J]. Transportation Research Part D: Transport & Environment, 2017, 57(dec.):52-63.

[224] PERL A D, GOETZ A R. Corridors, hybrids and networks: Three global development strategies for high speed rail[J]. Journal of Transport Geography, 2015, 42(Jan.): 134-144.

[225] PORTER M E. The competitive advantage of the inner city[J]. Harvard Business Review, 1995, 73(3), 55-71.

[226] PUGA D. European regional policies in light of recent location theories[J]. Journal of Economic Geography, 2002, 2(4): 373-406.

[227] QIN Y. "No county left behind?" The distributional impact of high-speed rail upgrades in China[J]. Journal of Economic Geography, 2017, 17(3): 489-520.

[228] RAVIBABU M, PHANI S V. Public transport for Indian urban agglomerations[J]. Economic & Political Weekly, 2014, 49(23): 105-116.

[229] REN X, CHEN Z, WANG F, et al. Impact of high-speed rail on social equity in China: Evidence from a mode choice survey[J]. Transportation Research Part A Policy and Practice, 2020(138): 422-441.

[230] REN X, CHEN Z, WANG M, et al. The impact of high-speed rail on intercity travel behavior: A case study of the Chengdu-Chongqing passenger dedicated line[J]. Journal of Transport and Land Use. 2019, 12(1):265-285.

[231] RICHARDSON H W. Theory of the distribution of city sizes: Review and prospects[J]. Systems of Cities Readings on Structure Growth & Policy, 1973, 7(3):239-251.

[232] VIJAY R, KORI C, KUMAR M, et al. Assessment of traffic noise on highway passing from urban agglomeration[J]. Fluctuation & Noise Letters, 2014, 21(13): 145-148.

[233] ROBERT E L, ROSSI-HANSBERG E. On the internal structure of cities[J]. Econometrica, 2002, 70(4): 1445-1476.

[234] LUCAS R E. On the mechanics of economic development[J].

Quantitative Macroeconomics Working Papers, 1999, 22(1):3-42.

[235] ROMER P M. Endogenous technological change[J]. Journal of Political Economy, 1990, 98(5): 71-102.

[236] SATO H. Income generation and access to economic opportunities in a transitional economy: A comparative analysis of five Chinese villages[J]. Hitotsubashi Journal of Economics, 1998, 39(2):127-144.

[237] SHAO S, TIAN Z, YANG L. High speed rail and urban service industry agglomeration: Evidence from China's Yangtze River Delta region[J]. Journal of Transport Geography, 2017(64): 174-183.

[238] SHAW S L, FANG Z, LU S, et al. Impacts of high speedrailon railroad network accessibility in China[J]. Journal of Transport Geography, 2014(40): 112-122.

[239] SHEN J. Error analysis of regional migration modeling[J]. Annals of the American Association of Geographers, 2016(106): 1253-1267.

[240] SHEN J, LIU Y. Skilled and less-skilled interregional migration in China: A comparative analysis of spatial patterns and the decision to migrate in 2000—2005[J]. Habitat International, 2016(57): 1-10.

[241] SHI J, ZHOU N. How cities influenced by high speed rail development: A case study in China[J]. Journal ofTransportation Technologies, 2013, 3(2A):7-16.

[242] SIMON H A. On a class of skew distribution functions[J]. Biometrika, 1955, 42(3-4):425-440.

[243] SMITH A. An inquiry into the nature and causes of the wealth of nations[J]. Journal of the Early Republic, 2015, 35(1):1-23.

[244] STIGLER G J. The division of labor is limited by the extent of the market[J]. Journal of Political Economy, 1951, 59(3):185-193.

[245] TIERNEY S. High-speed rail, the knowledge economy and the next growth wave[J]. Journal of Transport Geography, 2012, 22(none):285-287.

[246] TODARO M P. A model of labor migration and urban unemployment in less developed countries[J]. American Economic Review, 1969(59):138-148.

[247] TOMBE T, ZHU X. Trade, migration, and productivity: A quantitative analysis of China[J]. American Econnmic Review, 2019, 109(5): 1843-1872.

[248] TORFS W, ZHAO L. Everybody needs good neighbors? Labor

mobility costs, cities and matching[J]. Regional Science and Urban Economics, 2015(55): 39-54.

[249] URENA J M, MENERAULT P, GARMENDIA M. The high-speed rail challenge for big intermediate cities: A national, regional and local perspective[J]. Cities, 2009, 26(5): 266-279.

[250] FACCHINETTI-MANNONE V, BAVOUX J J. Location of high speed rail stations in France: Inter-scalar tensions, players' strategies and spatial reorganization[J]. Belgeo Revue Belge De Géographie, 2012(1-2): 9-22.

[251] VENABLES A J. Productivity in cities: Self-selection and sorting[J]. Journal of Economic Geography, 2011, 11(2): 241-251.

[252] VICKERMAN R W. High-speed rail and regional development: The case of intermediate stations[J]. Journal of Transport Geography, 2015(42): 157-165.

[253] VICKERMAN R, ULIED A. Indirect and wider economic impacts of high speed rail[J]. Economic Analysis of High Speed Rail in Europe, 2006, 23(3): 3-13.

[254] WANG F, WEI X, LIU J, et al. Impact of high-speed rail on population mobility and urbanisation: A case study on Yangtze River Delta urban agglomeration, China[J]. Transportation Research Part A: Policy and Practice, 2019, 127(SEP.): 99-114.

[255] WANG J, XU J, HE J. Spatial impacts of high-speed railways in China: A total travel-time approach[J]. Environment and Planning A, 2013(45): 2261-2280.

[256] WANG J, ZHANG X, YEH A G O. Spatial proximity and location dynamics of knowledge-intensive business service in the Pearl River Delta, China[J]. Habitat International, 2016(53): 90-402.

[257] WANG L. Research framework of high-speed railway impact on urban space[J]. Planner, 2011(27): 13-19.

[258] WANG L, DUAN X. High-speed rail network development and winner and loser cities in megaregions: The case study of Yangtze River Delta, China[J]. Cities, 2018, 83(DEC.): 71-82.

[259] WEI Z M, ZOU X L, LI M, et al. Research on reliability of urban agglomeration transport system after a disaster[J]. Applied Mechanics & Materials, 2014(496-500): 2989-2995.

[260] WILLIGERS J. The impact of high-speed railway developments on office

locations: A scenario study approach[J]. Railway Development, 2008(23):237-264.

[261] WILLIGERS J, VAN WEE B. High-speed rail and office location choices. A stated choice experiment for the Netherlands[J]. Journal of Transport Geography,2011, 19(4):745-754

[262] WINTERS P, JANVRY A D, SADOULET E. Family and community networks in Mexico-U.S. migration[J]. The Journal of Human Resources,2001(36):159-184.

[263] WU J, WEI Y D, CHEN W, et al. Environmental regulations and redistribution of polluting industries in transitional China: Understanding regional and industrial differences[J]. Journal of Cleaner Production,2019(206):142-155.

[264] XAVIER G. Proximity and investment: Evidence from plant-level data[J]. Quarterly Journal of Economics, 2013(2):861-915

[265] YANG H, DIJST M, WITTE P, et al. The spatial structure of high speed railways and urban networks in China: A flow approach[J]. Tijdschrift voor Economische en Sociale Geografie, 2018,109(1):109-128.

[266] YIN M, BERTOLINI L, DUAN J. The effects of the high-speed railway on urban development: International experience and potential implications for China[J]. Progress in Planning, 2015, 98(May):1-52.

[267] YORK R. Residualization is not the answer: Rethinking how to address multicollinearity[J]. Social Science Research, 2012,41(6):1379-1386.

[268] ZAHRA S A, NEUBAUM D O, MORTEN HUSE F. Entrepreneurship in medium-size companies: Exploring the effects of ownership and governance systems[J]. Journal of Management, 2000,26(5):947-976.

[269] ZHAO Q, WANG Y. Pay gap, inventor promotion and corporate technology innovation[J]. China Finance Review International, 2019, 9(2):154-182.

[270] ZHAO Y. Labor migration and earnings differences: The case of rural China[J]. Economic Development and Cultural Change, 1999, 47(4):767-782.

[271] ZHA, M, LIU X, DERUDDER B., et al. Mapping producer services networks in mainland Chinese cities[J]. Urban Studies,2015, (52):3018-3034.

[272] ZHAO P, LU B. Transportation implications of metropolitan spatial planning in mega-city Beijing[J]. International Development Planning

Review,2009,31(3):235-261.

[273]ZHAO P, LU B, DEROO G. The impact of urban growth on commuting patterns in a restructuring city: Evidence from Beijing[J]. Papers in Regional Science,2011,90(4):735-754.

[274]ZHENG S, KAHN M E. China's bullet trains facilitate market integration and mitigate the cost of megacity growth[J]. Proceedings of the National Academy of Sciences,2013,110(14):5288.

[275]ZHONG Y, WEI Y D. Economic transition, urban hierarchy, and service industry growth in China[J]. Tijdschrift voor Economische en Sociale Geografie,2018(109):189-209.

[276]ZHU S, WANG C, HE C. High-speed rail network and changing industrial dynamics in Chinese regions[J]. International Regional Science Review,2019,42(5-6):495-518.

[277]ZIPF G K. Human behaviour and the principle of least effort[J]. Addison-Wesley,Reading, MA,1949,23(22):32-41.